区块链商业

庞博夫 ◎ 著

内容提要

本书从工业革命讲起，一览第一次工业革命以来引发的数次技术、商业与思维变革，全面梳理了区块链新技术、成果与市场、政策的变化，展现了区块链正在引发的新一轮商业洗牌，以大量实例对其中的重点人物与企业进行了解读。本书带你近距离看清十六个行业的区块链应用策略、十五个商业场景的应用逻辑。涵盖面广，实用性强。适合于对区块链感兴趣的行业人士、有意向采用区块链技术的企业中高层负责人，以及区块链技术相关从业者。

图书在版编目(CIP)数据

区块链商业 / 庞博夫著. —北京：北京大学出版社，2019.12
ISBN 978-7-301-30943-8

Ⅰ. ①区… Ⅱ. ①庞… Ⅲ. ①电子商务-支付方式-研究
Ⅳ. ①F713.361.3

中国版本图书馆CIP数据核字(2019)第264795号

书　　　名	区块链商业 QUKUAILIAN SHANGYE
著作责任者	庞博夫　著
责任编辑	张云静
标准书号	ISBN 978-7-301-30943-8
出版发行	北京大学出版社
地　　　址	北京市海淀区成府路205号　100871
网　　　址	http://www.pup.cn　新浪微博:@北京大学出版社
电子信箱	pup7@pup.cn
电　　　话	邮购部 010-62752015　发行部 010-62750672　编辑部 010-62570390
印　刷　者	北京鑫海金澳胶印有限公司
经　销　者	新华书店
	720毫米×1020毫米　16开本　18印张　321千字 2019年12月第1版　2019年12月第1次印刷
印　　　数	1—4000册
定　　　价	68.00元

未经许可，不得以任何方式复制或抄袭本书之部分或全部内容。
版权所有，侵权必究
举报电话：010-62752024　电子信箱：fd@pup.pku.edu.cn
图书如有印装质量问题，请与出版部联系。电话：010-62756370

推荐序一

每一轮的社会变革,都离不开技术的推动,如蒸汽动力将人类带入工业时代,电力的应用又将我们送上高速发展的快车道,而后,计算机技术风起云涌,不仅极大地推动了人类社会的变革,也影响了人类生活方式和思维方式。而最近几年兴起的云计算、大数据、物联网、人工智能等,也正在一步步酝酿并将形成爆发之势。

传统互联网历经几十年的发展历程,给人类社会带来了巨大改变,人们在衣、食、住、行、用等日常生活的各个方面,都在享受着时代发展带给我们的巨大红利。那么"互联网+"时代,人类社会究竟会往什么方向走?不少研究者认为,互联网的下一步很有可能会从信息互联网走向价值互联网和信任互联网。信息互联网解决的是信息传递和信息共享,但无法保证信息的真实性,而价值互联网和信任互联网要解决的就是信息的真实问题。

区块链技术从斜刺里杀出,登上舞台,不仅帮人们打开了预判未来世界的新窗口,而且可以逐渐抚平传统技术遭遇的痛点,比如它可以推动信用社会的建设、重塑公司形态,从而实现更高层级的安全,提高运营效率。

区块链的去中心化、自治机制、分布式账本、智能合约、不可篡改、可编程数字货币等技术优势,与当前的社会结构、商业模式有很大的不同,如果区块链技术得以在各个领域落地,产生的影响力将是难以想象的。

当人们畅想区块链带来的改变时,会有非常美好的图景:完成一笔安全的交易,没有中间商要提成;花很少的广告费,实现一次精准推送,抓住公司的目标客户群体;作为供应商,再也不需要一次又一次地催收款项,智能合约已经定好了付款的时间,到期就会自动触发;每天吃的农产品,来自哪个种植基地、生长与加工运输过程等情况,扫码就能一览无余……

但是，就目前的发展应用情况看，在大多数商业领域，区块链技术还只是浮于概念，有建设性的成果并不多见。因此，关于此技术的探索才刚刚开始。

《区块链商业》属于我看过的同类书籍当中非常实用的一本，作者没有涉及太多的宏观理念与技术前景，而是落脚到各个细分的行业、具体的场景，层层分析正在出现的区块链技术的应用方式，深入总结那些浮出水面的案例。

掩卷回味，我心潮澎湃，深感区块链正在一步步走向深水区，为产业的发展、企业的经营及个人的生活带来越来越明显的改变。

中国人民银行研究局研究员

推荐序二

从目前的情况看,区块链已进入一个沉淀期,相信经过几年的技术沉淀、平台完善与工具开发之后,将迎来新一轮的繁荣。

国家在政策上对区块链的支持已经比较完善。据统计,目前已有北京、上海、四川、广东、重庆、浙江、江苏、贵州等 17 个省市,出台了几十项促进与支持区块链的相关政策,主题都是一个——促进。

2019 年 10 月 24 日,中共中央政治局就区块链技术发展现状和趋势进行第十八次集体学习。中共中央总书记习近平在主持学习时强调,区块链技术的集成应用在新的技术革新和产业变革中起着重要作用。我们要把区块链作为核心技术自主创新的重要突破口,明确主攻方向,加大投入力度,着力攻克一批关键核心技术,加快推动区块链技术和产业创新发展。

国家对区块链的定位主要有两个方面:一是金融科技,如《北京市促进金融科技发展规划(2018 年—2022 年)》《深圳市金融业发展"十三五"规划》,都提到支持金融机构对区块链、数字货币等新兴技术的研究探索;二是区块链技术与行业结合,服务实体经济。例如,上海出台的《互联网金融从业机构区块链技术应用自律规则》、成都出台的《加快推进全域旅游大数据建设的指导意见》,都提到发挥区块链对全域旅游、建设世界旅游名城的支撑功能和助推效应。

区块链的技术积累也颇为出色。据中国信息通信研究院发布的《区块链白皮书(2019 年)》统计显示,截至 2019 年 10 月,全球公开区块链专利的申请数量高达 1.8 万余件,中国占比超过半数,居全球第一。当前全球区块链企业 38% 集中在加密货币领域,23% 的企业专注于区块链技术研发,互联网、金融业是应用最多的两个领域。美国、中国、英国区块链企业数量分列前三位。

对中国来讲，拿下区块链高地是一次非常好的技术超越机会，它的重大意义不亚于 5G 的"超车"。但目前我国区块链技术的发展至少还有以下两个短板。

一是区块链开放平台缺乏世界影响力，比不上像以太坊这样在全球范围内有大量使用者的公有链平台，而且国内的区块链开放平台各自为政，还没有形成共识，以后如何形成开放与兼容的平台对我国区块链技术的发展是一个考验。

二是在商业应用方面，缺乏有影响力的成果，目前有很多公司确实都在探索区块链技术，这在《区块链商业》里有非常全面的介绍，但是区块链的影响要想像互联网、移动互联网引发的改变那样明显，还需要企业界与学术界的共同努力，同时也需要时间的积累。

这正是《区块链商业》给我留下深刻印象的原因。作者庞博夫是我非常认可的学者，这本书注重实际案例，一切向商用看齐，很多行业与场景都能将其作为指南。

为了写这篇序，我对区块链领域最新的进展做了详细了解，获得了很多启示，更重要的是，我非常看好区块链的发展，看好中国在区块链领域的优势。相信这本书会给处于技术迷茫期的学者、企业家及相关人士带来信心，并在一定程度上为他们指明方向。

王亚东

原《中国经济信息》杂志社社长

前言
FOREWORD

任何新技术的产生，都有它遥远的背景，人们往往能从历史的渊源与脉络中找到蛛丝马迹。而无论是何种技术，要想释放出更大的能量，必须与行业、场景相结合，必须应用于人类的工作与生活中，才能长成参天大树。

区块链热潮的出现并非偶然，它是人们在破解当前社会困境、寻找更高效率与更为恰当的解决方案时，一些前沿人士经历思考与探索后发现的方向。

笔者力图从社会变革与技术进化的历史角度入手，从工业革命讲起，厘清前三次工业革命以来发生的数次技术、商业与思维的变革，及其对社会阶层构成的冲击、对财富格局的洗牌、对工作与生活方式的改变等。

在梳理中发现，第四次工业革命正在路上，人工智能、虚拟现实、量子通信等，正在颠覆第三次工业革命的成果，引发社会从工具到组织、制度的新一轮变革，而区块链技术的出现，成为各种技术变革的重要桥梁。它正带来众多新的改变，比如无形产品的全球流通与交易、更完整的溯源、公民身份确认、新的组织形态等。

伴随第四次工业革命的到来，同时发生的则是商业世界的第四次变革。区块链的出现，有可能像互联网一样，成为新商业文明诞生的沃土。目前的区块链技术领域已产生众多新的发明，比如通证、共识机制、智能合约、公有区块链、私有区块链、联盟区块链、加密货币钱包等，并且众多创业者、公司都在申请专利，涉及清算、账务、查询、跟踪、存储、安全等多项技术分支。新的发明专利不断产生，不断落地商用，有潜力催生一拨优秀公司，孵化出众多新兴产业。

在书中，笔者花费了不少篇幅，梳理了最近区块链新技术成果与市场、政策的变化，展现了区块链正在引发的新一轮商业洗牌，以大量实例对其中的重点人物与企业进行解读，包括区块链本身的一些技术概念、区块链商业的特征与技术架构、非国家货币、中心化与去中心化、区块链商用的现状及发展趋势等。

在探讨与总结目前的行业、应用场景时，笔者尽可能关注到各个领域，涉及旅游、汽车、快消品、金融、公共服务、物联网、公益慈善、医疗、零售业、房地产、法律科技、数字资产交易、物流、共享经济、能源、农业16个行业，以及用户识别、信用、支付、供应链、溯源、版权保护、营销、积分奖励、众筹、数字货币钱包、人力资源、投票、预测、票据、审计15个商业场景，以便读者能从中找到适合自己的学习内容。

笔者相信，区块链商业前景广阔，但推进的过程中，同样面临重大的挑战，这项技术并不是解决所有问题、适合所有场景的万能良方，未来的畅想非常美好，但实现的难度却非常高。区块链技术至今还没有普适性的成果面世，还面临着应用、安全等众多挑战。不论在国际，还是国内，区块链技术都处于早期发展阶段，各种技术方案与商业模式都需要进一步完善与实践。

我国要想在这一领域建立起引领世界的优势，还需要各行业更多的关注，需要研究者、技术高手、各行业的从业者，以及监管部门的持续投入与良性互动，不断推进新成果的出现与应用。

正是在这样的大背景下，笔者倾力写成《区块链商业》，希望此书能够为区块链技术在众多行业里的应用提供参考，能够为众多企业在开发或应用区块链方面提供建议。本书适用于对区块链感兴趣的行业人士、有意向采用区块链技术的企业中高层负责人，以及广大的区块链技术爱好者。

在写作过程中，感谢接受调研的众多区块链技术相关企业，同时感谢在区块链技术领域进行长期探索的专业人士。

目 录
CONTENTS

第一篇　风起于青萍之末

第一章　从工业革命说起 // 3
- 第一节　前三次工业革命，让世界变成现在这个样子 // 3
- 第二节　区块链有可能是打开第四次工业革命的那把钥匙 // 15

第二章　财富规则与财富演变 // 18

第三章　过剩危机 // 33
- 第一节　生产过剩危机 // 34
- 第二节　从生产过剩危机到金融过剩危机 // 37
- 第三节　从共享发展入手缓解过剩危机 // 41

第二篇　区块链引发的商业大变局

第四章　商业世界的第四次变革 // 45
- 第一节　技术与观念的发酵：催生商业兴旺 // 45
- 第二节　布雷顿森林体系前后：中心化与去中心化的货币博弈 // 47
- 第三节　新商业组织冲击波 // 51
- 第四节　从第一次商业浪潮到第四次商业变革的推进 // 54

第五章 看懂区块链与区块链商业：思维与模式 // 63

- 第一节 看懂区块链 // 63
- 第二节 看懂区块链商业 // 75

第六章 非国家货币、去中心化与共识机制 // 81

- 第一节 非国家货币 // 81
- 第二节 中心化与去中心化 // 89
- 第三节 共识机制 // 93

第七章 区块链商业的技术架构 // 103

- 第一节 区块链商业的技术架构解读（一）// 103
- 第二节 区块链商业的技术架构解读（二）// 106

第八章 区块链商用现状、人群及发展趋势 // 110

- 第一节 从币到无币 // 111
- 第二节 行业大鳄布局 // 118
- 第三节 人群构成 // 122
- 第四节 警惕陷阱 // 125

第九章 区块链商业政策解读 // 129

- 第一节 ICO 与虚拟货币监管政策 // 129
- 第二节 区块链技术落地推动政策 // 130

第十章 区块链的行业应用攻略与案例详解 // 137

- 第一节 区块链 + 旅游 // 138
- 第二节 区块链 + 汽车 // 142
- 第三节 区块链 + 快消品 // 146
- 第四节 区块链 + 金融 // 150
- 第五节 区块链 + 公共服务 // 157

- 第六节　区块链＋物联网 // 161
- 第七节　区块链＋公益慈善 // 164
- 第八节　区块链＋医疗 // 166
- 第九节　区块链＋零售业 // 173
- 第十节　区块链＋房地产 // 177
- 第十一节　区块链＋法律科技 // 181
- 第十二节　区块链＋数字资产交易 // 184
- 第十三节　区块链＋物流 // 185
- 第十四节　共享经济：重塑信任机制 // 189
- 第十五节　区块链＋能源 // 191
- 第十六节　区块链＋农业 // 194

第十一章　区块链的应用场景解读：如何与生活擦出火花 // 198

- 第一节　用户识别 // 198
- 第二节　信用 // 200
- 第三节　支付 // 203
- 第四节　供应链 // 206
- 第五节　溯源 // 208
- 第六节　版权保护 // 212
- 第七节　营销 // 214
- 第八节　积分奖励 // 216
- 第九节　众筹 // 219
- 第十节　数字货币钱包 // 220
- 第十一节　人力资源 // 223
- 第十二节　投票 // 225
- 第十三节　预测 // 227
- 第十四节　票据 // 230
- 第十五节　审计 // 232

第十二章　区块链商业应用的安全防护 // 235

第三篇　前行路上的繁荣与挑战

第十三章　抗拒力量 // 243

- 第一节　区块链发展路上的阻碍因素 // 243
- 第二节　谁是区块链的抗拒者 // 248
- 第三节　来自技术上的问题 // 249

第十四章　与时间赛跑 // 251

- 第一节　从挖矿机到区块链+AI芯片 // 251
- 第二节　资本赛跑 // 253
- 第三节　如何在区块链核心技术上领跑全球 // 256
- 第四节　如何稳妥快速完善区块链技术并有序推动商用 // 261

第十五章　商业趋势与远景 // 265

- 第一节　区块链商业应用的趋势 // 266
- 第二节　区块链的商业应用将会带来的变化 // 270

参考文献 // 273

第一篇
风起于青萍之末

第一章　从工业革命说起

第二章　财富规则与财富演变

第三章　过剩危机

第一章　从工业革命说起

有一种观点认为，区块链将是第四次工业革命的关键技术。第一次工业革命是以蒸汽机的发明和使用为标志，第二次工业革命的代表性技术是电力的发明与应用，第三次工业革命因互联网、生物与航空航天等技术而澎湃。

前三次工业革命浪潮各有发源地与主导国家：英国引领了第一次工业革命；美国和德国引领了第二次工业革命；美国接着又主导了第三次工业革命。

有些国家虽然不是工业革命的引领者，但在每次工业革命发生后，都能很快追赶上发展趋势，而另一些国家则被远远甩在后面，甚至有些国家至今还没有完成第一次工业革命。这就是国家间存在差距的原因。

乐观者们认为，中国目前的区块链技术处于全球领先地位，至少在专利拥有量方面已经超过美国。也许，第四次工业革命会由中国引领。

第一节　前三次工业革命，让世界变成现在这个样子

人们今天能看到的各种壮观景象，如鳞次栉比的高楼大厦、庞大的购物中心、巍峨雄浑的古建筑、飞架南北的桥梁，以及各种现代化的工具，如舒适的小轿车、飞驰而过的高铁、腾空而起的飞机等，无论如何追根溯源，都离不开前三次工业革命的影响，其中大多数成果都来自这三次工业革命的孵化与促成。

1. 第一次工业革命

从时间上看，一般认为，第一次工业革命从 18 世纪 60 年代开始在英国发轫，标志性事件是蒸汽机的发明，它使机器大生产成为可能。随后，众多用于劳作的机器得以发明及推广应用，机器大生产在部分领域里代替了手工劳动，生产效率得以明显提高，生产力得到空前发展。

不仅如此，机器生产的出现使工厂陆续出现，逐渐取代了原来的手工作坊，一

个以工厂为主角的商业时代浮出水面。

从领域来看，工业革命首先在手工业最为发达的棉纺织业露出端倪。

1733年，机械师凯伊发明了"飞梭"，织布的生产方式发生了翻天覆地的变化。以前织布，需要两个人配合，有了飞梭之后，一个人就能完成织布工作，不仅效率提高了，织的布还比以前更宽。但是棉纱又供应不上了，这时人们迫切需要新的机器来提高纺纱的速度，以提供更多的棉纱。

直到1765年，纺织工人哈格里夫斯发明了"珍妮纺纱机"，才解决了这一问题。发明的大门一旦打开，就再也不可能关上。之后，在棉纺织业中出现了更多的机器，如螺机、水力织布机等。到1800年，英国的棉纺业基本实现机械化。

与此同时，在采煤、冶金等许多工业部门，也都陆续出现机器生产。

但是，这段时间，纺纱机、织布机等多由水力驱动，工厂要建在河边，受到河流水量的影响，生产不太稳定。

里程碑的事件发生在1785年，瓦特制成的改良型蒸汽机在这一年被投入使用，先是用来为纺织机械提供动力，之后在各个行业推广，继而引发第一次工业革命，人类从此进入蒸汽时代。

随后，蒸汽动力机器出现在许多个行业里。如美国人富尔顿制成的以蒸汽为动力的汽船；英国人史蒂芬孙发明了"蒸汽机车"，并在1825年试车成功。他亲自驾驶一列火车，该火车有34节小车厢。

到1830年，英国整个棉纺工业完成关键性的转变：从工场手工业进化到以蒸汽机为动力的机器大工业。

又过了大概10年，也就是1840年前后，在英国的绝大多数产业里，大机器生产基本上取代了传统的工场手工业生产，工业革命基本完成。英国成为世界上第一个工业国家。

正是这一年，英国发动对中国的第一次鸦片战争，派舰船抵达广东珠江口外，封锁海口。

这个时候，工业革命才从英国向西欧大陆、北美地区传播。法国是最早受到工业革命影响的国家之一，经历了与英国相似的变革进程，比如先是纺织工业部门大量使用机器，之后在钢铁、铁路、煤炭方面发力。

以原棉消耗量为例，1808年是8000吨，到1870年，增加到5.9万吨。纱锭方面，1834年法国才250枚，到1877年增加到500万枚。蒸汽机方面，1818年时只有100台，到1847年增加到5000台。铁路方面，1850年共修了2915千米，到 1871 年实现 15544 千米。再看钢铁，1851 年产生铁 44.6 万吨，1870 年上升到 117.8 万吨。①

之后，法国工业革命深入发展，政权逐渐从金融资产阶级转入工商业资产阶级手中，民众从商热情高涨。19 世纪 60 年代，法国改行自由贸易政策，加上海外殖民地的扩张和苏伊士运河的开通，对外贸易急剧增长，各项工业生产指标大幅上升。重工业与轻工业同步发展，中小企业占比较大，第一次工业革命基本完成。

美国是另一个收获颇丰的国家，涌现出许多的发明成果，如砸棉机、缝纫机、拖拉机和轮船等，几乎跟法国同时完成工业革命。

一个特别的现象是，在美国，北方商品经济得到空前的发展，先进的生产方式与技术传播到各地，冲击着旧制度，而南方的蓄奴州却无法跟上北方的生产节奏，南北分化越发严重，埋下了美国南北战争的种子。

与此同时，德国虽然政治局面四分五裂，但工业革命在纺织业、冶金、采煤、农业化学和铁路运输等领域依然有一定程度的进展。

德国的第一次工业革命起步于轻纺工业，后来转向铁路、钢铁等重工业部门。早在 1827 年，德国人就开始修建从林茨到布德威斯之间用马作牵引的铁路，而用蒸汽动力作牵引的铁路，直到 1835 年之后才开通。有意思的是，其中几年时间里，德国铁路建设一直是私人企业唱主角，多条铁路线都有私人投资。

同步于铁路建设，德国的钢铁、煤炭与机器制造工业表现出色，19 世纪 40 年代中期，全德国已建成 20 条铁路。在 19 世纪以前，德国的煤炭资源很少得到利用，冶铁业一直采用木炭熔矿和手工操作的古老方式。到 1847 年时，在普鲁士的 227 个熔铁炉中，已有 32 个使用煤炭进行冶铁。整个过程来看，1820 年，德国的煤产量仅 120 万吨，1830 年也才 140 万吨，但 1840 年猛增到 260 万吨，1850 年更是增加到 670 万吨。生铁产量从 1823 年的 4 万吨，增长到 1850 年的 21 万吨。②

不过，在 1848 年欧洲革命之前，德国的工业革命受限于封建力量的束缚，没有铺开，农奴普遍存在，工业中占主要地位的还是工场手工业与分散的小手工业，工人占劳动人口的比例很低。

以 1848 年作为分水岭，德国政府加速解除农民的封建义务，绝大多数农民获得自由，从德国东部的农业区流动到西部的柏林地区、工业城市和新兴的鲁尔工业区，逐步满足了机械工业对劳动力的需求，工业开始高速增长。

---

① 王章辉. 英国和法国工业革命比较 [J]. 史学理论研究，1994(2)：122-123.
② 邢来顺. 德国第一次工业革命述略 [J]. 华中师范大学学报（人文社会科学版），1999，(6)：86-88.

在1850—1870年前后将近20年的时间里，德国多个地区完成工业革命，工业发展速度超过英法等国。德国开始逐渐向国外输出机器、金属制品、煤炭、棉布和化学产品等，其蒸汽动力从1850年前后的26万马力，增加到1870年前后的248万马力，增幅超过8倍。

到1870年，德国在世界工业生产中所占的比重已经达到13%，超过老牌的资本主义国家法国所占的10%。同期，英国和美国在世界工业生产中所占的比重，分别为32%和23%。[1]

第一次工业革命最后才影响到俄罗斯、日本等国家。也是在19世纪中期前后，俄罗斯、日本等国家才迈上了工业革命的道路，至此世界工业强国的版图基本确定。

在欧美国家纵横驰骋于工业革命之时，中国的工业化却尚未起步，更糟糕的是，当时的清政府面临工业强国的排挤和压制。代表性的事件是英国对中国连续发起两次鸦片战争，均以清政府的失败而告终。清政府被迫签订一系列不平等条约。直到第二次鸦片战争后，面对内忧外患，洋务派才开始掀起所谓"师夷长技以自强"的洋务运动，逐步引进西方的技术与设备，创办近代的军事工业、民用工业，并筹划海防，办新式学堂、派遣留学生出国深造等。

2. 第二次工业革命

从行业角度看，如果说第一次工业革命主要发生在纺织和冶金这两个传统行业，那么，第二次工业革命则创造了许多新的产业。

从动力角度来看，第一次工业革命用蒸汽动力代替了人力和畜力；第二次工业革命则用内燃机和电动机代替了蒸汽机。

第二次工业革命的标志是电力的发明和广泛应用。简单来讲，就是发电机、电动机逐步投入使用。19世纪60年代后电气时代的大门被打开，并且在这一阶段出现了垄断组织，商业文明被重新书写。

事情要追溯到1866年。当年，德国工程师西门子制成了发电机。几年后，交流电动机问世，从此，电力在工业领域得以应用，并逐渐取代了蒸汽动力。在电力发明后，一系列与电有关的机器陆续出现，比如美国人贝尔发明电话；意大利人马可尼试验无线电报取得成功；爱迪生发明电灯……在众多电气设备的推动下，人类

---

[1] 齐世荣，吴友法，邢来顺. 德国：从统一到分裂再到统一[M]. 西安：三秦出版社，2005.

迈入电气时代。

可能有人要问，第一次工业革命期间，不是已经有电动机了吗？早在1834年，德国的雅可比确实曾经做出了电动机，美国的达文波特也曾制造出驱动印刷机的电动机，不过商业价值不大，当时并没有被广泛应用。直到1870年，比利时工程师格拉姆发明了直流发电机。这种格拉姆型电动机被大量生产后，生产效率有所提高，而当时德国的西门子制造了更好的发电机，能够驱动电车。真正的改变是从尼古拉·特斯拉开始的，他发明了交流电，并制造出世界上第一台交流电动机，电力的应用范围才真正得以扩大。这位大师级人物，在1895年曾为美国尼加拉瓜发电站制造了发电机组，此电站里一共运用了他的9项发明。此外，他还制造出世界上第一艘无线电遥控船，发明了X光技术等。

这一阶段的变革并不仅是电力的使用，还有另外一项标志性的技术，那就是内燃机的发明。内燃机先是以煤气作为燃料，后来进一步完善，以汽油为燃料。它被视为第二次工业革命里电气之外的另一项核心创新。

据史料记载，内燃机是德国人奥古斯塔·奥托于1879年发明的。内燃机引发了交通运输的革命，6年后的1885年，德国工程师卡尔·本茨制造了第一台用内燃机驱动的新型交通工具，它就是汽车。又过了12年，德国的另一位工程师狄塞尔研制柴油机并取得成功。柴油机的输出功率大，可以用到船舶、火车和载重汽车上。

1903年，美国人莱特兄弟在北卡罗来纳州进行了世界首次带动力的飞行，他们操控的是自己制造的"莱特飞行者"双翼飞机，这标志着人类向空中进发的交通运输新纪元的到来。

总的来讲，第二次工业革命以电力的广泛应用和内燃机等基础技术为支撑，诞生了一些关键的发明成果：电灯、电话、电扇、冰箱、电报、洗衣机、电车、汽车、飞机、拖拉机、塑料制品、人造纤维、洗浴制品、火药和化肥等。

经过二次工业革命几十年的影响，社会各个领域发生的变化相当明显：世界工业产量在1850—1870年增长了一倍，在1870—1900年又增加了2.2倍，其中，重工业增长特别迅速，美英德成为以重工业为主导的工业国。[1]

另外，在这段时期，少数采用新技术的企业，逐步挤垮技术落后的企业。同时，在竞争中壮大起来的少数规模较大的企业之间，就产量、产品价格和市场范围达成协议，形成垄断组织。

---

[1] 陈雄.论第二次工业革命的特点[J].郑州大学学报（哲学社会科学版），1987，(5)：35-36.

垄断最初产生在流通领域，如卡特尔、辛迪加等垄断势力，后来又深入到生产领域，产生托拉斯等垄断组织，大量的社会财富日益集中在少数大资本家手里。

摩根、洛克菲勒两大银行集团垄断了美国的银行业；德国的钢业联盟和铁业联盟，垄断了全国钢铁产量的98%；英国的盐业联合公司垄断了91%的食盐生产；法国的亚麻辛迪加垄断了90%的麻织品生产……资本主义进入垄断资本阶段。①

垄断组织是一把双刃剑，一方面，它有利于企业规模的进一步扩大，一定程度上有可能提升经营管理水平，改善劳动生产率；另一方面，这种组织天生贪婪，在一定程度上压制了中小企业的发展，阻止了创新力量的崛起，甚至干预了国家的经济与政治，跨出国界，从经济上瓜分世界。

两次工业革命在某些方面的区别是明显的，比如各种技术与机器的发明者，原来的主角是工匠与技师，后来变成了科学家与工程师；前者的发明依靠实践经验总结，后者借助科学研究；之前是英国做老大，后来是美国与德国称雄，很多发明都是这两个国家的工程师们研究出来的。第一次工业革命从棉纺织起步，而第二次电力领域是发轫地。

在第二次工业革命期间，欧美国家继续热闹，而中国在这一时期遭遇的危机加重，经历了中日甲午战争、八国联军侵华等，沦落为半封建半殖民地社会，根本谈不上跟进工业革命的节奏。

3. 第三次工业革命

第三次工业革命的标志是技术信息化、数字化。从计算机的发明到互联网的广泛应用，社会生产效率以指数级的增长速度提高，人们相隔几千千米，却可以在网上进行实时交流；人们能够将几千兆的东西存储在网上。

如果要想超越互联网带来的变革，估计只有依靠下一轮技术革命，也就是第四次工业革命。

在本轮工业革命中，原子能、电子计算机、空间技术和生物工程相继浮出水面，还有人工合成材料、分子生物学和遗传工程等，多领域的变化让人惊叹。

（1）第三次工业革命的世界进程

第三次工业革命大概是在1950年前后开始，到1980年后进入高峰。这次革命

---

① 德国的军事工业和垄断超车的历程[EB/OL].［2013-01-22］.http://www.taiwan.cn/tsh/zxyd/daguozhidao/201301/t20130122_3572845.htm

甚至最早可以追溯到原子能的发明，时间是1938年。当年，德国科学家奥托·哈恩用中子轰击铀原子核，发现了核裂变现象。同时，美国紧紧跟上，到1942年，美国芝加哥大学成功启动了世界上第一座核反应堆。原子能电站、核动力破冰船等相继问世，原子能在多个领域开始应用。

其次是空间技术的进步。虽然1926年美国物理学家戈达德制造并发射了世界上第一枚液体火箭，但是直到1957年，苏联成功发射世界上第一颗人造地球卫星，才标志着空间时代的正式开始。之后的美苏争霸使空间技术迅猛进步。苏联用"月球2号"卫星把物体送上了月球，令美国人瞠目结舌。更让人震惊的是，苏联宇航员加加林在1961年乘飞船进入了太空。美国随之实施规模庞大的登月计划，并且在1969年实现了人类登月。

在人类登月之后，航天飞机被纳入科技攻关。当时主要以美国为主导，苏联紧跟其后。1977年，美国成功试验世界上第一架航天飞机"企业号"，4年后成功进行了载人发射，共有7名宇航员进入太空；之后又相继研制出了奋进号、发现号等机型。随后跟进的是苏联，1988年成功推出"暴风雪号"航天飞机，不过只进行了一次无人实验发射。

这个时期惠及全人类、影响到大多数人生活的成果应该是电子计算机技术。1946年，世界上第一台名为ENIAC的电子计算机在美国宾夕法尼亚大学投入运行。它使用了17 468个真空电子管，耗电174千瓦，占地170平方米，重达30吨，每秒可进行5000次加法运算。

虽然它的功能还比不上今天最普通的一台微型计算机，但在当时它已是运算速度的绝对冠军。之后，数学家冯·诺依曼提出两个重大的改进理论，一个是电子计算机应该以二进制为运算基础，另一个是电子计算机应采用存储程序方式工作。他认为计算机的结构应由五个部分组成：运算器、控制器、存储器、输入装置和输出装置。

直至今天，绝大部分的计算机，还是采用冯·诺依曼方式进行工作。

在后来的进化历程中，电子计算机的发展经历了第二代晶体管、第三代集成电路、第四代大规模集成电路等几个时代。其中典型的变革是，1981年国际商业机器公司（IBM）推出个人计算机，用于家庭、办公室和学校，自此计算机体积不断缩小，从桌上到膝上，再到掌上。

与IBM竞争的苹果公司（Apple），在1984年推出了友好图形界面的计算机，用户可以用鼠标方便操作。据市场调研机构Gartner发布的数据，2017年全球个人计算机销量大概是2.63亿台，联想、惠普、戴尔、苹果、华硕和宏基排在前六名，占了将近80%市场份额。

在这一次工业革命的历程中，风险投资大量涌现，孵化了众多独角兽企业；同时像美国纽交所、纳斯达克，中国的上交所、深交所等证券交易所，保持了相当高的活跃度，上市公司数量创造历史新高。

（2）第三次工业革命在中国的发展历程

第三次工业革命中后期，中国终于出现在世界舞台上，无论是原子能、空间技术，还是计算机、互联网等，都表现相当出色。中国相当于用几十年时间，完成了欧美国家200多年的改革进程，直接从第一次工业革命跨到了第三次工业革命。虽然谈不上领先，但至少已经逆势追赶，差距明显缩小，在某些领域里，甚至还占据了前几强的位置。

下面来看看中国在第三次工业革命中实现的成果。先看原子能技术，1964年10月16日，新疆罗布泊上空，我国第一次将原子核裂变的巨大火球和蘑菇云升上了戈壁荒漠，这个时间虽然比美国晚了差不多20年，但至少快速跟进了。

1985年，秦山核电站开建，这是中国大陆的第一座核电站，修了近6年时间，1991年并网发电，1994年投入商业运行。目前这个电站的年发电量已达到500亿千瓦时。随后我国又相继修建了大亚湾、岭澳、田湾、红沿河、宁德、阳江、三门、海阳和方家山等多座核电站。

在核电技术方面，目前我国已拥有自主知识产权的三代技术"华龙一号"。据公开报道，仅2016年，全球在建的60台核电站机组，就有24台是中核集团建造的，全球市场占有率40%。

2018年，我国主导制定的核电领域首个国际标准，国际标准IEC（国际电工委员会）63186《核电厂—安全重要仪表和控制系统—地震停堆系统推荐性设计准则》成功立项，实现了我国核电领域在国际标准制定上的历史性突破。

同时，中国的核潜艇、"玲龙一号"小堆技术、电子束处理工业废水技术等，都是相当领先的。

再看空间技术。1970年，中国宇航空间技术实现历史性突破。我国用长征号运载火箭成功地发射了第一颗人造地球卫星"东方红1号"。中国是继苏联、美国、法国、日本之后，世界上第五个用自制火箭发射国产卫星的国家。1999年，中国第一艘无人飞船"神舟一号"成功升空，4年后，第一艘载人飞船"神舟五号"发射成功。继苏联和美国后，我国成为第三个把人类送入太空的国家。目前，神舟飞船已发射到神舟十一号，除了神五载人之外，神六也搭载了两名航天员。到神七的时候，我国已经实现太空行走，航天员也增加到三人。

我国另一个大工程就是嫦娥系列的探月工程，同时，天宫系列空间站的建成也表明中国的航天事业全面提速。

最近30年，我国更多科学成果相继问世，比如2017年，大型喷气式干线民用飞机C919首飞成功。这是中国首架具有自主知识产权的飞机，过去由空客、波音垄断的大型民用客机市场，或将出现新的参与者。

2017年5月，在我国南海北部海域的可燃冰试采成功，它的储量几乎可以达到煤、石油、天然气总和的两倍，是全球公认的下一代清洁替代能源。中国在海域可燃冰试开采中，连续产气排在全球第一名。

2017年6月，由中车株洲所操刀的全球首列无轨列车已经问世。无轨列车不需要建造专有钢轨，却能够像公交车一样在城市里自由穿行。

同年，首颗量子科学实验卫星"墨子号"圆满完成了三大科学实验任务：量子纠缠分发、量子密钥分发和量子隐形传态，我国在量子领域的研究水平达到新高度。在这一领域，IBM、微软等都在参与竞争。

2018年12月8日，我国在西昌卫星发射中心用长征三号运载火箭成功发射嫦娥四号探测器，开启了月球探测的新旅程。嫦娥四号探测器最终将实现人类首次月球背面软着陆，实现月球背面与地球之间的中继通信。

中国天眼坐落在贵州省平塘县的大窝凼洼地，是2016年7月3日建成的单口径球面射电望远镜（FAST），口径达500米，堪称世界最大。截至2019年8月28日，天眼已现132颗优质的脉冲星候选体，其中有93颗已被确认为新发现的脉冲星。

4. 工业革命引发的问题

从第一次工业革命到第三次工业革命，社会生产力的进步一方面孵化出了众多改变世界的成果，另一方面也造成了许多问题，包括环境破坏、产能过剩、贫富分化、阶层相对固化、市场垄断、信息泛滥等。

（1）环境破坏

从第一次工业革命开始，为了让工厂运转、发电及驱动火车等，人们大量使用化石燃料，导致二氧化碳等有害物的排放量迅猛增加。另外，大量化工厂、核工厂的出现，矿山的开采，以及污染物排放，使水源、空气、土地等都遭遇了不同程度的破坏。

近百年来，全球范围内已陆续爆发了多起重大环境安全事件，比如1930年比利时马斯河谷事件，1943年美国洛杉矶光化学烟雾事件，1948年美国多诺拉事件，1952年英国伦敦雾都现象，1953—1956年日本的水误事件，1955—1963年日本神东川的骨痛病事件，1968年日本米糠油事件，1986年苏联的切尔诺贝利核泄漏事件，1984年印度发生的博帕尔事件等。

这些事件有的是由于化学物质导致的中毒，有的是核泄漏，有的是化工厂的污染物爆炸外泄，或恶意排放，有的是大量汽车尾气排放等因素造成的，受害者少则数千人，多则几十万人。

污染不仅对环境造成了严重破坏，而且导致了庞大的经济损失，比如水污染对渔业、农业、旅游业造成的危害；大气污染引发的酸雨会损害农作物、森林与建筑材料等。

联合国环境规划署预估，到2030年，全球由于地面臭氧污染造成的大豆、玉米、小麦等作物的损失，每年可达170亿~350亿美元。①

在控制环境污染这事上，人类并非没有努力，单是联合国的气候大会就开了21届，但也经历曲折，先有《京都议定书》之死，后来又有哥本哈根大会的无疾而终。2009年的哥本哈根气候变化大会，把人类气候治理行动的目标设定为：全球平均气温不高于工业革命前水平的2℃以内。但7年后召开的巴黎气候大会，目标又降低了，在《巴黎协定》中，目标表述为：把全球平均气温较工业化前水平升高控制在2℃之内，并为把升温控制在1.5℃之内而努力。

可见，在环境问题上，虽然大家都认识到了它的重要性、紧迫性，但相对经济发展的重要程度，很多国家又希望别国多承担一些，所以整个进程充满了坎坷。

就中国而言，减排与环保任务也相当艰巨。中国继2006年超越美国成为世界排放第一大国后，又成为世界能源消费第一大国、世界第二大经济体、二氧化碳排放总量第一大国，人均排放量也超过了欧盟。另外，煤炭、水泥、钢铁、铝和铜等重要高耗能产品的消费量，也均超过世界平均水平。

国内连续发生的严重环境污染问题早就引起了国家相关部门的重视。这些无一不在告诫人们，推动经济发展的同时，环境保护也应该获得同等重要的位置。

（2）产能过剩

目前，中国正在推行严格的去产能政策，整顿、关停低端、低效产能，收紧环保

---

① 财富中文网. 一场雾霾将损失多少GDP？治理成本有多高？[EB/OL].[2015-12-01]. http://www.199it.com/archives/412006.html

政策，派出多轮环保督查组赴各地检查环保执行情况，并且探索清洁能源的研发利用。

人们迫切需要新的思路或技术，使用更少的地球资源，实现生产效率的再次提高；通过共享经济或者其他新的做法，减少每个人资源利用的依赖性。这些问题，可能需要留给第四次工业革命去解决。

环境问题只是三次工业革命的一种衍生物，另一个同样产生重大影响的问题则是产能过剩。经历三次工业革命的洗礼，人类的经济活动有了很大的跨越，生产能力大幅提升，远大于消费能力，导致钢铁、水泥、光伏面板、风电、煤炭、土木工程建筑业、化学原料、化学制品和汽车等多个行业都面临产能过剩问题。

产能过剩带来的问题也很明显，如资源过度发掘、生产出来的产品面临大量浪费、部分技术水平落后的产能导致原材料无法充分利用等。如何通过新的思路与技术，在全球范围内展开合适的产能分配，普及更先进的生产技术，淘汰落后产能，并且争取让产能与需求实现更精准的匹配，是目前迫切需要解决的问题。

（3）贫富分化

阶层分化、贫富分化则是前三次工业革命的副产品，社会先是分裂为两大阶级：工业资产阶级和无产阶级；之后又形成了多个阶层，如中产阶层、大众富裕阶层、富人阶层、工薪阶层和低收入阶层等。而在上述阶层的演化中，财富的集中度变得更高，贫富分化成为普遍问题，同时，中产阶层面临债务负担加重的严峻形势。

瑞信（Credit Suisse）研究指出，在 2017 年，全球 50.1% 的财富集中在 1% 的人手里。而在 2006 年时，最富有的 1% 人口掌握的财富是 45.5%。十多年后，贫富分化差距将再一次扩大。英国国会公布的报告显示，预计到 2030 年，全球 64% 的财富将集中到 1% 的人手里。[1]

这里用国际上通用的基尼系数来衡量我国的贫富差距情况。基尼系数是一个处于 0 到 1 之间的数据，它可以衡量一个国家或地区居民收入差距。该系数越大，代表收入分配越不平等。国际上通常把 0.4 作为收入分配的警戒线。

据国家统计局统计的数据，中国基尼系数总体呈现下降趋势，但目前还比较高。从 2012 年到 2017 年，我国的基尼系数分别是 0.474、0.473、0.469、0.462、0.465、

---

[1] 环球网.全球财富增至 280 万亿美元 逾半掌握在 1% 富人手中 [EB/OL].[2017-11-16]. http://finance.huanqiu.com/gjcx/2017-11/11382324.html

0.467①，可见解决贫富分化的任务并不轻松。

更早的时候，据西南财经大学中国家庭金融调查与研究中心公布的结果，2010年，中国家庭收入的基尼系数为0.61，城镇家庭内部的基尼系数为0.56，农村家庭内部的基尼系数为0.60，可见当时的贫富分化程度更为严重。

对比国家统计局公布的数据，可以看出，贫富分化确实有一定的缓解，但要达到比较理想的状态，控制到0.4以下，还有一段漫长的道路需要走。

其他经济较发达国家的贫富差距同样明显。据美国中文网报道，美国人口普查局公布的数据称，美国的基尼系数从2017年的0.482上升至2018年的0.485。2018年美国贫富差距扩大到开始有收入差距记录以来的最高水平。②

据世界经合组织2018年统计，韩国的贫困人数占总人口数的13.8%，尤其是65岁以上的韩国人贫困率，占到了45.7%，而微薄的养老金只能覆盖16%的最低生活费。虽然韩国政府已采取了一系列对策，但贫富差距加大的趋势并没有得到有效改善。③

法国曾经被视为收入比较公平的国家，但现在情况也并不好，2018年6月7日，法国国家统计及经济研究所（INSEE）公布了法国的家庭收入调查结果，富人的收入是法国人均收入中位数的5倍，收入总额的7%集中在1%的富人阶层手中，收入总额的28%集中在10%的富裕阶层。

作为世界性的难题，贫富差距已引发了从学界到政界的高度重视。一个普遍的共识是，它不仅会影响经济发展动力，缩减消费需求，还可能导致社会不安定。

诺贝尔经济学奖得主约瑟夫·斯蒂格利茨（Joseph Eugene Stiglitz）认为，"现代社会已经处于十字路口上。如果人们不尝试制定一份全新的社会契约，那些被现代经济体制伤害的人，他们是大多数人，他们将会反抗的"。④

希望这一问题在第四次工业革命中，能够寻找到有效的答案，争取在消灭贫富差距的道路上往前多迈几步。

---

① 西泽研究院．中等收入困局，该如何跨越？[EB/OL]．[2019-04-08].http://finance.sina.com.cn/stock/relnews/us/2019-04-08/doc-ihvhiqax0836491.shtml
② 中国新闻网．全美贫富差距创50年来新高 中部多地增幅较大[EB/OL].[2019-09-27]. http://news.sina.com.cn/w/2019-09-27/doc-iicezueu8667068.shtml
③ 新京报网．直戳贫富差距，韩国《寄生虫》卖到两百多个国家是有道理的[EB/OL].[2019-07-19]. http://www.bjnews.com.cn/ent/2019/07/19/605572.html
④ 王骁Albert．纪录片揭示德国惊人贫富差距，5%的人拥有50%不动产[EB/OL].[2018-08-21]. https://user.guancha.cn/main/content?id=33563&page=2

第二节　区块链有可能是打开第四次工业革命的那把钥匙

很多迹象表明，第四次工业革命正在路上。无人驾驶交通工具、3D 打印、高级机器人和新材料等，正在颠覆第三次工业革命中的成果，并引发新一轮从工具到组织、制度的变革。

而信息类技术，包括物联网、区块链技术和共享经济等，也正在改变传统。生物技术方面以生物基因技术和基因编辑技术为代表，也正在引爆生命科技的大变革。

如果说前三次工业革命解放的是人类的体力，第四次工业革命解放的则是人类的脑力。全球生产方式有可能发生新的变化，或将由大规模生产向规模化定制转型，平台经济、企业经营的扁平化、共享经济等产业形态层出不穷。

世界经济论坛创始人兼执行主席施瓦布认为，区块链是第四次工业革命的关键技术。他认为，"自蒸汽机、电和计算机发明以来，我们又迎来了第四次工业革命、数字革命，而区块链技术就是第四次工业革命"。

世界经济论坛全球议程理事会"软件与社会的未来"议题组调查形成了一份名为《深度转变：技术引爆点与社会影响》的报告，提出了 21 项正在激活第四次工业革命的技术变革，它们包括可植入技术、数字化身份、视觉成为新的交互界面、可穿戴设备联网、普适计算、便携式超级计算机、全民无限存储、万物互联、数字化家庭、智慧城市、人工智能与决策、机器人与服务、比特币和区块链、共享经济、政府和区块链、3D 打印与制造业、3D 打印与人类健康、3D 打印与消费品、定制人类、神经技术等。其中，区块链是连接各个技术的重要桥梁。

达沃斯论坛中国区块链代表团团长、太一云董事长邓迪认为，区块链技术不仅是第四次工业革命的成果，同时也是第四次工业革命重要的发动机；区块链技术不仅是单纯的技术，同时还是金融和科技混合的产物，某种程度上既是生产力，也是生产关系。诺贝尔经济学奖得主约翰·希克斯提出工业革命有时候必须要等待金融革命。[①]

纳斯达克正在考虑上线比特币传统数字货币，未来企业的股权可能很快被区块

[①] 邓迪. 区块链技术是第四次工业革命重要的发动机 [EB/OL]. [2018-05-02]. http://www.elecfans.com/blockchain/670638.html/

链化。包括纳斯达克、澳洲交易所、香港联交所及深交所在内，以后所有股票可能都会变成数字资产，未来各个交易市场可能也是互通的，不存在单一的交易市场。

另外在大宗商品市场，委内瑞拉发行的以石油为支撑的石油币，以及黄金、各类大宗商品，也都可能会被快速代币化。

由于区块链技术的出现，原来不能在全球进行交易、流动的非标资产也有可能可以交易，如专利、版权，人工智能、存储能力、运算能力等。区块链可以将所有的投资者、交易者、用户全部连接起来。

包括中国在内的很多国家都已经开始展开区块链的落地应用，有的国家在进行土地确权，有的在进行公民身份确认。我国也有不少落地案例，如发起中国食品链，通过区块链推动溯源，解决土地到餐桌之间可信的安全问题等。

此外，此技术可以实现通过基因测序预测自己未来会得什么病，从而提前进行预防或者治疗，费用在2万元左右。目前成本还过于高昂，普通人难以承受，但借助区块链技术改造之后，费用可以降到六七百元。

《2018中国区块链产业白皮书》提到，截至2018年3月底，中国以区块链为主营业务的公司数量达到456家。区块链产业初步形成规模。

总的来看，从上游的硬件制造、平台服务、安全服务，到下游的产业技术应用服务，再到保障产业发展的行业投融资、媒体、人才服务，区块链的产业链条已经基本形成。

同时，中国已着手建立区块链国家标准，计划从顶层设计推动区块链标准体系的建设。

《2018中国区块链产业白皮书》总结了中国区块链产业发展的几大特点。区块链产业生态初步形成，方兴未艾；地域分布相对集中，产业集聚效应明显；区块链应用呈现多元化，从金融延伸到实体领域；实现"协作环节信息化"，助力实体经济降成本提效率；产业政策体系逐步构建，产业发展环境持续优化。

据外媒报道，世界知识产权组织的数据库显示，2017年，区块链领域的专利申请超过一半来自中国。据互链脉搏统计，2018年国内的区块链专利申请量达到了2913件，同比增长115.6%，较之3年前的2015年，增长超过100倍。

美国作家杰里米·里夫金写了一本名为《第三次工业革命》的书，书中总结了第三次工业革命的五大支柱。

①向可再生能源转型。

②将每一大洲的建筑转化为微型发电厂，以便就地收集可再生能源。

③在每一栋建筑物及基础设施中使用氢和其他存储技术,以存储间歇式能源。

④利用互联网技术将每一大洲的电力网转化为能源共享网络,这一共享网络的工作原理类似于互联网。

⑤将运输工具转向插电式及燃料电池动力车,这种电动车所需要的电可以通过洲与洲之间共享的电网平台进行买卖。①

杰里米·里夫金针对第三次工业革命发表了很多观点,但笔者觉得其中不少会在第四次工业革命的进程中实现。而且杰里米·里夫金比较乐观地认为,人们将步入一个后碳时代。在这个时代中,由互联网和新能源技术驱动的新一轮科技革命,将给人们带来可持续发展及避免灾难性气候的希望。

他的这本书里有以下一些观点值得人们思考。

①光伏发电的成本有望以每年8%的速度下降,使得发电成本每8年可降低一半。斯坦福大学的一项关于全球风能的研究预计,利用地球上现有风能的20%,所提供的电力将是当今全球所用电量的7倍。

②工业革命的进程需要社会各界的积极参与:政府、工商界、公民社会组织都要参与,人们的生活、工作和娱乐方式都将发生改变,这就是能源服务参与的民主化。

③越来越多的农场主开始改造农场,使其成为微型发电站。他们充分利用风能、太阳能、地热和生物能等清洁能源,大幅降低了能源消耗。同其他新兴合作型商业模式一样,这种扁平化的结构已经全面超越了传统、集中型和层级结构的生产组织结构。

④科技革命在清洁能源、绿色建设、电子通信、微型发电系统、分散式的IT网络、插电式和生物电池交通工具、可持续化学、纳米技术、无碳物流和供应链管理等各个领域都有落地表现,有可能促成新兴科技、产品和服务的大量出现。

⑤最合适新型社会的企业规模应该是数百万小型、微型企业和消费者所组成的、代表其共同利益的合作性企业联盟。

⑥代表着第一次工业革命和第二次工业革命,并且在第三次工业革命里依然发挥主导作用的集中型经济管理模式,正面临新型的分散合作式管理模式的挑战。

⑦过去的时代里,为了能够更多地占有资源,确保自己及子孙后代的幸福,每种生物都以命相搏的现象将有所改变,人们会共同去寻找出路并创造共赢格局。

---

① 杰里米·里夫金.第三次工业革命[M].北京:中信出版社,2012.

第二章 财富规则与财富演变

值得注意的是,每一次工业革命,都会伴随财富规则的重新改写,以及财富创造的路径演变。

从第一次工业革命开始到目前将近 300 年的时间里,这样的规则有过多轮更替。区块链加持的第四次工业革命,其实已经在发起又一轮财富变迁。

在工业革命产生之前的几千年人类历史长河中,不管哪个国家,不管什么朝代,人均收入都很低,始终徘徊在马尔萨斯陷阱①的边缘。如美国学者彭慕兰所说,1800 年之后产生了一个"大分流",少数国家因为引爆了工业革命,大多数人的收入不断增长,生活水平得以普遍提高。而剩余的国家依然在马尔萨斯陷阱里徘徊,包括洋务运动时期和民国时期的中国。②

1. 早期的财富规则:信息不对称、资源抢夺

在工业文明尚不够发达的时代,如农耕时期,谁拥有的土地最多并成为地主,谁就可能是富人。这段时间里,原始积累往往是通过暴力使直接生产者与生产资料相分离,由此使货币财富迅速集中在少数人手中。

在中国历史上,比较早的大富翁要数春秋时期的范蠡,即大名鼎鼎的陶朱公。他被视为弃政从商的鼻祖,《史记》中载"累十九年三致金,财聚巨万"。他当时从事农耕养殖和土产贸易,经营季节性特产的长途贩运,赚取两地贸易差价。他的商业逻辑里有一个关键词:待乏,就是夏天预备皮毛商品,冬天囤积葛麻商品。囤积的货品价格低廉,等到货物缺乏的时候卖出就可以获取利润。

范蠡的另一种思维是"货无流,无敢居贵",意思是说要让手中的货物资金像水一样流动起来,才能发挥最大的效果。

---

① 马尔萨斯陷阱:又称马尔萨斯灾难,以英国政治经济学家托马斯·罗伯特·马尔萨斯命名,其代表作为《人口原理》。马尔萨斯提出两个级数的理论:人口增长是按几何级数增长的,即以 1、2、4、8、16……的增加率增加,而生存资料仅仅是按照算术级数增长的,即以 1、2、3、4、5……的增加率增加,多增加的人口总是以某种方式被消灭掉,人口不能超出相应的农业发展水平,这种理论被称为马尔萨斯陷阱。
② 彭慕兰. 大分流 [M]. 南京:江苏人民出版社,2004.

也有一些通过贸易聚积巨额财富的,比如战国末年著名商人吕不韦,他往来各地,以低价买入商品,以高价卖出所购商品,史载"往来贩贱卖贵,家累千金",后以"奇货可居"闻名于世。

从世界史的视角看,在大航海时代,哥伦布发现了美洲新大陆,西班牙在这里发现了大量的黄金和白银。到 16 世纪末,世界贵金属开采中的 83% 为西班牙所得。据统计,1521—1600 年期间,西班牙海军从海外运回的黄金达 200 吨,白银达 18.6 万吨。①

这些天上掉下来的财富,并没有帮助西班牙进一步强盛,反而让统治阶层养成了骄奢淫逸的消费习惯,从而扼杀了实业的发展。当时有钱人大量消费瓷器、丝绸等奢侈品,进而导致白银持续流出。与此同时,由于西班牙国内物价飞涨,剥削了劳工阶级,加上国货比外国货贵太多,一时间走私横行,加剧了国内产业的衰落。

所以,虽然西班牙发现了美洲,获得了巨额的财富,但是工业革命却首先发生在英国和法国。

2. 公司诞生后的财富大规模积累

财富大规模的产生与积累及民间商业的繁荣,应该是从公司诞生后才开始的。

据记载,世界上第一家股份公司是荷兰东印度公司,成立于 1602 年,也就是大航海时代,一直到 1799 年解散。公司在成立的两百年间,共向海外派出 1772 艘船,约有 100 万人次的欧洲人搭乘 4789 航次的船班前往亚洲地区。17 世纪初,西欧年均消费量约 700 万磅,1688 年增加到 860 万磅,荷兰东印度公司的进口量分别是 300 万磅和 400 万磅,接近欧洲消费总量的半数。②

当时,荷兰议会给了东印度公司很大的授权,允许他们在东起好望角、西至南美洲、南到麦哲伦海峡等区域拥有贸易垄断权。他们的垄断持续了 21 年。

随后,东印度公司发行了世界上第一张股票,面值 150 荷兰盾,发行日期是 1606 年 9 月 9 日。股票向居民发售,首期募集 650 万荷兰盾,其中阿姆斯特丹的居民认购了 57%,成为控股股东。

在后来的 100 多年时间里,东印度公司快速崛起,纵横海上 40 多年,成为当时全球最赚钱的公司。荷兰人逐渐控制了全球贸易的 40%,有"海上马车夫"之称。

---

① 周彦武. 西班牙衰落的警示 [EB/OL]. [2013-01-31]. http://opinion.hexun.com/2013-01-31/150785940.html.
② 曹英. 荷兰东印度公司与荷兰商业霸权的确立 [J]. 武陵学刊,1999,(1):59-60.

随后各种公司诞生，公司背后活跃的家族势力在几百年时间里发挥着他们的影响力，如杜邦家族、罗斯柴尔德家族、奥纳西斯家族、洛克菲勒家族、摩根家族、哈布斯堡家族和麦地奇家族等。

以美国为例，蒸汽机发明之后，动力轮船的水上竞争转移到铁路领域，美国的范德比尔特又成为"铁路大王"，与另一位富豪安德鲁·卡内基竞争。修铁路需要钢材，因此钢铁工业随之发展。卡内基以钢铁大王的身份成为亿万富豪。而石油的发现和开采，让"石油大王"约翰·洛克菲勒积累了可观的财富。石油与钢铁成为汽车工业的两大引擎，亨利·福特T型车的流水线推动了20世纪初的工业变革和管理革命，财富盛宴进入"汽车时代"。

冒险家和资本家紧紧拥抱，共同掀起创业和投资的财富浪潮，金融巨头约翰·皮尔庞特·摩根力挽狂澜，在大萧条和经济危机中，投放源源不断的现金提振信心。

微软、IBM和惠普的崛起意味着计算机时代的到来，比尔·盖茨、迈克尔·戴尔、拉里·埃里森等富豪皆出于此。互联网浪潮则催生出一批财富新贵，谢尔盖·布林、杰夫·贝佐斯、马克·扎克伯格等角色短时间内就拥有了让人震惊的财富。投资领域的富豪依旧耀眼，沃伦·巴菲特、乔治·索罗斯点石成金的神奇令世人追慕。传统行业仅零售业不倒，山姆·沃尔顿的后代长期稳居美国富豪榜前列。

美国300多年的财富变迁，遵循从农业、工业到服务业演进的规律，财富增长与经济发展、公司进化的逻辑完全吻合。

然而富豪的财富挡不住时代洪流的冲击和涤荡，老牌大亨终将退出。富过三代的家族都是顺势而为的识时务者，今日若想在农业、工业以辛勤劳作成为富豪已十分困难。

3. 第一、二次工业革命的财富演变

英国早期财富的原始积累是通过侵略他国建立殖民地，进而占领并夺取的，后来通过工业革命输出生产资料进行殖民掠夺。

在工业革命之初，英国经历了一段较长时间的助跑过程，至少是从1600年开始，一直到1760年，即亚当·斯密写《国富论》时。乡镇企业在英国繁荣了一二百年，政府也对此表示鼓励。在这段时间里，广大农民也因此致富。

引爆第一次工业革命时，英国政府已经为乡镇企业创造了全球最大的纺织品市

场，羊毛和棉花原材料供应、生产基地，以及全球销售网络。这一切都受到英国一系列航海法令和皇家强大海军的保护。

这一时期，煤炭、交通和开矿等行业聚集了大量资金，部分人从中获益。加之英国政府鼓励民间资本进入，鼓励地方商人修建永久性的公路，允许对路人收费等政策，进一步刺激了工商业的发展。

英国政府组建皇家海军，控制海上路线，为英国商人服务。从18世纪到第二次世界大战前，英国的舰队在世界上堪称最强。他们把中国的茶、北美的烟草、印度的香料，以及白糖等商品，在全世界各地进行销售。

此后，由于传统的能源、动力、运输方式远远不足以支撑其商业的发展，在英国财政支持下，爆发了"煤炭、蒸汽机、铁路"的大繁荣。对钢铁、机器和其他重工业产品的量化生产的需求引爆了第二次工业革命。所有的中间产品，包括钢铁、水泥、机器等，都开始规模化的批量生产。

在工业革命期间，英国普通民众的工资是在不断增加的。1755—1851年，农业、棉纺织、印刷和造船行业的工人收入属于低增长层，名义工资收入增幅仅61.3%~69.6%；律师、职员、医生、教师、工程技术人员等，属于高增长层，同比增幅高达234%~695.5%；其余行业属于中等增长，同比增幅在92.8%~190.6%。[①]

由于工业化带来的生产力发展，生活物资变得更加便宜，普通民众的生活水平也大大提高。人们在1850年的平均卡路里摄入量和肉蛋奶的消耗量，几乎与今天一样。

不过也有研究认为在工业革命期间资本比劳动力的回报高，因此精英阶层是主要受益者，而普通民众只是喝了口汤。换句话说，也就是资本和土地的收益占比不断增加，但劳力的收益占比却不断缩小，这就意味着普通民众付出的劳动力越来越不值钱。

笔者认为，工业革命最大的获益者首先应该是资本家，其次是各种专业岗位上的知识分子，第三获益的才是普通民众，如农民、普通工人等。

在知识精英与普通民众谁获益最大这个问题上，笔者有这样的分析。

第一次工业革命时期，很多技工是核心推动力，如纺织工人、蒸汽机安装修理工等，他们总结以往的劳作经验，发明新的工具，依靠工业革命的到来发家致富，其中拥有专利的那些高级技工，获利可能是非常可观的。

不过，当时的英国在财富积累上充满了残忍的色彩，由于占领了不少殖民地，

---

① 赵虹，田志勇. 英国工业革命时期工人阶级的生活水平 [J]. 北京师范大学学报（社会科学版），2003（3）.

英国通过向殖民地倾销商品进行经济侵略。

后来,随着工业革命的深入,尤其是第二次工业革命的到来,技术创新需要更多的物理、化学、数学等知识,这个时候,普通技工很难担当重任,拥有更高学识的知识精英们成为主推动者,财富也逐渐向这个阶层集中。

与第一次工业革命起步于英国不一样,第二次工业革命同时发生在几个先进的资本主义国家,包括美国、德国、英国和日本等。

前面已经讲过,第二次工业革命期间,自然科学迅猛发展,同工业生产紧密结合;资本主义经济发生了明显变化,企业间的竞争加剧,促进了生产与资本的集中,少数采用新技术的企业有能力挤垮技术落后的企业。

在这一时期,很多技术精英受到空前重视,企业愿意花钱雇佣技术与管理人才。科技阶层获得了不错的收入,财富除了掌握在大资本家手里之外,开始向科技阶层流动。

另外一个典型的财富特征是,在竞争中壮大起来的部分公司就产量、价格与市场范围达成协议,形成垄断组织。垄断先是发生在流通领域,产生了卡特尔、辛迪加等形式,后来又进入生产领域,出现了托拉斯这种庞然大物。大量的财富向少数资本家手中汇集。他们开始跨出国界攫取利润,形成国际垄断集团,试图从经济上瓜分世界。这在一定程度上引发了资本主义强国的对外侵略扩张。

还有一个值得注意的现象是,财富发生了产业转移。第二次工业革命期间,出现了电力、电信、石油化工、化学、交通运输(汽车、远洋轮船、飞机)、动力等新兴工业部门,吸收了大量的人才与资金,创造了可观的财富。

日本的工业革命进程也比较典型。人们普遍认为日本真正的现代化是从明治维新开始,其实不然,早在经历了将近300年商业繁荣的江户时代,农村商业化与乡镇企业的基础已经不错,只是没有打开全球市场。

日本的运气不错,江户时代复制我国的唐宋工商文明,之后又直接上了欧洲工业革命的车,明治维新后,他们的目光又扩展到了海外市场。

1890年前后,日本完成了为第一次工业革命助跑的早期阶段,之后引爆第一次工业革命,规模化生产纺织品和其他轻工业品。这期间日本还跟中国、苏联分别打了一场仗,用武力开拓殖民地和全球市场,而且利用战争赔款引进西方技术和从事基础设施建设。

第一次工业革命后期,日本在军政府主导下,通过国家投资来克服能源、动力、交通工具的巨大瓶颈,引进发电技术和铁路技术,将全国的私有铁路企业收归国有,逐步实现了全国铁路的电气化。

到 1920 年前后，日本开启了第二次工业革命，开始进行所有工业产品，包括矿产、冶炼、化工、机械产品和其他生产工具的规模化生产。当然还包括武器和军工产品，这使得日本有能力批量制造飞机、大炮和航母，为发动"二战"奠定了基础。

"二战"后日本继续完成第二次工业革命和对新技术的研究，包括农业现代化等，在汽车、家电等多个行业里孵化了世界级的大公司，如丰田、本田等，因此创造了极其可观的财富。

4. 资源垄断型的财富规则

从第一次工业革命到第三次工业革命，资源始终是创造财富的王牌，几百年间从来没有变过。煤矿、矿山、金属、石油等资源，直到今天，依然在影响财富分布的格局。

另外，市场权力资源的垄断型实体，诸如国家掌控的企业，或者国有控股的企业等，往往都会成为财富主角。如英国的东印度公司，在取得对印度、中国的贸易垄断权后，将印度的粮食和工业原料源源不断地运回英国，从中获得了丰厚的利润，并且在 1799 年攻陷迈索尔首府，抢劫了价值 1500 万英镑的王室珍宝。英国的东印度公司通过垄断鸦片、食盐和烟草贸易，为公司的中高层管理者与英国聚揽了巨额财富。

荷兰的东印度公司拥有 1.5 万个分支机构，贸易额最高占到全世界总贸易额的一半；侵占台湾后，他们每年从台湾运回荷兰的财富价值高达 40 万荷兰盾，相当于 4 吨黄金。[①]

1859 年，宾夕法尼亚州开挖出世界第一口油井，无数人疯狂涌进宾夕法尼亚西北部，数以千计的油井被挖出来，洛克菲勒判断原油价格必将大跌，真正能赚到钱的是炼油，而非钻油，并在 1863 年开设了一家专门做石油提炼的公司。随后，洛克菲勒走了一条高风险的经营路线。他大量举债增资、投资，开发副产品，最后大获成功。到 1868 年时，他的公司已经是世界上最大的炼油公司。两年后，洛克菲勒又将石油公司重组为标准石油，用了 9 年时间，控制全美 90% 的炼油产业。

---

① 周江林. 何以富可敌国？东印度公司发展史 [EB/OL]. [2014-09-12]. http://www.chinatimes.net.cn/article/44885.html。

建立在石油资源基础上的财富逻辑，一直都表现强大。1953年，"石油怪杰"保罗·盖蒂用父亲给他的50万美元在科威特边境打井成功，用了不到3年时间积累了10亿美元。在此期间，他建立了自己的超级油船队，总吨位一度达到100万吨；他长期同美国"石油七姊妹"展开鏖战，《命运》杂志列出的美国富人中，他一度排名第一。

房地产也成就了众多大佬。尤其是最近几十年里，不同国家都经历过房产致富的过程。在2017年的《财富》世界500强榜单上，中国就有绿地、万科、恒大、保利、万达和碧桂园等公司入选。而且在中国最近20年里，房产助推很多人实现了可观的财富增值。

5. 金融、互联网科技与消费升级引发的新财富浪潮

纵观世界经济发展的历程，工业革命并不仅是技术创新的成果，也是金融革命的结果。实体经济的资本需求和政府借款的需要，促成了金融革命的发生。

在《千年金融史》一书中，威廉·戈兹曼甚至认为，正是金融使得文明的进步成为可能。

值得注意的是，从工业革命以来，借助金融创富，或者说，因金融力量创造的财富规模，孵化出了一代又一代金融精英，甚至金融巨鳄。

很典型的是，在"2019年财富世界500强排行榜"上，全球共有54家银行上榜，成为上榜企业最多的行业。银行之外，保险公司、多元化金融企业表现也不错，如EXOR集团、房利美、房地美、中国中信、布鲁克菲尔德、美国运通、国际资产控股和Onex等，促成了众多富豪的产生。

一些金融大鳄的财富传奇，如巴菲特、索罗斯、鲍尔森、博格尔、伊坎等，往往流传甚广，而且在他们的带头作用下，在金融领域致富的精英为数不少。

起家于股票投资的巴菲特，是金融财富史上的一个传奇，一度坐上美国首富的宝座。1957年时，他成立投资俱乐部，掌握资金30万美元，用了5年时间做到720万美元，之后又很快增加到2200万美元。

在他的投资史上有几个经典手笔，例如，他在1973年盯上《波士顿环球》和《华盛顿邮报》，这两家报纸后来增长迅猛；1980年用1.2亿美元买进可口可乐7%的股份，5年后股价翻了5倍。2002—2003年，他开始在中国投资，投入大概5亿美元买入中石油1.3%股份，到2007年申报沽空时，他已赚了36亿美元，复合年

均回报达 52%；他的伯克希尔公司股价在 1980 年只有 335 美元，后来涨到接近 30 万美元，相当于 40 年左右翻了 1000 倍。

巴菲特的财富神话创造因素除了他本人高超的投资实力之外，背后还有两个巨大的红利：一个是创新的红利，美国大牛市提供了巨大的财富空间；另一个是利率的长期下降，从 19 世纪 80 年代到现在，美国的长期国债利率从 10% 降到了 3%，意味着融资成本越来越便宜。

除了巴菲特外，当然也少不了 1930 年出生的乔治·索罗斯。他率领的投机资金在金融市场上兴风作浪，1992 年时押注英镑贬值，获利 10 亿美元。2011 年时他的身家就到了 145 亿美元。

"赚钱之神"鲍尔森一生最成功的投资，发生在 2008 年金融海啸前夕，沽空次贷大赚 150 亿美元，当时一天进账 30 亿美元。

有"指数基金之父"美称的博格尔，在 1978 年收购了威灵顿基金，并改名为"领航威灵顿基金"，并提高债券持仓比重。他接手后第二年就开始赚钱，之后 35 年间有 27 年跑赢同类基金，当年威灵顿基金的投资者至今仍致函向他道谢。

还有被称为"企业狙击手"的激进投资者卡尔·伊坎，净资产一度达到 140 亿美元。

更早的时候，罗斯柴尔德家族早已在金融领域打下赫赫声名。该家族发迹于 19 世纪初，创始人是梅耶·罗斯柴尔德，他的 5 个儿子被称为罗氏五虎，先后在多个城市开设银行。

刚开始他们主要从事货币兑换，后来扩展到黄金、白银与纸币的兑换，以及古钱币和古玩交易。在整个 19 世纪，这个家族的挣钱方式还包括为皇室、政治家理财，进行工业和矿业投资等。

罗斯柴尔德家族一度确实站上了世界之巅，拥有 600 万英镑资产，到 1852 年时，这个数字达到了 953 万英镑。但"一战"之后，其在美国金融市场却没有赚到好处，后来又遭遇几次大灾，经历了几十年一蹶不振的状态，后来再也没有恢复昔日的影响力。

不过，在金融业的财富翻滚之时，最大的赢家却越来越多地来自科技行业。以纳斯达克指数为例，在 19 世纪 80 年代初的纳指只有 151 点，截止到 2018 年 6 月 14 日为 7748.95 点，在过去 40 年里的涨幅超过 50 倍。

起家于计算机系统的比尔·盖茨统治了美国富豪榜 20 多年，后来超越他的，还是来自科技行业的亚马逊的杰夫·贝索斯。

从最近几年的富豪排行榜看，美国富豪数量最多的三大行业是科技、金融和零售，其中科技已坐上老大的宝座。福布斯2019年榜单的前20名里，这三大行业的富人占了大多数。科技行业里，至少出现了9位大人物，其中，亚马逊的杰夫·贝索斯位居榜首，此外还包括微软的比尔·盖茨、甲骨文的拉里·埃里森、Facebook的马克·扎克伯格、彭博社的迈克尔·布隆伯格、Google公司的创始人拉里·佩奇与谢尔盖·布林、微软前CEO史蒂夫·鲍尔默，以及中国腾讯公司的创始人马化腾。

在零售板块，光沃尔玛这一支力量里，至少出现了3位超级富翁，包括吉姆·沃尔顿（沃尔玛总裁）、艾丽斯·沃尔顿（沃尔玛创始人山姆·沃尔顿的长女）、罗布森·沃尔顿（沃尔玛创始人山姆·沃尔顿的长子）等。

6. 回看国内：发生在中国的财富变迁

中国的崛起过程同样也是一部财富的变迁史。

有一种说法是，中国的崛起不是靠殖民主义、帝国主义和战争，但它带给全世界经济的拉动力量，相当于当年大英帝国崛起的100倍，相当于当年美国崛起的20倍。

伴随中国崛起过程的则是中国市场的财富逻辑演变，以及国人的财富爆发。

在过去30多年经济快速增长的过程中，国民财富迅速积累，并形成了独立的高净值群体。据瑞信研究院发布的《全球财富报告2018》显示，中国的百万富翁人数从2000年的仅4.1万人，增长到2018年中的350万（相当于全球总数的8.4%），增幅逾80倍，2014年即已超过日本。中国家庭财富规模位居全球第二，多达52万亿美元。预计未来五年中国的财富将进一步增长23万亿美元，在全球财富中的占比将从2018年的16%升至2023年的逾19%。

不仅如此，根据"2019胡润全球富豪榜"的数据显示，来自67个国家、1931家公司的2470名10亿美元富豪上榜。中国共有658位10亿美元富豪，位居世界第一，比美国的584位多74位，排名其后是德国、英国和印度。科技行业仍是最主要财富来源，其次是房地产、投资、制造业和零售业。前五大行业的人数占据了榜单的一半。区块链是增长最快的新兴行业，有5位相关人物上榜。

据国家统计局保守测算，目前我国中等收入群体已超过3亿人，大致占全球中等收入群体的30%以上。

30多年前，中国还非常贫困，人均收入当时只有非洲撒哈拉沙漠以南国家人均收入的 1/3。但是时至今日，中国已经成为全球最大、最具活力的制造业中心，生产全球一半的钢铁、60% 的水泥及 25% 以上的汽车。

从改革开放到现在，中国至少经历了四波财富浪潮。

第一波是短缺经济，一批倒卖紧俏商品的商贩与企业先富起来，其中不少是个体户。后来，双轨制的影响导致财富从消费品市场扩大到生产资料市场，一部分人抓住机遇，较早加入经商的洪流，进而致富。

第二波是地产与资源财富，一是城市化与商品房政策成就了一拨富人；二是矿产、能源等资源型财富，这波财富浪潮已经持续了将近 20 年。很多人分享了中国房地产开发井喷时代的红利，把握先机购入大量房产或土地，几年间、几个月间便摇身一变成为千万富翁。在最近 20 年里，只要地产商能拿到地，往往就能赚取大笔的财富。人们看到，曾经的中国富豪榜或者中国 500 强榜单上，开发商往往占了很多席位。

在房地产之外，股市投资也成就了一拨富人。据胡润研究院发布的《2017 胡润财富报告》显示，中国千万资产的高净值人群中，有 10% 的职业股民，也就是 13 万左右，他们是从事股票、期货等金融投资的专业人士。

第三波财富是由"互联网+"引起的。从 2005 年到 2015 年是互联网发展的黄金十年，期间诞生了无数的草根英雄，孵化出无数的企业神话，催生了一个新的互联网阶层。不仅诞生了像马云、马化腾、李彦宏、王兴、刘强东、周鸿祎、丁磊、张朝阳、李开复和张小龙等互联网的风云人物，而且数以万计的普通年轻人也从中获得了不少红利。

在这个过程中，"互联网+"经历过多轮风口，包括网络游戏、网络文学、电子商务、共享单车、团购、自媒体和短视频等，每一轮风口都会成就一些弄潮儿，也会让众多普通人受益。

自媒体大火之后，不仅成就了微信、微博和今日头条等第三方平台，而且帮助众多作家获取可观财富。虽然有统计认为 80% 的自媒体人士月收入不足万元，但依然有数以千计的高收入者，年收入可高达 100 万元。

《新财富》从 2003 年开始推富豪榜，有一个结果是，房地产富人的数量逐渐下滑，TMT（Telecommunication, Media, Technology）行业上榜者越来越多，这个行业的创富能力明显增强。

互联网的黄金增长期将近结束。接下来依然还会有很多公司上市，很多新贵出现，但很难再像开始前十年那样规模化造富。

由于资本的强势介入,一个行业很快就会形成垄断,前三名有机会做大,后面的公司却只有转型。

普通人很难再从这个成熟稳态的平台中轻易分得一杯羹,如果还想在互联网相关的领域里掘金,得看看自己有没有核心的竞争能力,以及能不能快速拿到大笔投资。

那么,新一波财富浪潮会是什么?区块链、大数据、云计算、人工智能、虚拟现实、无人技术、3D技术、新材料、新能源等,都有可能,尤其是区块链,正在掀起新一波财富浪潮。

如果从比特币开始算起,区块链技术可以追溯到2007年,当时就有一些人在参与技术实验。2010年诞生了第一个比特币交易所,有人用1万个比特币买了两个披萨,之后比特币交易所Mt.Gox成立,当时参与买卖的主要是热衷于互联网技术的极客们。

比照互联网的发展规律来看,现在区块链技术正进入其黄金发展阶段。区块链技术正深入到证券交易、电子商务、物联网和社交通信等各个方面,陆续已有精彩纷呈的项目落地。

据财经网站INVESTING的统计,自2018年以来,全球数字货币市场市值最高点在2018年1月7日,彼时数字货币市场总市值为8139亿美元。到了同年的6月18日,市值缩水到2769亿美元。相当于5个多月的时间里,总价值蒸发了将近5370亿美元。①

这只是数字货币市场的变化,而这只是区块链应用中非常小的一个板块。如果放眼更多的领域,它的财富创造能力极其可观,有可能引发新一轮财富洗牌。

毕竟已有大量资金涌进了这个行业。毕马威会计师事务所发布的《金融科技脉搏》显示,2018年上半年,美国区块链投资已经超过了2017年的投资总额,包括区块链在内的金融科技领域上半年投资额突破了50亿美元。②

同时毕马威报告显示,2018年全球金融科技融资为1118亿美元,较2017年的508亿美元激增120%。区块链投资依然保持迅猛势头,吸引投资45亿美元,略低

---

① 证券时报网.数字货币近5个月缩水逾5000亿美元[EB/OL].[2018-06-20]. http://iof.hexun.com/2018-06-20/193234516.html

② Bianews.今年上半年美国区块链领域投资额超过去年全年[EB/OL].[2018-08-01]. https://www.bianews.com/news/flash?id=17538

于 2017 年的 48 亿美元。①

不管是苹果、微软、Google、亚马逊、IBM 等，还是华为、百度、腾讯、阿里巴巴、京东、小米等公司，都在投入重金布局区块链。

这些资金进入区块链行业，带来的同样是财富创造逻辑的又一次改变。

7. 虚拟币引发的财富转移冲击波

从比特币开始，1000 多种虚拟货币引发了一轮财富转移冲击波，其规模可能高达万亿元人民币，毕竟全球的虚拟币市值曾高达 8000 多亿美元，即使现在"跌跌不休"，依然还有 2000 多亿美元。

2010 年 5 月，美国的一位名叫拉斯勒·豪涅茨的程序员公开售卖自己手中的 1 万个比特币，当时这 1 万比特币的售价仅为 50 美元。最终，有人用自己手中价值 25 美元的披萨优惠券与拉斯勒·豪涅茨手中的比特币进行了交易，这也是比特币历史上的首次交易。

几年后，比特币迎来了它的暴涨时期，一些人因此致富。2017 年 3 月 3 日，比特币兑美元价格上涨，兑换价格达到 1290 美元，折合人民币近 9000 元。

然而，这并不是故事的终结。在 2017 年年底，比特币价格出现异常暴涨，最高的时刻一度逼近两万美元，2018 年中期又大幅回落，在 1 万美元上下波动。

现在谈起比特币，泡沫、骗局等贬义评价不绝于耳。不过，了解越多，掌握的信息越多，就会发现比特币已经对财富转移、流向与新的分配产生了相当大的影响。

在过去 8 年多的时间里，比特币价格的暴涨超过人类历史上任何一种投资品的涨幅，同时伴随着强烈的价格震动。

能源价格比较服务网站 Power Compare 在一篇报告中提到，2017 年全球比特币挖掘所使用的电量之和，超过了全世界 159 个国家各自的用电量，可见人们炒比特币多么狂热。一旦这些人大量涌入市场，财富转移就正式开始，同时也是泡沫出现之时。

除比特币外，在此期间又诞生了数量众多的加密货币。据统计，2017 年，超过 900 个 ICO（Initial Coin Offering，意为首次货币发行）一共募集了超过 65 亿美元资金。2018 年继续增长，据链向财经的调查，截至 2018 年 11 月，全球 ICO 数量

---

① 经济日报.全球金融科技投资飙升 [EB/OL].[2019-02-16].http://finance.sina.com.cn/roll/2019-02-16/doc-ihrfqzka6223231.shtml

为1181个，共筹集金额73亿美元，比2017年表现要好。

很多曾经的无名之辈，在这轮由比特币引发的ICO浪潮里出尽风头，其中不乏创造可观财富的角色，如蒋信予，网名烤猫。他是中国第一个成功发布ICO项目的人，也是中国最早制造Asic矿机的技术天才之一，传闻2013年时就已身家过亿，手握全网20%的算力。但2014年后，他突然隐匿。

壹钱包创始人吴钢，后来的币信创始人，有人称他是比特币世界的"甘道夫"，在2009年时，他在上班的时候就挖了8000多个比特币，随后离职，投资过北航博士张楠赓的阿瓦隆矿机一代。

从北大拿到研究生学位的吴忌寒，一度持有可观的比特币，而且是比特币现金（BCH）创始人之一，目前担任比特大陆CEO，传言全球超过70%的运算力都由比特大陆生产的矿机提供。比特大陆2017年营业收入约25亿美元，净利润超过11亿美元。而且他主导了比特币史上的第一次硬分叉，创建了比特币现金BCH。BCH的可怕之处并不仅是因为他是比特币的竞争币，而且是因为挖掘比特币的矿机同样可以挖掘BCH，大大分流了BTC的运算力。吴忌寒一手发起创办的BCH总市值曾高达137亿美元，排在BTC、ETH、XRP之后，位居第四名。

长铗，本名刘志鹏，2000年开始创作科幻小说，连续三年获得中国科幻最高奖"银河奖"。他于2010年接触比特币，与好友吴忌寒将"比特币白皮书"翻译成中文。在ICO火爆期间，他也做了自己的ICO。2017年6月，他们上线了比原链，号称要做一个去中心化的资产登记、流通网络，联通比特世界和原子世界。目前，比原链的总币值高达9亿美元，能够挤进全球币种的前30名。

1994年出生的"天才少年"Vitalik Buterin被捧为V神，他创办的以太坊是比特币之后的第二大数字货币。

波场TRON项目创始人孙宇晨在宾夕法尼亚大学读法学硕士时注意到比特币，并开始介入。他在2017年下半年发行波场TRON项目，总市值最高时达到200多亿美元，交易量一度直逼比特币、以太坊，位居全球第三。

2017年上半年，ICO成为最火爆的投资项目之一。没有门槛，没有监管，只要发白皮书，币价就会迎来十倍、百倍的增长。在那时，做ICO的依然还是"币圈"早期的人，或者是从传统互联网杀进来的技术"大牛"。

毫无疑问，这拨人当中，不少角色都实现了财富自由。

名气不小的李笑来就是典型的代表。他曾是新东方的一名普通老师，后来被推到比特币中国首富的头把交椅上。他自称拥有6位数比特币，按照高峰期的价格，他的资产有几十亿元。2013年时，李笑来创立比特基金，专注于互联网相关领域的天使投资，是硬币资本（INB）创始合伙人，并成为得到APP专栏作者。出书、开课、做投资，李笑来俨然成为遍撒财富自由的教父和先行者。2017年以来，李笑来本人参与的ICO项目，比较知名的就有公信宝、量子链、菩提、EOS等。一位口才不错的英语老师成了一名腰缠万贯的投资家，背后是看不见的比特币成就了他。

不过，到了2017年8月底，"币圈"的氛围却变得紧张起来，同年9月4日，中国人民银行等七部委联合发布《关于防范代币发行融资风险的公告》，首次明确指出，ICO"本质上是一种未经批准非法公开融资的行为"，禁止任何组织和个人非法从事代币发行融资活动。随后，绝大部分数字货币的价格大幅下跌。

即使如此，比特币、比特币现金和以太币等多种主流虚拟货币价格还算坚挺，在交易市场上也有一定的认可度。持有这些数字币，意味着持有一定规模的财富。

虽然目前比特币的价格远不及高峰时期，但2018年7月，其价格还曾经上升到8000多美元。同月，以太币价格在400多美元，比特币现金在800美元左右，EOS大概是8美元，莱特币在80美元左右波动，瑞波币不到1美元，恒星币（Stella）一度维持在0.3美元左右。

值得注意的是，比特币等虚拟货币带来了比较严重的问题。原因是比特币作为一种金融商品，具有两大特点：一是强烈的投机属性，吸引了不少人盲目跟风，导致不少人亏损严重，二是虚拟币在全球流动不受限制，缺乏监管，引发了洗钱等各种问题。这两个特点决定了比特币不仅是很好用的投机工具，同时也是财富转移利器。这种财富的转移分两类：非法的与"合法"的。

关于比特币涉嫌参与洗钱、毒品等的非法活动，长期以来都是大家热衷讨论的话题。因为其转账交易不易被监管部门追踪，比特币涉嫌洗钱的有不少。

而非法所得的钱，很轻易地经过代币交易平台"洗白"，并且可以毫无阻碍地去到世界上任何一个地方。

承认比特币为合法货币的日本，曾经在2017年4—12月一共报告了669起疑似比特币洗钱的案件。比起传统金融机构，这个数量并不算多。但有一种可能性是，比特币洗钱的事实更难被追踪、调查，到底有多少涉嫌洗钱的情况，很难得出准确结论。

这些非法的洗钱活动只是全局的一部分。比特币更主要的是被用来做一些"合法"的交易，以貌似规范的商业手段改变传统的财富格局。

作为交易对象的比特币本身并不是骗局，但是，在比特币交易的投机者们的策划下，其最终目的就是实现全球性的财富转移，如以前投入 IPO 的资金，可能转投 ICO，进而造成市场的动荡。

更可怕的是，如果比特币价格狂飙，可能引发投机高潮。大量普通投资人恐慌性入场扫货，而一旦这些人大量涌入市场，财富转移就正式开始，他们很有可能被"割韭菜"。

那些早期投资比特币的人早就在这股浪潮中闷声发大财，获利金额数以千万、亿计。而后来盲目入场的普通投资人，如果在极高位入手，就可能被套牢，甚至损失惨重。

美国诺贝尔经济学家保罗·克鲁格曼（Paul Krugman）甚至认为，比特币及其同类货币代表着一场 300 年的经济衰退，甚至可能将引发一场全面崩溃。

克鲁格曼在《纽约时报》专栏中写道，他认为加密货币存在两个主要问题：一是交易成本比较高；二是缺乏束缚。他认为比特币让货币体系倒退了 300 年，因为它为货币系统带来了交易摩擦，挖矿交易和区块链历史验证等过程都会产生高昂的成本；同时他还说，传统的央行系统出色地履行了自己的职责，给用户提供了低摩擦的交易及稳定的购买力，相比之下，比特币则无法成为交易媒介或者保值品。

第三章　过剩危机

无论是哪个国家，市场经济下的运行机制就会存在一些共同特征，如逐利的公司会不断扩大自己的规模，只要发现市场存在消费的余力，自己的营收处于增长期，就会毫不犹豫地扩大产能，试图填满消费空间。

但是，消费总会有一个巅峰，过了这个巅峰，自然就会生产过剩，库存积压，进而债务缠身，从而造成恶性循环。企业收入减少，甚至倒闭，银行将面临坏账，进而收紧贷款，更多企业无法获得资金支持，更多企业面临困境或倒闭，工人下岗，消费锐减，经济就可能陷入崩溃。

2008年肇始于美国的次贷危机，是"二战"以来影响最为严重的金融危机。迄今为止，西方金融机构累计向美国监管机构交纳了1500亿美元以上的罚款，西方国家政府救助金融机构花费了近9万亿美元。

从制度根源上，这场危机与20世纪30年代大萧条有相同之处，即资本积累快于劳动力增长，造成剩余价值对投资的比例趋于下降，因而资本主义世界长期面临利润率下降的威胁。为了追求和维持利润率，工人工资水平长期受到压制，导致有支付能力的需求普遍不足。

因此，产出与消费之间存在巨大的差距，也就是生产过剩，这反过来又降低了对投资的刺激，造成经济低迷萧条。

在此背景下，只有通过危机来化解危机，也就是通过毁掉部分资本，实现新一轮的经济平衡。不过，值得注意的是，现在的过剩危机，不再局限于生产过剩与消费不足，负债消费高涨带来了新的问题，也就是金融过剩引发新的危机。

政府、经济学界、产业界等各方力量，其实一直在想办法寻找破解过剩危机的良方，后面笔者会做一些具体的总结与解读。

不过，笔者也有一种想法是，区块链在化解过剩危机这件事情上，是不是可以贡献一些力量。

第一节　生产过剩危机

1. 美国的生产过剩危机

1929 年美国发生经济危机，随着股票市场的崩溃，美国经济陷入毁灭性的灾难，可怕的连锁反应很快发生：疯狂挤兑、银行倒闭、工厂关门、工人失业。农业资本家和大农场主大量销毁"过剩"产品，如用小麦和玉米代替煤炭做燃料，把牛奶倒进密西西比河等。

对这场危机的分析有很多，其中一些观点认为，大萧条发生之前，已经有很多危机的端倪，如 1928 年，美国木材价格下跌；1929 年，加拿大小麦丰收导致美国本身的农产品价格遭遇冲击等。

从 1920 年开始美国经济迅速增长，这一度被视为奇迹。不过繁荣本身却潜伏着深刻的矛盾和危机。

首先，美国农业长期处于不景气状态，农村购买力不足。1919 年时农场主的收入占全部国民收入的 16%，而在 1929 年只占全部国民收入的 8.8%，农场主纷纷破产。此时农民的人均收入只有全国平均收入的 1/3 左右。[1] 部分农产品的价格不断下跌，租税和生活费用却日益上升，农民的实际收入减少，难以维持正常生计。

其次，美国工业增长和社会财富的再分配极端不均衡。工业增长主要集中在一些新兴工业部门，而采矿、造船等老工业部门都开工不足，纺织、皮革等行业还出现了减产危机，大批工人因此而失业。

与此同时，从 1920 年到 1929 年这 10 年间，企业主的收入成倍增加，而工人的周平均工资却基本上没有什么变化，如 1929 年为 25.03 美元，还不及 1920 年的 26.3 美元。顶层的平均收入是底层群众的 630 倍。1929 年收入超过 10 万美金的 2.4 万个家庭的总收入，是 600 万个最穷家庭的 3 倍。直到 1937 年，罗斯福还坦陈，"我们看到三分之一的国民，居室简陋，恶衣恶食"。[2]

---

[1] 马也. 崩盘启示录：1929 及 1987 年经济危机大复盘 [EB/OL]. [2018-02-22]. http://business.sohu.com/a/223454686_313170/

[2] 赵修义. 解读 20 世纪二三十年代的美国大萧条与罗斯福新政 [J]. 探索与争鸣，2009，(9)：6-8.

很明显，在危机爆发之前，社会财富越来越集中在少数人手中，大多数人的消费能力并没有随着生产能力的上升而获得释放。

产品供应量不断增长，而收入增长却很缓慢，世界范围内长期的供过于求，导致大量商品卖不出去……这一切都预示着1929年那场大危机的到来。

2. 全球产能过剩危机

20世纪90年代末期到21世纪前10年，全球经济高度繁荣，生产力快速发展，产能暴增，需求增长跟不上产能增长，从而导致全球产能严重过剩。

2008年金融危机爆发后，被虚拟经济鼓噪起来的产品需求严重萎缩，产能过剩问题逐步显现，国与国之间的产能博弈逐渐频繁。

据《矿业界》统计，目前全球煤炭、石油、天然气、铁矿石、钢铁、铝、玻璃、水泥、船舶、家电、汽车等产业产能均严重过剩，而且部分产品产能仍在增长。其公布的数据是，全球能源总体过剩8%~14%，钢铁过剩18%~24%，铁矿石过剩12%~18%，电解铝过剩15%~20%。[1]

当然，也不是说每次生产过剩都会导致大规模的危机，大多数情况下，过剩的产能往往可以在日常的调控中予以化解。

一直以来，除美国之外的大多数经济较发达国家，都会时不时遭遇生产过剩的问题，而且每隔一段时间，各国领导人就需要坐到一起，商量去产能的合作事宜。如2016年在杭州召开的G20峰会，就谈到了全球去产能进度的协调问题。再如中国已与36个国家建立了产能与投资合作机制，与澳大利亚等国建立了第三方市场合作机制，与东盟等开展多边产能合作等。

不过，全球钢铁产能问题并不轻松。据经济合作与发展组织钢铁委员会发布的报告显示，2017年上半年，全球炼钢产能为23.6亿吨，比2016年同期的23.7亿吨仅微降0.6%[2]。其中，除欧盟以外的其他欧洲国家，还有中东、南美等地区，钢铁产能增幅明显。

钢铁委员会主席利芬·托普坦言，"过剩产能处于令人担忧的高位"。报告认为，未来全球钢铁需求将有所回升，但不足以消化目前的过剩产能。

---

[1] 矿业界. 全球最大规模产业大战爆发 胜败决定未来30年 [EB/OL]. [2016-06-18]. https://finance.qq.com/a/20160618/023325.htm

[2] 俞懋峰, 刘海燕. 中国去产能贡献突出 [N]. 人民日报海外版, 2017-11-24(03).

3. 中国产能过剩危机

反观我国的情况，从 2011—2015 年，钢铁行业淘汰的落后产能达到了印度全国的产能。而且我国在 2016 年发布了《关于钢铁行业化解过剩产能实现脱困发展的意见》，提出从 2016 年开始，用 5 年时间再压减粗钢产能 1 亿 ~1.5 亿吨。

就国内的情况看，产能过剩危机一直都存在，但处于可控制的范围内。国家也一直在努力解决产能过剩问题。工业和信息化部连续发布工业行业淘汰落后和过剩产能的企业名单，涉及炼钢、铁合金、铜冶炼、水泥、平板玻璃、造纸、制革、印染、铅蓄电池和稀土等多个行业。

按照一般的划分规则，产能过剩主要分为三个阶段，其一是轻度的产能过剩阶段，对应的产能利用率介于 75%~80%；其二是中度的产能过剩阶段，对应的产能利用率介于 70%~75%；其三是严重的产能过剩阶段，对应的数值应该在 70% 以下。

但有些行业的去产能难度比较大。以钢铁为例，据中国钢铁工业协会统计，2011—2012 年全国新投产炼钢产能约 1.25 亿吨，而同期淘汰炼钢产能约 3700 万吨，新增产能近 9000 万吨。不过目前产能已经有所控制。

煤炭行业曾经历黄金十年，产能过剩问题一度突出。不过从 2012 年之后，国家开始加大控制力度，目前也取得了一定的成效。

《2018 年国务院政府工作报告》提出，2018 年我国将再压减钢铁产能 3000 万吨左右，退出煤炭产能 1.5 亿吨左右，淘汰关停不达标的 30 万千瓦以下煤电机组。加大"僵尸企业"破产清算和重整力度，做好职工安置和债务处置。[①]

2018 年 4 月，国家发展改革委员会同有关部门联合印发了《关于做好 2018 年重点领域化解过剩产能工作的通知》，明确要基本完成"十三五"期间压减粗钢产能 1.5 亿吨的上限目标任务；煤炭方面：力争化解过剩产能 1.5 亿吨左右，确保 8 亿吨左右煤炭去产能目标实现三年"大头落地"；煤电方面：淘汰关停不达标的 30 万千瓦以下煤电机组。

2019 年 2 月，国家统计局网站发布《2018 年国民经济和社会发展统计公报》，公报显示，2018 年全年全国工业产能利用率为 76.5%。其中，煤炭开采和洗选业产能利用率为 70.6%，比上年提高 2.4 个百分点；黑色金属冶炼和压延加工业产能利

---

① 经济参考报. 六部委铁腕去产能：坚决出清"僵尸企业"[EB/OL]. [2018-04-23]. http://finance.people.com.cn/GB/n1/2018/0423/c1004-29942642.html

用率为 78.0%，提高了 2.2 个百分点。

除钢铁、煤炭外，我国明显存在过剩产能的行业还有汽车制造业、非金属矿物制品、化学原料及化学制品、黑色金属冶炼及压延业、土木工程建筑业等。目前政府及相关部门均在推行强有力的调控政策。

4. 解决生产过剩危机的方法

追溯危机史，在资本牟利缺乏控制、生产性投资下降、收入分配不平等的情况下，无论凯恩斯式的公共赤字刺激，还是新自由主义的私人赤字负债消费和投资，都无法长期有效地拉动有效需求，也很难保证充分就业和经济增长。

要想破解产能过剩、启动有效需求，仅通过消费信贷和财政支出扩张刺激房产、汽车等耐用消费品的消费，以及价格上涨刺激经济复苏，这其中孕育着一定的危险。

历史上的多次过剩危机经验告诉人们：有支付能力的需求普遍不足，从来都是生产与消费失衡、生产过剩的根源，靠扩大私人赤字，增加居民杠杆率，以负债消费解决生产过剩、提振需求，并不是持久之道。正确的选择应该是想办法提高中低收入阶层的收入。

同时，解决生产过剩的问题，还需要借助更先进的技术，不断掌握供需变化。如果可以借助区块链技术针对浩如烟海的信息展开分析，追踪消费市场的变化，则能够更精确地预测到可能的需求变化幅度，那么就可以提前在供应端制订应对策略，并推出适当的消费激活策略，也许情况就不会那么糟糕。

第二节　从生产过剩危机到金融过剩危机

经历了 20 世纪 30 年代的大萧条后，发达资本主义国家在经济理论和政策上，选择了以政府干涉为核心，利用大规模公共赤字刺激经济的凯恩斯主义来解决和应对利润率下降带来的经济衰退问题。但由于其仅限于恢复流通领域的购买力，并不涉及生产环节，同时在主要由私人资本决定生产性投资的情况下，政府干预所起的作用是有限的，因此此种经济刺激只是将连续的衰退变为长期的停滞。

实践凯恩斯主义的罗斯福新政，从 1933 年开始直到 1937 年才使美国工业产值重新达到1929年危机前的水平,但失业率仍然有14.3%,并且至1940年美国参战时失业率仍有14%,因此新政只是制止了衰退,并未实现增长。①

事实上,大萧条的结束,是通过"二战"期间美国社会的大动员,在巨大的战争开支消耗中实现的。当时生产性投资被激发,生产过剩被投资弥补。

"二战"后至1969年期间,美国经济经历了30年经济增长的黄金时期,但其推动力是一系列暂时性的特殊历史因素,如战争期间积累的消费储蓄、美国第二波小汽车化建设浪潮、欧洲和日本战后重建、"冷战"军备竞赛开支、商业促销兴起和美元霸权地位确立等。当这些力量在20世纪70年代被耗尽,而凯恩斯主义政策却仅仅局限于向流通领域大量注入购买力,忽略了生产领域的改革时,在生产领域资本积累的作用下,生产与消费的缺口反而远超过流通领域注入的购买力,因此导致生产过剩,从而产生大量失业。

同时,随着垄断资本的阶段性深化发展,20世纪70年代以来西方垄断企业规模加剧增长,价格垄断导致通货膨胀。此外,由于垄断企业可以依靠巨额折旧津贴为技术创新融资,从而减少了社会净投资机会,却弱化了技术创新因素对就业和经济增长的作用。

加之石油危机的催化作用,20世纪70年代经济增长缓慢下滑,出现失业与通货膨胀现象并存的滞胀,凯恩斯主义遭到发达资本主义国家的质疑。

以芝加哥货币主义学派为代表的新自由主义理论开始进入发达资本主义国家政府的政策视野。其理论认为市场作为经济运行机制具有内在的稳定性,市场经济能够在没有政府干预的情况下有效运行,自动调节到均衡状态;该理论主张采取以经济全球化为手段、经济金融化为核心的政策刺激经济,这些政策的实践产生了以下问题和后果。

①加剧了收入分配不平等,引发有效需求不足。伴随滞胀,美国生产性投资减缓,1972—2007年制造业产能利用率平均仅为79.8%,远远低于20世纪60年代平均85%的利用率。为此,企业通过全球性生产外包实现跨境工资套利,成为弥补生产投资和利润率不足的手段。

这种外部竞争压力和新自由主义破坏工会的主张及措施,使压低工资得到实现。收入进一步集中到富人手中,但富人具有较低的边际消费倾向,大众消费不足,有效需求难以启动。

---

① 赵玉睿. 从生产过剩到金融过剩的危机史 [EB/OL]. [2018-06-12]. https://wallstreetcn.com/articles/3335357/

②依赖信用和债务扩张刺激经济。收入分配不平等加剧，消费却出现了反常的上升，在工资下降、财富集中的背景下，推动消费上升的动力是贷款消费。援引英国《金融时报》网站的报道，据国际金融协会的全球债务监测数据库显示，2018年第三季度，美国的家庭债务占国内生产总值（GDP）的75%。

据纽约联邦储备银行的报告显示，2018年第四季度，美国家庭债务增加320亿美元，至13.5万亿美元，创历史新高。这个数字，比2008年第三季度创下的12.68万亿美元的峰值，还要高出近7%。 汽车信贷也令人担心，有创纪录数量的美国人推迟了3个月或更长时间才偿还车贷。截至2018年年底，面临严重拖欠的汽车贷款增长2.4%，达到700多万笔。①

③为经济金融投机化铺平道路，金融过剩必然周期性地引致危机。新自由主义主张的金融自由化解除了资本流动限制，放松了金融管制，为经济金融投机化大开方便之门，投机性投资所需借款变得容易和更自由。私人赤字取代公共赤字刺激需求，即通过私人负债消费，弥补收入不足带来的需求不足，同时刺激资产价格的上涨，其产生的财富效应（房价和股价的上涨）鼓励了居民的借贷行为，带动了投机行为的融资需求。这样在生产低迷的情况下经济被刺激起来，经济增长的动力由生产和流通领域转变为依靠负债带动金融资产膨胀。

根据国际金融研究所（Institute of International Finance）的研究，2019年第一季度，美国公共和私人领域债务总额已接近70万亿美元。其中，联邦政府债务和私人企业（不包括银行在内）的负债都创下新高。②

由此在新自由主义的推动下，FIRE（金融、保险和房产）部门为经济剩余提供了一个重要出口，金融业成为美国最大的产业。金融部门负债占总债务的比例升高。

金融严重过剩。在新自由主义政策自由放任、撤销管制的激励下，它们大量投资货币、期权、期货、大宗商品、各种证券的信用保险、抵押债券等金融衍生产品。金融创新通过期货、期权等衍生品发现价格、优化资源配置、对冲风险的功能失效，金融创新沦为金融投机资本的牟利工具。

据国际金融协会（IIF）2019年1月发布的报告显示，截至2018年第三季度，全球的债务水平已增至244万亿美元，为全球GDP总值的318%。据IIF测算，到

---

① 华尔街见闻网.美国政府债务破22万亿美元　家庭债务同样创新高[EB/OL]．[2019-02-13]．http://finance.ifeng.com/c/7kFyV1uM22C
② 金融界.美国债台高筑　70万亿美元贷款令所有人夜不能寐[EB/OL]．[2019-07-18]．http://finance.sina.com.cn/roll/2019-07-18/doc-ihytcitm2763891.shtml

2020年年底，有3.9万亿美元的新兴市场债券和银团贷款即将到期，包括0.8万亿美元的政府债务、1.9万亿美元的非金融企业部门债务，外币债务赎回将达1.3万亿美元左右。[①]

全球金融市场每天绝大多数的交易额都与商品贸易无关，这些金融交易的目的主要是赚取汇差、利差。就此，资产价格由原来传统的生产消费供需均衡关系决定转变为金融衍生品定价，而资产价格的剧烈波动，资产投机泡沫和债务紧缩交替发生，决定了市场的不稳定和金融危机爆发的必然性。

债务膨胀的结果是资产价格的暴涨，资本逐利的本性要求投机获利，必须在价格上涨后有一个价格的暴跌来收割利润，即价格两极波动获利完成一个零和博弈[②]，而推迟这个结果出现的是能够有资金不断注入，即投资不断地从生产和流通领域撤出再涌入金融投机领域，这样投机获利的同时价格还在上涨，危机被推迟，但投资供给不是无限的，当金融投机将生产服务领域的投资吸纳殆尽，利润收割将资产泡沫捅破，资产价格暴跌。

这种结局也是资本逐利的本能要求，因为随着资产价格的上涨，资本边际收益率在下降，为了更高利润率必然要有一次危机，要有一次新一轮的资本逐利循环，通过危机中廉价资产的收购实现新一轮的获利。20世纪70年代以来金融危机频发成为当代经济的主要特征。

因此，美国金融危机是新自由主义政策导致的其中一种结果。资本要求更高的利润收割，在长期负债积累后，加息只是作为导火索引爆了房产价格的下跌。在房产净值下跌的情况下，贷款担保物贬值、信贷冻结等因素导致债务紧缩，缺乏收入的借贷消费者因无力通过借贷偿付利息，从而发生大面积违约现象，随之波及以房产按揭为基础资产的债务抵押债券（CDs）及与之相关联的信用违约衍生品等市场和全球金融市场。

在资产价格暴跌，融资担保贬值，债务紧缩，生产、流通长期缺乏投资和工资收入下降的情况下，消费失去支撑，危机向实体经济蔓延，从而造成从金融危机到经济危机的转变。

同时由于美元的国际结算通货的地位，其可作为国际储备货币。美国通过美元

---

① 21世纪经济报道.全球债务攀高 达全球GDP总值的318%[EB/OL].[2019-01-16]. http://news.10jqka.com.cn/20190116/c609269112.shtml
② 零和博弈（zero-sum game），又称零和游戏，与非零和博弈相对，是博弈论的一个概念，属非合作博弈。指参与博弈的各方，在严格竞争下，一方的收益必然意味着另一方的损失，博弈各方的收益和损失相加总和永远为"零"，双方不存在合作的可能。

的双回流机制成为全球金融资产定价中心和生产的主要消费吸纳体，其危机沿着全球化的经济链条向全球经济体蔓延，造成了美国金融危机到全球经济金融危机的转变。

第三节　从共享发展入手缓解过剩危机

在从中央到地方的各项政策条款里，人们都能看到共享发展机遇、共享改革红利等条款。在共享发展这个主题上，习近平总书记多次强调"人民共享发展成果"，总结起来有以下几个要求。

①必须让人民群众共享发展成果。
②我们追求的发展是造福人民的发展，我们追求的富裕是全体人民共同富裕。
③全面小康是全体中国人民的小康，不能出现有人掉队的现象。
④按照人人参与、人人尽力、人人享有的要求进行发展。
⑤如果我们的发展不能回应人民的期待，不能让群众得到看得见、摸得着的实惠，不能实现好、维护好、发展好最广大人民群众的根本利益，这样的发展就失去了意义。
⑥提高公共服务的普惠性、均等化和共享水平。
⑦促进教育公平，让十三亿人民享有更公平的教育。
⑧建立更加公平的社会保障制度。

早在2015年8月21日中共中央召开的党外人士座谈会上，习近平总书记就曾指出，"改革发展搞得成功不成功，最终的判断标准是人民是不是共同享受到了改革发展成果"。

如果实现了共享发展这一步，意味着社会的贫富差距将变小、中等收入阶层可能占到50%以上的比例、城乡差距不再是鸿沟，在这样一个环境下，整个社会的消费能力自然是相当强劲的，也是比较均衡的，关键是增长后劲充足。

前面分析过，无论是生产过剩，还是金融过剩，它们都有一个共同的原因，就是社会上有一个比较大的阶层工资收入下降，消费失去支撑，危机向各个领域漫延，从而引爆过剩危机。

为什么一部分人的工资收入会下降？这其中一个不可小觑的原因就是，经济发展的成果被一部分人抢食，而另外一部分人被甩开，一旦这种差距形成，就可能形成"马太效应"，穷者越穷、富者越富。

那么，在解决共享发展这一课题时，区块链又可以发挥怎样的作用呢？笔者觉得有两个方面。

一是基于区块链技术所建立的分布式商业会帮助一部分能力不是特别强的普通民众致富。在区块链技术的支持下，人们有可能建立起新的分布式商业，人们可以进行去中心化的交易，可以在全国范围内提供各种劳务，以赚取收入。

每个人的贡献都可能被量化并记录在链上，形成自己的资产。例如，一个写作者发表的文章即使没有出版社和赞助商付费，也可以通过其他人的阅读获得收入。而现在的情况是，写作者发表的绝大部分文章都是没人付费的，因此有些写作者非常辛苦，但赚的钱很少。只有极少数写作者能通过付费阅读或者出版作品创造收入。

收入高的律师，往往是名气大、善于制造舆论，或者承接过大案要案的，而一些律师缺乏前面的操作办法，即使埋头苦干，收入也并不理想。有了区块链的支持，这些律师可以扩大客户范围，同时，其业务数据积累到一定程度，就可以形成量化的影响力指数，他就有机会拿到更高的回报。

当然，财富分配永远不可能纯粹均衡，还是会受到个人能力与机遇等因素影响，但是，可以看到，从第一次工业革命到第三次工业革命，从蒸汽车、电力、计算机到互联网，整个社会的财富创造方式都在发生一定程度的变化，区块链有可能带来收入分配新的洗牌。

如果区块链平台制订有竞争力的共赢机制，激励他们做更多贡献、获得更多奖励，那么这何尝不是对共享发展的一种努力。

二是区块链在精准扶贫、财富洗牌、富人税收监管等方面发挥作用，进而推动财富的二次分配，并减轻贫富分化的严重程度。这部分内容笔者在后面会用专门的章节予以解读。

第二篇
区块链引发的商业大变局

第四章　商业世界的第四次变革
第五章　看懂区块链与区块链商业：思维与模式
第六章　非国家货币、去中心化与共识机制
第七章　区块链商业的技术架构
第八章　区块链商用现状、人群及发展趋势
第九章　区块链商业政策解读
第十章　区块链的行业应用攻略与案例详解
第十一章　区块链的应用场景解读：如何与生活擦出火花
第十二章　区块链商业应用的安全防护

第四章 商业世界的第四次变革

有人说,历史的隐秘细节往往令人不忍卒读,商业史同样如此。

石油大亨洛克菲勒的遗物中有一张小学同学的合影照,而他本人却不在其中。原来是因为他当时衣着寒酸被老师驱离。

柯达创始人伊士曼难忍病痛折磨,在豪宅中开枪自杀,只留下一纸"我的工作已经完成了……为什么还要等呢"的遗言。

寒风夜雨中,福特成功发动手工打造的第一台汽车,在山间小路上含泪狂奔……

单从近代中国商业史上看,也是充满屈辱与凄凉。张謇、聂云台、穆藕初及荣宗敬、荣德生兄弟等"棉纱四大王"创立的实业,在内忧外患中轰然崩塌。

而后,虞洽卿先后经营钱庄、银行、证券、进出口贸易、房地产、矿山、造船、航运、公用事业等,力斗英国太古轮,将航运公司做到上万人,成为民营航运巨头,并积极支持革命活动,全力支持抗日。后来迫于汪伪的压力,只得放弃在上海的庞大产业,回到重庆二次创业,开发滇缅公路货运;在日机轰炸的情况下,亲自押运车队返回昆明,昼伏夜行,栉风沐雨。

在辛酸与艰难的另一条路上,欢欣鼓舞的时刻总是不时出现,波音翱翔长空、沃尔玛连锁称王、哈兰·山德士大器晚成于肯德基、史玉柱东山再起、华为安然度过寒冬……

一个不争的事实是:"大商崛起"与"大国崛起"互为前提,相互促进——有大国才可能为商业提供保障,而商业兴旺才能进一步造就大国。

第一节 技术与观念的发酵:催生商业兴旺

一部商业史,其实也是商业发明不断出现和重组的历史。目前所说的区块链商业应用中涉及的区块链,何尝不是一次从思维到技术层面的发明,其本质上还是技术创新的商业进程。

在商业史上曾经有无数次的发明，几乎每一种发明都可能催生一个细分产业，如太阳能电池、电动车、平板电脑、手机、社交网站、云计算等。

而区块链作为一种发明，正在孵化新的商业模式与商业机会，并有可能像互联网一样，成为新商业文明诞生的沃土。如区块链这些年最火的体现：数字货币，在全球引发了一拨小规模的财富洗牌，也曾被捧为新的财富象征，持有几十枚比特币，就可能在三线城市买一套房子。

据 CoinMarketCap 网站 2017 年 12 月统计的数据，截至 2017 年 12 月 17 日，全球数字货币总市值已经触及 6000 亿美元。而 2016 年的 12 月 31 日，这个币值的数字才 177 亿美元，一年时间，规模扩大了将近 3300%。[①]

当时，Blockchain 首席执行官 Peter Smith 在接受美国消费者新闻与商业频道（CNBC）采访时，认为 2018 年全球数字加密货币总价值将突破 1 万亿美元。

但现实给了他一记响亮的耳光。2018 年全球数字货币的市值进入下跌期，市场信心不足。据追踪多种加密数字货币交易平台数据的 CoinMarketCap 网站统计，从 2018 年 8 月初开始，全球数字货币总市值连续下跌，从 2750 多亿美元一度降到约 2210 多亿美元。

截至 2017 年年底，全球的数字货币多达 1300 多种，包括比特币（Bitcoin）、以太币（Etherum）、瑞波币（Ripple）、约塔币（IOTA）、莱特币（Litecoin）等。少数主流币经历多次涨跌，目前还可以保留一定的价值。

但大量跟风的山寨币或者空气币情况则不妙，甚至归零退市，如美图链 BEC 上线数字资产交易平台 OKEx，操刀者是美图秀秀创始人蔡文胜，一度涨到几十元一枚，后来归零，接着被 OKEx 下架。

英雄链（HEC）、太空链（SPC）等被公安机关立案调查，还有很多种数字币在归零的边缘上徘徊，如教育币（EDU）、速币（SWFTC）等，价格都跌得很惨。一枚币的价格，只有几分钱或几厘钱。

围绕虚拟货币，一个由发币方、媒体、社群、数字货币钱包和数字货币交易所组成的产业链条形成。写 ICO 白皮书也成了一种职业，以致后来随意编造一个币种，找人定制一份白皮书，再找第三方机构评级，有条件的情况下拉几个名人做背书，然后就可能发币，圈到一笔钱，这竟成了一种商业模式。

[①] 华尔街见闻.数字货币总市值已超过 6000 亿美元 [EB/OL].[2017-12-22]. https://tech.qq.com/a/20171222/018777.htm

大牛市期间，大批新人被数字货币一夜暴富的效应吸引，纷纷入场投资。由于大多数项目的"空气"属性，有不少人亏得很惨，甚至血本无归。这种围绕数字货币衍生的区块链商业模式，值得警惕。

由于数字货币引发的财富故事更容易引起大众的关注，反而导致区块链一些有价值的发明被忽略了。从本质上讲，区块链技术本身就是核心的发明，它被视为与印刷、电气、无线电和互联网等同等重要的发明。

在对区块链的理解中，有人说它是分布式数据存储、点对点传输、共识机制和加密算法等计算机技术的新型应用模式；也有人认为它是一种按照时间顺序将数据区块以顺序相连的方式组合成的一种链式数据结构，并以密码学方式保证的，不可篡改和不可伪造的分布式账本。其中包括很多新的发明，如通证、共识机制、智能合约、公有区块链、私有区块链、联盟区块链和加密货币钱包等。

而且近几年来，众多公司都在围绕区块链技术申请专利，有的涉及区块链在各个领域的应用，如审请、清算、账务、查询和跟踪等；有的涉及区块链核心技术分支，如存储、数据修改、共识机制、安全和智能合约等。

毫无疑问，这些发明专利一旦落地商用，将会孵化出众多新兴产业，催生又一拨有潜力的优秀公司，进而改变当前的商业现状。

第二节　布雷顿森林体系前后：中心化与去中心化的货币博弈

谈商业应用与变局必然离不开货币，它作为商品价值的代表，作为价值尺度衡量商品有没有价值、有多少价值。作为流通手段，商品交换必须依赖它的中介作用，商品供应者卖出商品，换成货币，再用货币去购买自己需要的商品。

货币还有贮藏功能，可以用于财富积累，在需要时用来支付或购买商品，发挥它的流通功能。

由于区块链在商业领域的落地同样也涉及货币的改变，而且也会涉及世界货币地位的轮流坐庄，所以，这里重点谈谈布雷顿森林体系前后货币的变化情况。

在漫长的时间里，货币都由金、银、铜等金属扮演。例如，中国早在战国时期就流通黄金，之后又出现了多种货币，如秦朝的铜钱、西汉的五铢钱、南宋铁钱和清朝的银圆等，后来又流行纸币。

从历史上的货币变革可以看到,即使朝代更迭,文明演化,币制更替,但自从黄金被用作一般等价物之后,就始终被放在核心位置。有的金币即使过了数百年、上千年,依然可以用。

黄金本身的价值受到了古今中外的认同,在一定程度上不再取决于某一个中心化机构的评价,而是带有去中心化资产的属性。

在某些历史时期,铸币权并没有集中在中央,而是由中央与各个地方共同完成,分散在不少团体手里,如古希腊的各个城邦、中世纪德国各封建领主的铸币机构等。也就是说,货币的生产与分布也比较分散,并非由一个中心化的机构加以控制与发行。

那么,这种带有去中心化色彩的货币制度,就真正是商业文明发展所需要的吗?事实并非如此,这种货币制度同样暴露出了很多问题,如有些势力掌握了掘金的矿山,自然就发达了,而很多穷人,则完全没有机会参与资源的分配。

纵观世界历史,货币曾有一次非常重大的变革。从1816年起,金本位制在世界主要国家陆续实行。黄金作为商品交换的一般等价物,成为商品交换的媒介,支撑起整个商业世界的运转,这个时候,货币体系其实是偏中心化的。因为虽然各个国家发行货币,规定含金量,但是货币基本上是中央银行或其他集权机关负责,并且由于英国处于世界经济的突出地位,该体系实际上是以英镑为中心,以黄金为基础的制度。英镑事实上扮演了世界货币的角色。

但"一战"后金本位制面临挑战。1922年在意大利召开的世界货币会议,将金本位制调整成金砖本位制和金汇兑本位制,各国央行发行的纸币货币单位仍然规定含金量,但黄金只作为货币发行的准备金集中于各国央行,而不再用来铸造金币和实行金币流通。

由于不受单一货币统治了,所以英镑的核心地位受到影响,尤其是受1929—1933年世界性的经济危机袭击,金本位制不堪一击。

"二战"后,资本主义世界经济格局大变。英国在战争期间遭遇重创,经济实力大不如前,无法扮演领头羊角色,影响了英镑在世界上的地位。而美国成为当时世界上最大的债权国和经济实力最雄厚的国家,美元上台的机会到来。

1944年7月,偏远的美国新罕布什尔州北部山区小镇布雷顿森林半山腰的一家酒店,经过匆忙装修后迎来了44个国家的700多名客人。这些人是来干什么呢?原来"二战"大局已定,战后重建开始,他们主要是来讨论战后国际货币制度该如何安排的事宜。但事实上在22天的会议其中,主要是美国财政部首席经济学家怀特与英国著名经济学家凯恩斯两人的辩论，实质是英美两国争夺国际金融领导权。

凯恩斯当时的设想是建立一个超国家的货币，叫作"银行币"，用这个货币来替代美元。不过他的改想并没有成功。这个当时所谓的银行币让人联想到近几年流行的比特币。

当时日暮西山的英国在"二战"中损失惨重，实在没有多少底气跟少壮派美国一较高下。同时，当时美国的黄金储备已占到世界的70%以上，更何况战争中遭遇德军残酷轰炸的英国还指望美国提供战后重建援助。结果，在这场会议上，确立以美元为中心地位的"怀特方案"成了主题。会议最后通过《联合国家货币金融会议最后决议书》及两个附件，即《国际货币基金组织协定》和《国际复兴开发银行协定》，总称《布雷顿森林协定》。自此，两个组织成立，一个是国际货币基金组织，另一个是国际复兴开发银行，也就是世界银行。协议规定总结如下。

①美元与黄金挂钩，即35美元等于1盎司黄金。

②其他国家货币与美元挂钩，各成员国可随时用美元向美国政府按照上述要求平价兑换黄金。

③各成员国有义务尽可能维护汇率稳定，各成员国货币对美元汇率只能在法定平价的1%幅度内波动，只有在国际收支"根本不平衡"时才允许货币贬值或升值。

④设立国际货币基金，由成员国缴纳基金份额，在成员国需要弥补国际收支逆差时，可向基金申请外汇资金贷款，数额与其所缴基金份额成正比。

⑤成员国不得在经常性项目上实行外汇管制，不得采取歧视性货币政策等。

布雷顿森林体系是人类以对话和协商的方式在不同货币之间进行协调的实践。它的建立对"二战"后的世界经济重建具有一定的积极作用，当时的主题是增长、稳定和赶超。

自此，一种新的体系浮出水面，以黄金为基础，以美元作为国际储备中心货币，美元的霸主地位得以确立。直到现在，该体系虽然已经加入了美元、欧元、日元、英镑、人民币等，但是美元的影响力依然是最大的。

布雷顿森林体系自落实以来，为世界经济带来的贡献也是非常大的。

①战前，世界贸易年平均增长率仅为0.7%，而战后的1948—1976年，世界贸易年增长率平均约为7.6%；国际货币基金组织提供的短期贷款缓和了国际收支危机，挽救了某些陷入经济危机之中的国家。

②该体系还建立了一种机制，即鼓励世界各国在税务、金融监管、气候变化政策和反恐怖主义融资等诸多领域上开展合作。

具体来看，布雷顿森林体系在商业领域的影响，可以总结如下。

①暂时结束了"二战"前货币金融领域的混乱局面，维持了战后世界货币体系的正常运转。

②各国偏重内部均衡发展，危机和失业情形较战前有所缓和。

③美国通过赠予、信贷、购买外国商品和劳务等形式，向世界输送了大量美元，一定程度上改善了世界的购买力。

④固定汇率制在很大程度上消除了由汇率波动引起的动荡，在一定程度上稳定了主要国家的货币汇率，有利于国际贸易的发展。

⑤世界银行提供的长期贷款和投资，不同程度地解决了会员国战后恢复和发展经济的资金需要。

⑥由于汇率的相对稳定，避免了国际资本流动中引发的汇率风险，带动了国际资本的输入与输出，为国际融资创造了良好环境，为跨国公司的生产国际化创造了良好的条件。

1971年，尼克松政府于该年8月15日宣布实行"新经济政策"，停止履行外国政府或中央银行可用美元向美国兑换黄金的义务。同年12月，以"史密森协定"为标志，美元对黄金贬值，美联储拒绝向国外中央银行出售黄金。自此，布雷顿森林体系开始崩塌。1973年3月，西欧出现抛售美元，抢购黄金和马克的风潮。欧洲九国在巴黎达成协议，德国、法国等国家对美元实行"联合浮动"，彼此之间实行固定汇率。至此，固定汇率制度垮台。

美元停止兑换黄金和固定汇率制的垮台，标志着"二战"后以美元为中心的货币体系瓦解，布雷顿森林体系崩塌。

后来又有学者鼓吹建立"布雷顿森林体系Ⅱ"，但是正如中国人民银行行长周小川的分析，某一国的货币"无法再为世界提供流动性的同时，确保币值的稳定"，布雷顿森林体系以某一国货币为锚的做法注定了其缺乏可行性。

这里面还出现了一个"特里芬难题"，也就是美国经济学家罗伯特·特里芬在其1960年出版的《黄金与美元危机——自由兑换的未来》一书中提出的观点，即由于美元与黄金挂钩，而其他国家的货币与美元挂钩，美元虽然取得了国际核心货币的地位，但是各国为了发展国际贸易，必须用美元作为结算与储备货币，这样就会导致流出美国的货币在海外不断沉淀，对美国来说就会发生长期贸易逆差；而美元作为国际货币核心的前提是必须保持美元币值的稳定与坚挺，这又要求美国必须是一个长期贸易顺差国。这两个要求互相矛盾，因此是一个悖论。

在布雷顿森林体系崩溃后，牙买加体系建立。牙买加体系是指以美元为中心的多元储备和有管理的浮动汇率，国际储备多元化，美元不再是唯一的指定货币，除此之外，增加了英镑、日元、欧元、人民币等极少数国家的货币。

然而这种多元储备体系，也没有从根本上解决"特里芬难题"。因为国际清偿力的需求仍然要靠这些国家货币的逆差输出来满足。

那么，区块链时代的到来，有没有可能会探索到新的货币机制，以便更好地应用到商业文明中，这将是一个值得探索的课题。

第三节　新商业组织冲击波

社会进入移动互联网时代以来，用户需求发生了深刻变化。个性化消费逐渐兴起，市场的不确定性与日俱增。为了应对市场变化，企业需要更加快速和充分地了解用户的需求。

而大数据、云计算和人工智能等新技术的不断发展，使企业内外部的互动更加直接，相互之间的协同变得越来越频繁和高效，组织不再是一个封闭的机器，而是一个开放的体系。

区块链技术的出现与应用，可能会对现在的商业组织形成怎样的冲击，产生怎样的组织形态，这一切都还在探索的路上。

与此同时，新生代员工希望在较短的时间内实现市场价值的最大化；要求上级能够充分放权，赋予其更大的灵活性和自主权，因此，传统的金字塔组织模式受到了严重挑战，平台型组织应运而生。

扁平化、网状结构、多任务和项目制等词汇变成热门，商业领袖也越来越热衷谈论所谓的互联网思维。传统企业唯恐被逐渐替代，也开始探索相应的组织变革，如海尔公司实行的"人单合一"模式。

由于个体能力变强、动态竞争及跨界融合等新变化相继出现，这些变化又与组织之间存在天然的矛盾，组织希望稳定，互联网带来变化，这二者的冲突才是今天互联网经济对传统企业挑战的本质。

在企业发展的过程当中，无论拥有多好的判断及多大的转型意愿，假设不能激活人，不能拥有足够的创造力，就没有办法面对如今的市场。

所以，新的商业组织无疑是以激活人为核心的。一种商业模式是否可以成功，取决于一个组织能否建立起以客户价值为核心的组织形态。

当今的企业遇到一个非常有意思的情形：企业本身必须是一个自媒体，它的沟通和交互其实是没有边界的。随着不断涌现的机会与可能性的增加，传统组织里的雇佣关系变得有些落伍，因为它在一定程度上会限制人们创造力的发挥；而在雇佣的基础上，增加员工持股、门店合伙等多种形式才是新型商业组织更好的选择。

个体价值的崛起对组织管理理论的挑战是非常巨大的，因为研究者需要解决个体跟组织之间新的关系。此外还可以发现，诸如腾讯、谷歌等新兴企业都非常注重员工的工作体验，目的就是让个体更自由地发挥创造力。

还有两种趋势值得关注：一种是可持续性和创造力越来越受重视；另一种是技术的发展促成更多商业模式的创新，组织也必须对应地催生新形态。

如今，每一个个体都会特别强调自己的独立性、自主性，也特别在意自己的价值观，以及个体的能力。

对于这种环境变化下组织管理的新属性，北京大学国家发展研究院 BiMBA 商学院院长陈春花有一个解读，她将新的组织界定为四个方面：平台属性、开放性、协同性和生态系统。①

①平台属性。想要把组织的平台属性打造出来，必须非常认真地做两件事情：信息共享和责任固化。做到信息共享，自然就通过信息建立了一种信任的关系。海尔首席执行官张瑞敏说过一句话：企业无边界，管理无领导，供应链无尺度，员工自主经营。在平台当中，最重要的是要把每份责任固化下来，这样每个人都可以发挥他的作用。

②开放性。开放性能够很好地解放每个人的价值和能力，能够容忍分歧与冲突。一个组织如果没有建设性的冲突，其实也就没有办法拥有活力。

③协同性。实现这种协同的属性需要企业管理者有两种能力：一种是流程重组的能力；另一种是目标承诺的能力。

④生态系统。我们需要特别关注价值网络的构建，所谓价值网络其实就是一种生态系统。

德勤公司曾经推出一份《2016全球人力资本趋势——新型组织：因设计而不

---

① 陈春花. 组织变革新范式 [EB/OL]. [2016-08-08]. http://finance.sina.com.cn/roll/2016-08-08/doc-ifxutfpc4760582.shtml

同》的报告,认为在新商业时代,市场俨然变成了一张"网",企业要想生存就需要变成"链",只有"链"才能与"网络"对接,并且编织"网络",市场与企业就是"网络"与"链"的关系,这是新组织的基本形态。

值得注意的是,平台化组织被视为新的趋势,一般需满足以下四个特征。

①存在大量的前端小团队,在一线接触市场与用户。"小"保证了团队的敏捷性,能够针对外部环境快速做出反应。"前端"则保证组织可以最大限度地快速获取外部信息。这类前端小团队多由跨职能部门的人员组成,被团队赋予极大的自主权,可以保证活动的自由度,也可能承担全部或部分的盈亏。

②建立大规模的赋能体系。在平台建立资源池,便于资源共享,并且对资源池进行深度分析,为业务改进创造新的条件。

③多元的生态体系。说起生态,大家可能感觉比较陌生。简单来讲,生态就是体系内的团队之间相互影响、相互合作,协同推动业务开展的一种关系。

④自下而上的创业精神。新项目、新产品、新创意都由前端小团队发起,而不一定是管理层,同时采用内部投资机制来配置资源。

根据机制的不同,波士顿咨询公司将平台型组织分成三种,包括实验型、混合型、孵化型。

(1)实验型平台组织

实验型平台组织需要建立授权与协调机制,管理层会设立组织的总体目标,但不规定具体的业务内容,由前端小团队来推进业务,同时设立风投机构,对项目做出评估,并对符合要求的项目提供资金支持。评估主要通过市场反馈展开。这套组织内容要求建立 P2P 沟通机制,确保前端人员能快速寻找合适的人员,提供支持与协作。

在激发个体的主观能动性上,实验型组织主要依靠基于市场表现的评价体系,将绩效与市场表现结合,引导人才为了更好的市场表现而创新。

(2)混合型平台组织

混合型平台组织与实验型平台组织的区别是,它采取了实验型平台组织的做法,但是,前端小团队提出创意之后,领导层会在项目执行前对前端进行有效的监督和管理,根据领导层的审批展开资源的分配。领导层虽然不会直接参与到业务中去,但对业务的把控力度非常高。

(3)孵化型平台组织

孵化型平台组织的做法又有一些新的变化,前端小团队各自独立,而且独立于传统业务，相当于前端小团队只做新业务，拥有独立核算机制。使用平台资源需要计价，核算投入。提供后台支撑的团队，其劳动价值也要评估出来。

根据前端的孵化情况，平台会对应地调整资源支持力度。在风投与人才管理方面，孵化型平台组织与实验型平台组织相似。

与传统的商业组织相比，以平台型、生态型为主的新商业组织，其变化是明显的。

传统的组织大多是科层制的，多由领导者推动，自上而下，企业变革的动力不是来自接触用户的一线部门，而平台型组织正在改变这一切。前台接触用户，理解需求，提出方案，而后台团队组织内部资源，形成对应的解决方案。当然，后台部门也要设置一些品质、风险、内控等底线，对前台做监督。毕竟，项目要追求收益，就有可能忽略了某些潜在的风险。

在前台与后台之间，还有一个中台，毕竟前端的团队需要调取资源时，后台需要做出判断和响应，这时，中台就是连接器，负责甄选出好的项目，注入资源，并对项目进行投后管理。

有人认为，平台化组织里，很多小团队是去中心化的。其实不然，这就像是一张蜘蛛网，有很多小中心，也有大中心。它是多中心形态的。

第四节　从第一次商业浪潮到第四次商业变革的推进

目前，这个世界正经历着一个深刻的、前所未有的巨变。

移动互联网的普及已经催生了一次商业变化，从信息获取、企业经营管理，到交易，至少一半的行为都发生在移动端，其中以手机为主。

物联网、人工智能、新零售和区块链等新思潮、新技术的出现，预计将推动整个社会的商业生态进入新阶段。

笔者认为，第四次商业大变革已拉开序幕，它同步于第四次工业革命的节奏，人们有必要早做准备。

笔者在这里不提及百年或千年前的情况，单从第一次工业革命细数，全球已发生了三次商业变革。在不同国家，三轮变革的时间不同，如在英国，第一次工业革命时就引发了第一轮商业变革。而在中国，这一切要从改革开放说起。

第一次商业变革是制造导向，谁掌握了生产资源，拥有了生产能力，以及能够生产的权力，谁就可能拥有财富与地位。

国内这一波变革应该是从20世纪80年代开始的。标志性事件是1980年12月，一位名叫章华妹的姑娘，从温州鼓楼工商所领到了第一张"个体工商户营业执照"。从这个时候开始，中国近代以来真正的商业化大幕拉开。今天人们看到的很多制造业巨头，都是从那个时候开始出现并发展而来的，如海尔、联想、格力、华为、TCL等。

这一时期，一些抢先行动的地区成为某些制造业的先驱，如温州的打火机、鞋、服装、眼镜等，义乌的小商品、佛山的陶瓷卫浴、福建南安的水暖卫浴、四川夹江与山东淄博的陶瓷、浙江安吉的椅子等。

温州的金属打火机销售曾经占到全球市场的70%，占了国内的90%；义乌的小商品出口到全球200多个国家和地区；东莞、苏州等经济较发达的城市，同样是依靠变革之初的早些年抢先布局制造业起家的。他们抓住了物资匮乏、供需不平衡的机会，抢先一步，开始大规模制造。以制造为导向的市场模式由此形成。

那个时期，公司不多，生产能力不强，物资供应量小，用户缺乏话语权，市场上的产品量不大，选择空间有限。企业只要能生产出符合要求的商品，就可能引发抢购。这个阶段的特征是，企业主导着市场与用户。

在第一轮商业大潮席卷10多年后，20世纪90年代迎来了第二拨变革。

制造业经历了10多年的积累与井喷式发展，公司数量暴增，生产能力显著提升，市场上的商品种类繁多，供不应求的局面开始改变，很多行业与地区出现了供大于求的现象。

加上互联网的介入，原来信息不对称的屏障一点一点地被瓦解，各种信息开始流动起来，消费者逐渐有能力掌握更多的信息。

公司与消费者之间的关系逐渐发生变化，渠道扮演的作用非常关键。谁掌握着商品的流通渠道，谁就能在很大程度上影响与左右消费者的购买决策。

这就是渠道时代，谁抢先占有足够多的渠道，谁培养了强悍的渠道，谁能率先占领新渠道，谁就可能赢得先机，做大做强。

于是出现了以渠道为主导的商业模式，如苏宁、国美、红星美凯龙、居然之家、大润发，以及外国在华企业如沃尔玛、家乐福、宜家、百安居等。

目前的零售100强榜单上，有很多公司或企业都是在渠道时代成长起来的，如银泰百货、华润万家、永辉超市、重庆商社、联华超市、物美超市、合肥百货大楼、长春欧亚、武汉武商、山东银座等。

到 1999 年时，国美已经在北京、上海、天津三座城市建立起了连锁网络。从 1990 年到 1999 年，苏宁建立了覆盖全国的空调分销网络，并于 1999 年在南京开了当时中国单店营业面积最大的综合电器店，之后一路扩张；到 2012 年时开了 1700 家实体店，渠道为王的时代到来。

还有现在所熟知的自建销售体系模式企业，如联想、娃哈哈、格力、海尔、欧派、美的等，都在走连锁发展路线。他们在直营的基础上大量招募经销商，大力铺设网点，几乎都是借渠道之力发展起来的。这些公司的销售网点少则几千家，多则几十个网点。

这个时期最为明显的特点就是，不仅经销商、零售商、大卖场等渠道被纳入企业经营战略的高度，而且品牌与营销开始受到重视，各种广告投放大幅度攀升，促销出现，商家之间争夺用户的行为愈发激烈。可以说，品牌与广告的黄金成长时期就在这个阶段，电视台、杂志、报纸……任何只要能传播信息的载体都发展得很好。品类概念也在这个阶段中越来越被重视，企业开始主动为市场、用户创造需求。

这两次变革中，整个商业世界的权力还是掌握在厂商手中，也就是生产资料所有者手中，他们在制造消费热点，引流潮流。

伴随着物质的极大丰富，供应过剩成为普遍现象，加之互联网普及，尤其是移动互联网进入寻常百姓家之后，第三次工业革命大步上路。权力正从制造商、销售商手中逐渐转移到消费者手中。人们购买方式的变化从各种数据中可见一斑。

①据商务部数据，我国 2018 年的网上零售额为 90065 亿元，比 2017 年增长 23.9%。其中，实物商品网上零售额为 70198 亿元，增长 25.4%，占社会消费品零售总额的比重为 18.4%。天猫平台上的品牌数量超过 18 万，发布新品超 5000 万件，饿了么和口碑组成的本地生活服务公司服务 676 个城市的 350 万商户。

②据中国互联网络信息中心（CNNIC）发布的第 43 次《中国互联网络发展状况统计报告》，截至 2018 年 12 月，我国网民规模达 8.29 亿，全年新增网民 5653 万，互联网普及率为 59.6%，较 2017 年底提升了 3.8 个百分点。

这其中，我国网络购物用户规模达 6.10 亿，较 2017 年年底增长 14.4%，占网民整体比例达 73.6%。手机网络购物用户规模达 5.92 亿，较 2017 年年底增长 17.1%，使用比例达 72.5%。

由此可见，互联网已经影响到大多数人的生活与消费方式。区别于传统现象，由互联网所引发的消费者价值取向与消费行为模式，促进了信息流动，增进了信息对称，正在改变传统的销售渠道，基于互联网的商业形态业已形成。

尤其是基于互联网所带来的消费者价值观的改变，将从用户端开始，反向推动整个商业链条应势而变，最终迫使企业做出相应的调整。消费者到企业（C2B）个性化定制、众筹、拼团等商业模式的风靡，就是消费者倒逼销售变革的典型现象。

③通过拼团、砍价模式异军突起的拼多多，从阿里巴巴、京东、唯品会、苏宁易购等公司称雄的电商版图撕开一条口子，截至2018年3月31日的12个月内，拼多多年活跃用户数达到2.95亿，月活跃用户数达到1.03亿，活跃商户数量超过100万家。

究其原因，一方面是中小公司为低价产品找到了销售出口，另一方面是消费者掌握了更多的决策权，一定程度上满足了之前被忽略的需求。

④云集微店2015年5月上线，2016年注册用户为250万，2018年达到2320万。据招股书显示，从2016年到2018年，云集微店的成交总额（GMV）分别是18亿元、96亿元、227亿元；订单总数则从2016年的1350万上升到2018年的1.534亿。

⑤唯品会和艾瑞咨询联合发布的《种草一代·95后时尚消费报告》显示，微信和QQ是"95后"的主要交流平台。他们极强的分享意愿串联起"消费"与"社交"的关系，41.8%的95后表示会向亲朋好友推荐好用的品牌。

⑥国家统计局2018年7月发布的数据显示，2018年上半年，全国居民人均可支配收入为14 063元，同比名义增长8.7%，扣除价格因素实际增长6.6%。31个省份中，上海、北京遥遥领先，居民人均可支配收入超过3万元，浙江、天津超过2万元。

可支配财富与收入的明显增长，说明中国人越来越有钱了。当手上拥有一定财富之后，每个人自然会越来越重视自己在货币支付过程中的主导权。

上述数据同时反映出如下现象。

①中小力量已具有相当规模，"小蚂蚁"成了中坚力量，由于蚂蚁的分布式作战，配以灵活、便捷、快速等优势，他们更能够或愿意围绕着用户提供针对性服务，进行个性化商业设计。

②以消费者为原点，借助于电子商务的点对点服务模式，能够创造出高效、快速并且实惠的服务效果，形成对传统长渠道模式的冲击。

③拥有了话语权之后的消费者，已经不再像过去那样将就，用户不仅需要进行表达，并且还会快速地借助于各种互联网渠道，维护自己的正当权益。不断发生的网络投诉与评价，就是消费者权利意识觉醒的表现。

④用户被各种商业环境包围，部分一二线城市的人均商业面积已经赶上欧美国家的发达城市，对消费者来说缺的已不再是商品，而是商品购买过程中良好的体验。同样，对于各种购物载体而言，缺的也不再是各种商品，而是客流量。所以经常能够看到，各大商家为了抢客流量费尽心思送礼品、办亲子活动、打折等现象。

第三次商业革命中，当制造者之前一统江湖、主导消费的"权力"被转移之后，其以往所构建的庞大层级渠道体系已不再能够决定胜负，甚至还可能存在隐患。庞大、复杂的层级体系导致信息流传送不畅或传送失真，消费者在购买到有问题的商品，或者是希望对商家提建议时，经常投诉无门、维权无路。

对于制造商而言，也同样面临这一尴尬的局面：难以有效获得大量用户的需求，而在新品研发上依靠有限的样本调研，得出的结果并不精准。所以现在能够看到，渠道扁平化成为新选择，同时大部分公司想方设法搭建自己的直接销售通路，以期离消费者更近一点。

以产品为中心向消费者为中心的权力转移，其发生的背后有以下几点原因。

①销售通路更便捷。以前购物要去超市、商场或购物中心、专卖店，现在的选择更广，各种电商平台就能满足需求。阿里巴巴、天猫、京东、唯品会、苏宁易购、拼多多、微店等，提供了更直接的销售通路。

电商渠道也打破了地域界限，网上开一个店，货能卖到全国，而且网上销售额还能跟线下抗衡，如2019年8月，三只松鼠发布上市后首份半年报。财报显示，报告期内，公司实现营业收入45.11亿元，同比增长39.58%，净利润2.66亿元，同比增长27.94%。① 三只松鼠的成功离不开电商渠道的快速崛起，其凭借差异化的品牌形象和贴心的用户体验，迅速抓住消费者，快速提高公司市场占有率，迅速成长为线上休闲零食第一品牌。

第二次商业革命建立的复杂渠道体系，其价值在移动互联网时代被减弱了许多。今天的消费者已经可以足不出户，动动手指就能完成整个购物活动，还可以直接表达自己的想法，甚至能够直接跟一些公司的负责人对话。因为有些公司的老板开了微博、公众号等自媒体，用户可以直接用留言的方式提建议、表达诉求等，如小米的雷军、格力的董明珠等，都有自己的认证微博号。在此前的商业时代，这是很难实现的。

②消费者只需要花几分钟的时间就能通过互联网快速获取商品资讯，并对其性

---

① 信息时报. 三只松鼠上半年营收超45亿元. [EB/OL]. [2019-09-04]. http://epaper.xxsb.com/html/content/2019-09/04/content_755871.html

能、品质、价格、款式,以及用户评价等进行比较,其购物过程也不会受商家与导购人员的影响,消费决策的权力更多地掌握在消费者手中。甚至就算在实体店,消费者也完全可以先拍下照片,回家再与线上店进行比较后购物,也可以在店内扫码直接进行比较。

在这种环境下,如果商家还不能以用户为中心,必然会面临着被用户遗弃的尴尬局面。因为如果你不尊重消费者手上的投票权,自然有你的竞争对手去满足消费者的诉求。

③信息不对称现象明显减少,各种资讯呈透明化趋势。消费者决策可以获得更充分的信息支持,自然话语权也就多了。

在第三次商业革命中,有个最典型的特征就是,资讯与通信媒体以前所未有的速度在发展,无数个专业、非专业的媒体,各种APP、社交平台,不论是多么冷门的行业、市场或领域,都在以各种方式推送各种资讯,任何人都可以随时随地的获取任意自己感兴趣的资讯。

④用户变心了。忠实用户正在成为过去时,即使是粉丝,忠诚度也难以维持太久。当拥有了这种对任何事物都唾手可得的权力后,消费者的行为必然会随之改变,并且消费者已经认为商家理应满足自己的想法,并服务于手中所掌握的权力。

这种情形对商业实体提出了新的挑战,对于众多蚂蚁型的小公司来讲,其实正是大展手脚的时候,走小而美的路线,赢得有针对性的目标客户群的喜爱,前景同样不可限量。

而对于大象型的公司来讲,依靠原有的决策体系很难快速响应市场,有时候可能因为反应迟缓而引发海啸般的舆情反应。针对这类公司,自我解构为多个蚁群,引进阿米巴经营管理模式[①],建立多个项目小组成为一种趋势,如海尔的创客战略。

这也引出了第四次商业变革的主题之一:去中心化、分布式,企业和用户融为一体,满足用户最佳体验。

区块链的到来,正在推动第四次商业变革的发生。

区块链带来的商业变革到底会表现出怎样的特征呢?正如布莱恩·阿瑟所说,经济就是技术的一种表达,要讨论区块链商业,就要看看区块链技术的实质。

---

① 阿米巴经营管理模式:"阿米巴"(Amoeba)在拉丁语中是单个原生体的意思,阿米巴经营管理模式就是以各个阿米巴的领导为核心,让其自行制定各自的计划,并依靠全体成员的智慧和努力来完成目标。阿米巴经营模式的本质就是"量化分权",推行时应该遵循基本的规律,由上到下、由大到小、分层逐步推进。

（1）商业信用体系的变革

过去所有的技术革命，提高的都是生产效率，但区块链变革的是生产关系，它能重构整个商业体系。

笔者认为，在发展商业体系不可缺少的基石中，有一块就是信用体系。传统的信用建立非常困难，互联网也曾试图解决这个问题，结果还是只能依靠大平台、用户评价，以及法律制度。也就是说，互联网上的领袖就是超级信任节点。

传统金融机构又如何建立信用呢？它们以前会依靠政府背书，后来市场化程度高了，就建造钢筋水泥的大厦，包括银行、保险、证券等很多金融公司，都拥有漂亮的办公大楼，让大家相信他们是值得信任的。

在之前个体信任基础上的制度信任是目前这个时代的另一条支柱。建立详细的制度，并且严格遵守，对符合制度规定的行为进行认可与鼓励，对违反制度规定的行为进行惩戒，引导人们将自己的行为控制在一定的范围内，在信任制度的基础上达成交易，降低交易成本。

但区块链的出现，有可能打开机器信任的大门。它的分布式记账、共识机制，以及不可篡改性等优势，可以让两个陌生人基于智能合约达成合作。因为双方的信息都充分地记录在区块链上，形成了信用评估，对方做过什么事、赢得了什么样的评价、履约能力如何等，都能看到。

人们可能不需要讲故事，不需要多么高的人格魅力，也不需要高楼大厦和中央机构的背书，只需要确保区块链上的代码执行，就有可能达成无须信任的信任。

当然，这里面也有一个难以解决的问题，就是原始数据作假。例如，数据平台遭遇黑客攻击控制了51%节点，篡改了数据。这些问题的解决，需要在加入区块链之前将审计工作落实到位，以及后期建立起监管体系。

（2）点对点通信问题的解决

区块链的分布式网络技术，解决了点对点通信的问题。实际上点对点技术在互联网中早有应用，只不过最后还是陷入了中心化的局限，大多数事情还得依靠第三方介入，才能获得妥善解决。在过去的20年里，互联网越来越中心化，很多信息的获取与交易，都必须依靠大平台。

区块链构建的去中心化网络是互联网在越来越中心化之后的一次自我纠偏，也是对 20 年前尼葛洛庞帝所预言的数字化生存世界的实现[①]。从区块链开始，信息技术有可能又一次推动人类发起大规模数字化迁徙运动。

通过对信息的全程记录，以及在记账过程中采用去中心化组织的方式，作为交易主体，以算法为核心的信息技术的商业契约和市场机制终于在网络中实现了。这在一定程度上有可能推动零交易成本的实现。

漫长的商业变革史一直避不开交易费用这一项，关键原因就是交易第三方即中介的存在。市场主体之间建立信任需要付出成本，而区块链可以解决这一问题。

在区块链技术的支持下，全球范围内的人与组织都可以直接交易，并且交易费用降低到了极限。我们将再次跳出互联网的局限，在信息获取、寻找商机、发起交易等环节上，在公有链、联盟链等区块链平台上寻找到更广阔的天地。如此，不仅是层级制的渠道体系会遭遇又一次削减，就连电商渠道也面临蚕食。

（3）商业契约的变革

区块链里的智能合约有可能带来商业契约的变局。这种合约的条款以计算机语言记录，如几段代码，而不是书面文字。当一个预先编好的条件被触发时，智能合约自动执行相应的合同条款。它的潜在好处很多，如较低的签约成本、执行成本和合规成本等，尤其适用于大量的日常交易。那些需要付出成本的纸质合同和契约，都能用电子化的智能合约来实现。

目前的商业文明处于身份社会到契约社会的过渡，而区块链有望带领人类从契约社会迈入智能合约的时代。这就意味着，在区块链商业时代，很多业务交往可能不需要再带上纸质合同、公章等材料。

（4）通证催生的新共享经济

区块链基于共识算法和智能合约，产生了通证，它是区块链网络上的价值传输载体。通证鼓励大家把各种权益证明，如门票、积分、合同、证书、点卡、证券、权限和资质等全部拿出来通证化，放到区块链上流转，到市场上交易，让市场自动发现它们的价格。同时在现实生活中，通证可以用来消费，是可以用的东西。这就意味着，共享经济又有了新的表现，一种以通证为核心的基于使用权而非拥有权的产权机制可能推广开来，而且人们手上的闲置物品、房间、车辆、时间等，都可以拿来交易。

[①] 数字化生存（Being Digital），最初是由美国学者尼葛洛庞帝在其 1996 年出版的《数字化生存》一书中提出的，按照他的解释，人类生存于一个虚拟的、数字化的生存活动空间，在这个空间里人们应用数字技术（信息技术）从事信息传播、交流、学习、工作等活动，这便是数字化生存。

同时，由于区块链的开放性，参与节点数量众多，通证的流转速度有可能非常快，进而影响人们的收入与生活。反观现在，人们需要到多个平台去发布信息，耗费大量时间，有些平台的流量很小，交易长时间无法成交，影响了用户的权益变现。

以前，衡量一个社会的商业文明发展程度，会考虑货币流转速度。互联网经济时代，网络流量至关重要。而区块链时代，通证的流通速度将成为新的指标。20世纪80年代，面向大众的计算机时代到来，人们开始呼唤杀手级应用的出现，直到微软在1985年推出Windows系统，个人计算机才算真正走上了正轨。而互联网的普及，得益于浏览器、电子邮件等杀手级应用的发明。

而区块链正面临同样的情形，虽然在行业应用上，其实已经有了很多相对成功的案例。人们都在等待操作系统的成熟，以及杀手级应用的出现，进而引爆这一轮商业变革。

第五章　看懂区块链与区块链商业：思维与模式

在比特币引爆区块链热潮之后，前面提到的非国家货币、去中心化、共识机制、通证等概念同时登上头条，它们都跟区块链存在紧密关系，或者是构成区块链的核心技术。

全球众多的经济学家、企业家，还有部分国家的政要，都在推崇区块链，声称区块链技术将重塑商业、货币和世界，将改变互联网、银行、证券、保险、物流、电力、制造、会计税收、法律服务、文化创业和医药卫生等众多行业。

笔者在前面已提到过，不少专业分析都将区块链技术视为继蒸汽机、电力、互联网之后，下一代颠覆性的核心技术。如果说蒸汽机释放了人们的生产力，电力改变了人类的生活，互联网改变了信息传递的方式，而区块链作为构造信任的机器，可能彻底改变人类社会价值传递的方式。

那么，区块链到底是什么，它是如何诞生的，如何理解它，为什么它拥有如此大的威力呢？因区块链而生的商业模式又将以怎样的面貌呈现，因此而形成的区块链商业生态又是怎样的呢？

第一节　看懂区块链

要想深刻理解区块链的商用，有必要先理解区块链本身。而理解区块链，就要先了解它的历史。

1. 从密码学到比特币，看清区块链风云史

区块链的风云史至少可以追溯到1976年。惠特菲尔德·迪菲（Whitfield Diffie）和马丁·E. 赫尔曼（Martin E. Hellman）两位密码学大师发表了论文《密码学的新方向》，其内容涉及非对称加密、椭圆曲线算法和哈希等，对区块链技术与比特币的诞生，起到了决定性作用。同年，知名经济学家哈耶克出版了他人生中最后一部

经济学专著《货币的非国家化》，这本书并不是太火，但它提出的非主权货币、多主体竞争发行货币等概念，确实跟比特币等数字货币不谋而合。一年后，著名的RSA算法诞生，三位发明人因此在2002年获得图灵奖。到1980年时，默克尔·拉尔夫（Merkle Ralf）提出了默克尔树（Merkle-Tree）这种数据结构和相应的算法，后来用于分布式网络中数据同步正确性的校验，比特币用了这种技术。

有意思的是，Merkle Ralf就是《密码学新方向》作者Hellman的博士生，而且Merkle Ralf的博士生研究方向就是密码学的新方向。

历史的车轮滚滚向前，1982年，莱斯利·兰伯特（Leslie Lamport）提出拜占庭将军问题，标志着分布式计算的可靠性理论和实践进入实质性阶段。同年，大卫·乔姆提出了密码学支付系统，从这个时候开始，有人尝试将密码学运用到货币领域，8年后，大卫·乔姆将之前的想法扩张为密码学匿名现金系统，即eCash。

1985年时，尼尔·科布利茨（Neal Koblitz）和维克托·米勒（Victor Miller）各自独立提出了著名的椭圆曲线加密（ECC）算法，该算法改变了RSA算法计算量过大、实用性不高的问题，使非对称加密体系有了广泛落地的可能。

自ECC出现之后，有10年左右的时间人们都在探索，但区块链领域并没有产生足够多的成果。一直到1997年，哈希现金（HashCash）算法诞生，这就是第一代工作量证明（Proof of Work，PoW）算法，刚开始用于反垃圾邮件。随着对该算法的深入研究，它变得越来越完善。

直到1998年，密码学货币的完整思想终于破茧而出，戴伟、尼克·萨博同时提出密码学货币的概念。戴伟的B-Money被称为比特币的精神先驱，尼克·萨博的比特黄金提纲（Bitgold）和中本聪的比特币论文里总结的特征非常接近，以至于有人怀疑萨博就是中本聪。

进入21世纪后，情况又有了比较大的改观，区块链技术的发展有了重大进展。首先是点对点分布式网络浮出水面。从1999年到2001年，Napster、EDonkey 2000和BitTorrent先后出现，美国国家安全局（NSA）发布了SHA-2系列算法，其中包括目前应用非常广泛的SHA-256算法，这也是比特币采用的哈希算法。到这个时候，比特币呼之欲出。不过，直到2008年中本聪发表了著名的论文《比特币：一种点对点的电子现金系统》，几个月后，又用第一版软件挖出了"创世区块"，比特币的时代才真正开启。

2010年5月，1万比特币才值25美元，在这段时间里，它主要是技术人员的"玩物"。

但是同年的 9 月，却出现了第一个矿场 Slush 和多个节点合作挖矿的方式，成为比特币挖矿行业的开端。建立矿池，意味着有人认定比特币可能会成为有增长空间的虚拟货币。

2011 年 4 月，情况又有了比较大的变化。比特币官方发布了有正式记载的第一个版本——0.3.21，自此实现了区块链个人对个人（P2P）的软件功能，每个人都可以参与交易，区块链从此跳出了技术人员的局限，形成了广阔的市场。

到 2013 年，比特币已升级到 0.8 版本，完善了比特币节点本身的内部管理，优化了网络通信，以此为标志，比特币开始支持全网大规模交易，成为中本聪设想的电子现金。

在比特币之后，以太坊又出现了。这是一个开源的、具备智能合约功能的公共区块链平台，通过其专用加密货币以太币（Ether）提供去中心化的虚拟机来处理点对点合约。

简单来讲，以太坊是一个无法关闭的世界计算机。加密架构与图灵完整性的创新型结合，可以促进大量新产业的出现。

它使用 PoW 算法，矿工耗费电力解开数学难题，创建有效区块。以太坊的工作量证明算法称为 Ethash，降低了普遍用于比特币挖矿的特定硬件 ASICs 的效率，使得用普通硬件挖矿成为可能。

以太坊是一个平台，它上面提供各种模块，让用户来搭建应用。如果将搭建应用比作造房子，那么以太坊就提供了墙面、屋顶、地板等模块，用户只需像搭积木一样把房子搭起来即可。因此，在以太坊上建立应用的成本和速度都大大改善。

以太坊这个概念大概是在 2013 年之后出现的，由维塔利克·布特杯（Vitalik Buterin）创立。这个俄罗斯小伙子先是在比特币领域耕耘，后来自立门户创办以太坊。他先是发布了白皮书，启动项目，自 2014 年 7 月 24 日起，通过以太坊展开为期 42 天的以太币预售，直到 2016 年年初，以太币逐渐受到市场认可，价格开始暴涨。

2017 年年初，摩根大通、芝加哥交易所集团、纽约梅隆银行、汤森路透、微软、英特尔、埃森哲等 20 多家金融机构和科技公司联手创建企业以太坊联盟，目的在于推动以太坊服务，以满足企业需求。

2017 年 5 月，联合国逐渐开始测试以太坊项目，用来发放各国救援资金。同时，以太坊在中国的使用率迅速增长。

由于各路力量的参与，以太坊成为大热的技术，同时带火了以太币。截至 2018 年 2 月，以太币是市值第二高的加密货币，仅次于比特币。

不过，以太币引发的争议比较大。有人认为整个以太币的智能合约交易中，10%是"庞氏骗局"；有人在借助以太坊平台发动融资项目以获得资金，而这些项目可能是虚假的。

一个比较有价值的事情是，以太坊可以用来创建去中心化的程序、自治组织和智能合约。据《纽约时报》的报道，以太坊在2016年5月已经有数十个可用的程序，包括金融、物联网、食品溯源、智能电网和体育赌博等，详细应用介绍如下。

①去中心化创业投资：The DAO。该项目借助以太币资金创立，让独立艺术家们可以在区块链上募资。

②去中心化预测平台：Augur。用户根据对某一种事件结果的预测，用数字货币下注，依靠群众的智慧来预判事情的发展结果。不过这个项目后来发布了自己的代币REP，在多个数字货币交易所上线，价格一路下滑。

③去中心化虚拟交易平台：FreeMyVunk。该平台为玩家提供游戏资产交易，同时允许跨游戏交易。

④版权保护与授权平台：Ujo Music。创作人可以用智能合约发布音乐，买家直接付费给创作人。

⑤智能电网项目：TransActive Grid。用户可以通过该项目和邻居买卖能源。

⑥跨国汇款平台：Everex。该平台旨在探索区块链基础上的国际汇款。

基于以太坊的应用还有很多，如区块链财团R3 CEV发布了首个分布式账本实验，使用了以太坊和微软Azure的区块链即服务（BaaS），并涉及11家成员银行，包括汇丰、巴克莱、瑞士信贷、苏格兰和道明等。

2015年年底，微软在Azure云平台提供BaaS服务，并于2016年8月正式对外开放。开发者可以在平台上创建区块链环境。BaaS的全称是Blockchain as a Service，相当于是微软在自己的云服务网络中开辟出一个空间，用来运行区块链的某些节点。开发者在云上搭建区块链应用，不需要自己单独搭建自己的基础设施。

参与者通过这一全球的私有网络进行实时的金融交易，上述银行会通过分布式账本上的代币资产来模拟交易。

由于以太坊的优势比较明显，例如，属于通用的公有链；提供了功能强大的编程环境；用户可以自主搭建应用，而且使用以太坊区块链上的服务时，需要调用计算资源来执行智能合约；提供服务的节点要收取以太坊的代币，让开发人员与投资者能够获利等。所以，很多人分析认为，以太坊的应用前景广阔。

在以太坊的发展计划中，未来准备在被称为Serenity的以太坊软件版本中，用一种更节能的 Casper 股权证明协议（Proof of Stack，PoS）取代当前大量耗费电能的工作量证明。

2. 全面解读区块链：定义、内涵与价值

区块链到底是什么？该如何理解它？

关于区块链的解释非常多，不过大多过于技术化，难以让人理解。下面笔者引用一些专业解释，同时争取用更通俗的方式，将区块链讲清楚。

根据工业和信息化部指导发布的《中国区块链技术和应用发展白皮书（2016）》，区块链的解释归纳如下。

区块链是分布式数据存储、点对点传输、共识机制、加密算法等计算机技术的新型应用模式。

狭义来讲，区块链是一种按照时间顺序将数据区块以顺序相连的方式组合成的一种链式数据结构，并以密码学方式保证的不可篡改和不可伪造的分布式账本。

广义来讲，区块链技术是利用块链式数据结构来验证与存储数据、利用分布式节点共识算法来生成和更新数据、利用密码学的方式保证数据传输和访问的安全、利用由自动化脚本代码组成的智能合约来编程和操作数据的一种全新的分布式基础架构与计算范式。

以上关于区块链的解释可以简单地理解为：区块链是一种去中心化的分布式账本数据库，同时是比特币的底层技术。

这里重点解释其中几个关键词：去中心化、分布式存储和不可更改、删除等。

（1）去中心化

去中心化，即没有中心，或者人人都是中心。从理想的状况讲，由于区块链技术采用了分布式核算和存储的方式，不存在中心化的硬件或管理机构，任意节点的权利和义务都是均等的，系统中的数据块由那些达到某些条件的节点来共同维护。

当然，在后面能看到，绝对的去中心化可能不存在，更现实的情况是多中心化。

（2）分布式存储

分布式存储的记载方式不仅是将账本数据存储在每个节点，而且每个节点会同步共享并复制整个账本的数据。任何人都可以对这个公共账本进行核查，但某个单一的用户不能对它进行控制。区块链系统的参与者们共同维持账本的更新，它只能按照严格的规则和共识机制来进行修改。

（3）不可更改、删除

一旦信息经过验证，并添加至区块链，就会永久存储，除非你同时控制了系统中超过51%的节点，让这51%的节点按照你的意志去修改。但是要想控制51%的节点是极为困难的。只要没有控制到51%的节点，那么单个节点对数据库的修改是无效的，因此区块链数据的稳定性和可靠性比较高。

举个例子，在区块链系统里，我们晒朋友圈、秀恩爱、在通信工具上相互发承诺等，都会被记录在案。如果某一方违背诺言，不要以为删除了信息就可以了。由于这些信息是上传到区块链上的，而且不可删除与更改，曾经做出的诺言依然可以查到。

还有一个形象的比喻是，以前有位队长德高望重，掌握全队的账本。队里的人有什么事情都会找他做公证、做记录，这就是中心化。比如老王找老张借一百块钱，但老张怕他赖账，于是就找来队长做公证，并记录这笔账。但是，现在大家担心队长不可靠，可能会私底下改账本，怎么办呢？于是，每个人都弄一个账本，任何人之间转账或者交易，都通过队里的大喇叭发布消息。收到消息后，每个人都在自家的账本上记下这笔交易，这就叫去中心化。有了分布式账本，即使老张或老王家的账本丢了也没关系，因为老赵、老马等其他家都有账本。

如果将这项技术应用到商业领域，对商业环境的净化、诚信社会的建立必然是有效的。因为你说出去的话、你发表的观点、你签的字都会被记录在区块链上，你一个人没法更改，违约造假成本又非常高，得不偿失，自然得说话算话，讲诚信。同时它也会促使你不要乱说话，因此发表观点前要谨慎。

（4）开放性

整个系统是开放的，除了交易各方的私有信息被加密外，区块链的数据对所有人公开，任何人都可以通过公开的接口，查询区块链数据和开发相关应用。

共识机制区块链系统中，不同节点之间建立起了一套信任机制，大家都有章可循。

区块链技术并非完全的新事物，它其实经历了至少三个阶段的迭代。

① 1.0时代：区块链技术的基本版本，能够实现可编程货币，是与转账、汇款和数字化支付相关的密码学货币应用。

在1.0时代，区块链技术首先影响了金融市场，它构建了新型的数字货币体系。以数字货币为典型特征，从业者主要是挖矿、卖矿及囤矿。

这段时期，出现了比特币（BTC）、比特币现金（BCH）、莱特币（LTC）等多种数字货币。其中比特币的影响最大。人们认为比特币总量稀缺、开采难度大、不能伪造，带有天然货币的特征。

另外，由于比特币的去中心化，自由流动，匿名交易，难以监管，容易陷入不法应用等特征，它挑战了各国央行的权威，冲击了现有的金融秩序，不少国家无法容忍，因此面临众多打击。

② 2.0时代：智能合约的开发与应用。这个阶段也被称为智能合约的开发与应用时代，或者是可编程金融时代。人们尝试将智能合约添加到区块链系统，形成可编程金融，使得区块链技术从1.0时代的数字货币体系扩展到多种金融应用，包括股权众筹、证券交易等。

以太坊是其中的代表，它是具有智能合约功能的公共区块链平台。大量的通证基于以太坊发行，成功地将ETH推上了全球加密数字货币市值排行榜的第二名。

在2.0时代，通证不能再称为货币，而是"智能合约"的令牌，其货币功能开始弱化。

遗憾的是，"智能合约"被各行各业利用，其中包括传销组织、微商平台等，变成了首次代币发行（ICO）的圈钱平台，使区块链2.0进入了做白皮书、玩概念、卖代币、炒市值等一条龙操作应用的泡沫时代，无数"韭菜"被割。

2017年9月4日，中国人民银行、中央网信办等七部委联合发布《关于防范代币发行融资风险的公告》，给ICO做了定性，同时宣布了取缔的决定。公告明确指出，代币发行融资涉嫌非法发售代币票券、非法发行证券及非法集资、金融诈骗、传销等违法犯罪活动。

公告要求，各类代币发行融资活动应当立即停止。已完成代币发行融资的组织和个人应当做出清退等安排，合理保护投资者权益，妥善处置风险。

这一时期，人们尝试让智能合约走入更多的领域，利用程序算法替代人执行合同，畅想了很多场景，但都没有实现。网上流传了这样一种设想：A想要买B的房子，跟B谈了之后，B告诉A，房子还在租赁阶段，租客还剩两个月的租期，无法立即交易。但两个月后，A将有事出国，没办法和B见面，不能及时办理房屋所有权的转让手续。

那这单交易如何才能实现呢？他们商量之后决定在以太坊上建立一个关于房产转让的智能合约，规定：两个月后，租客的租约合同履行完之后，A把房子的钱打到B所属的钱包中，B的房屋所有权便转让到A的名下。这里的智能合约自动执行了关于房屋买卖的合同。

要走到这一步还很遥远，毕竟在目前的社会环境下，A 与 B 的房产交易是否具备法定效力，还得依赖第三方机构（房产登记机关）提供证明。

现实中，如果想要买卖房屋，A 和 B 签合同后，首先要付完首付，然后到登记机关提供各种证明信息，办理产权交接及抵押，领取房产证，然后银行给 B 放款。

客观来讲，区块链的 1.0 与 2.0 这两个阶段，还是停留在数字货币的原始状态。

③ 3.0 时代，区块链走向务实，开始跟商业结合，紧密开发落地服务。区块链就如同互联网一样成为基础设施，进一步影响人们的日常生活。

区块链技术拓展到金融领域之外，为审计、公证、医疗、投票、物流和零售等各种行业提供去中心化解决方案。区块链不再只是一个链，或者一种币，而是多链构成的网络，是生态，类似于操作系统。在这样一个网络里，区块链对互联网里的每一个信息进行产权确认、计量和存储，实现了资产在区块链上的可追踪、控制和交易。

价值互联网的核心是由区块链构造全球性的分布式记账系统，它不仅仅能够记录金融交易，而且可以记录任何有价值的能以代码形式进行表达的事物：教育程度、财务账目、医疗过程、保险理赔、投票等。

值得注意的是，区块链也是有分类的。根据不同的场景应用及私密程度，目前区块链主要可以分为五种。

（1）公有区块链（公有链）

世界上任何个体或者团体都可以读取链上的数据记录、参与交易及竞争新区块的记账权，通过交易能够获得该区块链的有效确认。

程序开发者无权干涉用户，各参与者（即节点）可自由加入和退出网络，并按照意愿进行相关操作。

公有区块链是最早的区块链，也是目前应用最广泛的区块链，以比特币、以太坊等为代表的各大虚拟数字货币均基于公有区块链。

对于公有链来说，互联网上的任何计算机，都可以通过运行相应的区块链程序参与整个区块链的共识。但目前存在的一个问题是公有链无法确认整个区块链系统中有多少个节点，所以，在公有链中，往往使用各种共识机制比如 PoW、PoS 等来决胜负，利用区块链上的通证，将通证转换为选票来投票决策。

赛迪有一个全球公有链技术评估指数，其评估了 30 条全球范围内的公有链，包括 EOS、以太坊、NEO、恒星链、应用链、星云链、斯蒂姆链、比特股、瑞波链、量子链、Waves、卡尔达诺、门罗、Ark、以太经典、科莫多、比特币、Stratis、埃欧塔、Verge、达世币、字节币、纳诺、莱特币、云储链、超级现金、大零币、比特现金、Decred 和新经链。

（2）私有区块链（私有链）

与公有链完全相反，该网络的写入权限由某个组织或者机构全权控制，数据读取权限受组织规定，要么对外开放、要么具有一定程度的访问限制。独享该区块链写入权限的可以是一个公司，也可以是个人，该网络仅仅使用区块链的总账技术进行记账。

简单来说，我们可以将其理解为一个弱中心化或者多中心化的系统。由于参与节点严格限制，所以参与数量可能比较少。

与公有链相比，私有链达成共识的时间相对较短、交易速度更快、效率更高和成本更低。不过这种类型的区块链适合于特定机构内部使用，如 Linux 基金会、R3CEVCorda 平台及 Gem Health 网络的超级账本项目等。

（3）联合（行业）区块链（联盟链）

联盟链是指由若干个机构共同参与管理的区块链，每个机构都运行着一个或多个节点，其中的数据只允许系统内不同的机构进行读写和发送交易，并且共同来记录交易数据。链上各个节点通常都有与之相对应的实体机构或者组织，参与者经授权加入网络，并组成联盟，共同维护区块链运行。

从某种程度上来说，联盟链也属于私有链的范畴，只是私有化程度有所不同而已。因此，联盟链同样具有成本较低、效率较高的特点，适用于不同实体间的交易、结算等企业对企业（B2B）交易。

（4）跨链

跨链就是通过一个技术让价值跨过链和链之间的障碍，进行直接的流通。

一条区块链就是一个独立的账本，两条不同的链，就是两个不同的独立账本，两个账本之间一般没有关联。如果不进行特殊的处理，价值没有办法在账本之间转移。针对具体的用户，在一条区块链上存储的价值能够变成另一条链上的价值，这就是价值的流通。

如果说共识机制是区块链的灵魂，那么对于区块链，特别是联盟链及私有链来说，跨链技术就是实现价值网络的关键，它是把联盟链从分散单独的孤岛中拯救出来的良药，是区块链向外拓展和连接的桥梁。

（5）侧链

侧链这个概念于 2013 年 12 月在比特币社区被提出。它诞生的大环境是，比特币本身存在一些问题，如果直接在比特币协议或者比特币链条上进行修改的话，又容易出错，而且比特币区块一直在不断运行，万一出错了涉及的资金量太大，这是不被允许的。在这种情况下就诞生了侧链。

从本质上来说，侧链机制就是一种使货币在两条区块链间移动的机制。它允许资产在比特币区块链和其他链之间互转，降低核心区块链上发生交易的次数。

侧链实质上不是特指某个区块链，而是指遵守侧链协议的所有区块链，该名词是相对于比特币主链来说的。

3. 看懂区块链名词

在区块链领域，出现了很多专业名词。这些概念（有些前面已经讲到过，这里再补充一些）经常会出现在日常运用中，因此很有必要搞懂这些名词。

①区块（Block）：数据会以文件的形式被永久记录，这些文件即区块。区块是区块链的主要数据存储结构，一个区块包含区块头和区块体两个部分。而区块头则是区块的重头戏。区块头包含了一些固定信息：版本、块高度、块哈希、时间戳、难度、Nonce 和 merkle root 等。区块体是保存具体内容的位置，如在比特币的区块中，区块体保存的是一段时间的交易信息。如果不是比特币，那么保存的可能是其他信息。

② Token：在计算机身份认证中，它本来是令牌的意思，随着区块链和数字货币的普及，Token 有了多种翻译，包括代币、积分、证书、标识、指标和通证等。

它是权益的载体，可以数字化，可编程。在智能合约的基础上，Token 的获得、转移和销毁等都可以通过提前制订规则，由代码自动执行，无须人为干预。它表现为货币，能够流通、支付、贮藏等；还表现为公有链上的燃料，以及各种功能，如使用权、投票权、知识产权和信用证明等。

③首次代币发行（Initial Coin Offering，ICO）：一种为加密数字货币/区块链项目筹措资金的常用方式。早期参与者可以从中获得初始期产生的加密数字货币作为回报。

ICO 所发行的代币可以基于不同的区块链发行，由区块链提供记账服务和价值共识，实现全球发行和流通，并且能够到一些数字货币交易所上市交易。

④加密货币（Cryptocurrency）：又叫作密码货币，它是数字货币或虚拟货币的一种；是数字资产的呈现方式；是一种使用密码学原理创造的，以控制交易单位及确保交易安全为目的的媒介。比特币、以太币、莱特比和比特币现金等，都属于加密货币。

⑤挖矿（Mining）：区块链里的挖矿从比特币衍生而来。由于比特币被模拟成黄金，所以，获得比特币叫作挖矿。挖矿也是验证区块链交易的行为，验证的必要性通常以货币的形式奖励给矿工。当正确完成计算，就能获得奖励。

任何人均可以在专门的硬件上运行软件而成为矿工，也就是挖矿的人就叫矿工。刚开始竞争不激烈的时候，用普通的计算机就能挖矿，后来 GPU 的算力跟不上了，就出现了专门的矿机，也就是专门用来挖矿的计算机，搭载了专业的挖矿晶元，多数采用烧显卡的方式。

再后来单个矿机的算力跟不上，就有了矿场和矿池。矿场就是把矿机集中到一起的场地，大多建立在电费便宜、又比较稳定的地方，如四川。再后来是矿池，突破地理位置的局限，将少量算力合并并进行联合运作，以实现多人合作探矿，比较有名的包括鱼池 F2Pool、蚁池 AntPool 和币网 BWPool 等。

⑥白皮书：原意是指政府或议会正式发表的重要文件或报告书，它们以白色封面装帧而成。白皮书作为官方文件，代表政府立场，讲究事实清楚、立场明确、行文规范、文字简练。针对数字货币的白皮书，是指数字货币发行方提供的官方正式文档，一般包含项目的目的、发行方、技术特点、创始人、代币数量和代币获取方式等内容。

⑦钱包（Wallet）：一个包含私钥的文件。它通常包含一个软件客户端，允许访问、查看和创建钱包所设计的特定块链的交易。

⑧冷钱包（Cold wallet）：将数字货币进行离线下载储存的钱包。玩家在一台离线的钱包上面生成数字货币地址和私钥，再将其保存起来。冷钱包是在不需要任何网络的情况下进行数字货币的储存，因此黑客是无法进入钱包获得私钥的。

⑨轻钱包（Simplified Payment Verification，SPV）：即"简单支付验证"，轻钱包不运行完全节点也可验证支付，用户只需要保存所有的区块头就可以了。用户虽然不能自己验证交易，但如果能够从区块链的某处找到相符的交易，他就可以知道网络已经认可了这笔交易，而且得到了网络的多少个确认。

⑩共识机制：通过特殊节点的投票，在很短的时间内完成对交易的验证和确认。对一笔交易，如果利益不相干的若干个节点能够达成共识，就可以认为全网对此也

能够达成共识。或者说，它是在一个时间段内，对事物的先后顺序达成共识的一种算法。它就像一个国家的法律，维系着区块链世界的正常运转。

目前有几种常见的共识机制，包括工作量证明机制、权益证明机制、实用拜占庭容错算法、股份授权证明机制、验证池机制等。

⑪ 时间戳：使用数字签名技术，对包含原始文件信息、签名参数、签名时间等信息构成的对象进行数字签名而产生的数据，用来证明原始文件在签名时间之前已经存在。它包括可信时间源、签名系统和时间戳数据库三部分，能够运用于知识产权保护、合同签字、金融账务、电子报价投标和股票交易等方面。

⑫ 去中心化应用（Dapp）：一种开源的应用程序，在去中心化的点对点网络上运行，网络中不存在能够完全控制 Dapp 的节点。

⑬ 分布式账本（Distributed Ledger）：一种在网络成员之间共享、复制和同步信息的数据库。分布式账本记录网络参与者之间的交易，如资产或数据的交换；网络中的参与者根据共识原则来制约和协商对账本中记录的更新，没有第三方仲裁机构（如金融机构或票据交换所）的参与；分布式账本中的每条记录都有一个时间戳和唯一的密码签名，这使得账本成为网络中所有交易的可审计历史记录。

⑭ 分布式网络（Distributed Network）：由分布在不同地点的计算机系统互连而成的网络，网络中没有中心节点。

⑮ 以太坊（Ethereum）：建立在区块链和加密货币的概念之上，是一个开源的、有智能合约功能的公共区块链平台。它的愿景是创建一个无法停止、抗屏蔽（审查）和自我维持的去中心化世界计算机。

在全球范围的多个计算机上验证、存储、复制交易数据及运行代码成为现实。这些小型的计算机运行程序叫作智能合约，由参与者在他们自己的机器上通过一种叫"以太坊虚拟机"的操作系统来运行。

通过运行以太坊虚拟机，计算机就变成了网络中的一个"节点"，并与其他节点一样具有同等的处理事务的地位。

⑯ 私钥（Private Key）：是一串数据，也是允许客户访问特定钱包的令牌。它们作为密码，除了地址的所有者外，其他都被隐藏。

⑰ 图灵完备（Turing Complete）：如果一门编程语言、一个指令集，可以实现图灵机模型里面全部的功能，或者说能够满足任意数据按照一定顺序计算出结果，就可称其具有图灵完备性。

其中涉及的图灵机是由控制器、可无限延伸的纸带，以及在带子上左右移动的读写头组成的。机器运行过程中，读写头从当前纸带上读取信息，并通过内部固定程序输出纸带，同时转换自己的内部状态，在纸带上移动。理论上，它可进行任何直观可算的函数运算。

以太坊就是一个图灵完备的区块链系统。其虚拟机可运行智能合约，理论上能够解决所有的可计算问题，从而最大限度地满足各种现实应用场景的开发。

图灵完备的通用性保证的是计算的可行性，不保证计算的效率及代码的可理解性、可维护性，所以它不一定能满足某些领域的特定需求。

第二节　看懂区块链商业

简单来讲，区块链商业就是区块链在商业领域的应用，是能够创造实际价值的。

目前一些人对区块链的认知，要么局限于比特币等数字货币范畴，要么仅停留在一种新技术与新工具上，这自然是有局限性的。以下从区块链的商业思维、区块链技术下的传统商业思维改变、区块链的商业落地三个方面来解读区块链商业。

1. 区块链的商业思维

众所周知，互联网思维不仅指建个网站、开个网店、借助互联网服务用户，还包括在新的生产关系变革里对商业逻辑做优化，同时考虑用户思维、极致思维、迭代思维、大数据思维和平台思维等内容。

区块链商业思维也是如此，它既是新的技术，也是新的商业生态。在这个生态里，很多东西都是透明的，很多行为都可以变成资产，全球化协同成为可能。

区块链本身是分布式记账数据库，它能够建立一种去中心化的信任机制，会为社会带来一场交易流程与商业关系的革命。区块链的特点如下。

①去中心、全程追溯，被重塑的新商业信任关系。依靠一套严密的算法，去中心化的区块链技术在一定程度上更能保证数据的真实、准确、透明、可追踪性和不可篡改性，能够帮助人类依靠技术建立信任关系。

在贸易流通环节，利用区块链的智能合约技术，用户做的每一个承诺都是固定的，可以增加，但不可篡改，并且自动执行，解决了现实生活中合同或承诺的推诿，大大降低了信任成本，提高了效率，即使是两个陌生人也可以相信这个合约本身。

②链上一切资产自由交易，所有商业资产能够被极其简易地创造和永久记录，资产的转移也无须任何中介和信任担保就能够实现。这将减少交易各方的沟通成本，让资产得以更加顺畅地自由交易。

与此同时，资产交易的边际成本也将趋零。资产的流动性变得无处不在，一些固有的交易壁垒将会消失，这将有助于资源快速配置，进而提升经济运行效率。

③个人资产确权。个人的 ID 资产可以通过算法被确权，个人账户、数据都是被保护的。资产能够在价值网络中流转，个人能通过行使资产的所有权、使用权和交易权去获得收益。

④个人行为资产化。在区块链世界里，每一种行为都可以被定价，因为每种行为都可以碎片化，在区块链世界里每做一件事，服务器就会发一个令牌证明(Token)，这些令牌本身也可以交易，是有价格的。

只要你做了贡献就会有回报，哪怕是写了一篇文章、帮别人解决了一个问题等。事实上你越被激励，就越愿意去贡献越多。

⑤价值精准记录。区块链的一大作用就是，它为人类开创了一种精准记录价值的方式。既然是精准记录，就必须有一种更加客观的记账方式，区块链可以实现全民参与记账，而且分配方式也不再依靠职位、资格、年薪和奖金等，每个人创造的价值都能得到精准记录，并随时兑现。

⑥信用全球化与数字化。过去，人们的出生证、房产证、婚姻证、驾照、护照等，需要一个中心的节点，如政府某个部门签发，大家才能承认。一旦跨国，很多东西都无效，可能需要重新去申请或经受考核，因为缺少全球性的中心节点。

区块链技术公开、不可篡改等特性，从根本上改变了中心化的信用创建方式，通过数学原理建立信用，各种证件都可以在区块链上公证，在需要的时候授权其他机构查询查验，变成全球都信任的东西。

⑦口碑思维。透明公开，这个是区块链的核心商业逻辑，因为所有人的信息都在链上，无论好坏，都可以查询。每个人或每家公司，正常情况下都会非常珍惜自己的"羽毛"，爱惜自己的口碑。

哪怕再小的商业机构，都有机会创造一个完全可信和被完整执行的规则体系，这在一定程度上缩小了大小机构构造商业信任的能力差距。

⑧极致产品思维。在区块链网络上，产品从研发开始的每一个环节，甚至用的

每一种材料，每一次加工，都能被清晰地记录。产品有没有造假，原料有没有问题，都可能会被发现。

在这种环境下，企业只有回归到产品本身，追求产品功能的实用、稳健与创新，才能在这个时代立足。依靠产品的过度包装，利用信息不对称夸大产品功能，靠概念行走市场，难度会增加许多。

⑨即时激励思维。区块链时代，许多无形和有形资产将会被数字化、碎片化，交易也变得流动化，并且会对收益关系进行再分配。

企业的核心功能从直接提供产品和服务转向创造新规则、引入合作伙伴、直接给用户以激励，尤其是随时随地快速激励，而不是像现在这样，总要等到一定时间之后，才会统一安排激励措施的执行。

区块链的激励机制鼓励所有人参与到同一个网络中执行所需要的任务，在参与过程中，根据贡献获得相匹配的奖励。例如，比特币、以太币这种数字资产的初衷，其实就是激励大家积极参与、达成分布式共识。

2. 区块链技术下的传统商业思维改变

从历史经验来看，颠覆性技术出现的时候，往往会带来生产力、生产关系的大变革。在区块链技术的推动下，传统商业思维可能会发生以下几种改变。

（1）从"买卖思维"到"服务思维"

一切生意都在光天化日之下进行，每一笔订单被记录在链上，而且连商品的价格都公开，若要想吸引客户，靠价格战行不通，得拼服务。

（2）控制信息、饱和轰炸、强势渗透的营销思维的转变

现在的营销喜欢搞饱和轰炸、海量投放，动用各种营销资源，一线品牌经常能够在一段时间里，或者在某个市场区域内掌控全局。但区块链是比较公开的，只有读写，没有删除与修改。企业不能随意承诺，不能夸大宣传。因为这些都会被记录到链上，最后会被消费者拿出来作证据，传统的营销思维得改一改了。

（3）差价思维退场

现在的商业世界，很多人是利用信息不对称与渠道占领赚钱的，如代理商、经销商、电商平台等，一环环加价，最后才卖给消费者。即使是电商平台，相比之下渠道链比较短，但平台也要收一笔钱，加之垄断，有时候收得也比较多。

企业自己也尝试建立直接的销售渠道，直接把货卖给消费者，可惜影响力有限，

加之消费者信任度不高，往往都会失败。在区块链技术的支持下，这些问题可能会得到解决。

（4）熟人信任机制向技术信任机制转变

现在交易双方要建立信任关系，需要费很多周折，可能经历几轮沟通，或者有熟人介绍，对双方的业务有一定的了解，才能建立信任，最终决定交易。

在区块链技术支持下，在链上可以看到其他公司产生的交易数据，以及做过什么、评价如何等，交易双方可以通过这些真实的数据决定是否合作，也可以选择跟链上的任何机构合作。

最重要的是区块链可以整合多渠道的信息，对链上的每个对象形成一个比较全面客观的评价，这种建立信任的方式依靠技术，而不是人力。

3. 区块链的商业落地

据笔者的观察，区块链目前最为典型的商业应用可以分成以下三大块。

（1）币类应用

币类应用包括比特币、以太坊、莱特币、瑞波币和比特币现金等，都是区块链技术在数字货币领域的应用。

例如，比特币的底层技术就是区块链，它本身是一种点对点的、无须第三方参与的记账系统，每个节点不能同时记账，也不是指定某些节点拥有记账的权力，而是采用竞争记账的方式，也就是工作量证明，根据每个节点的算力大小来评估胜负。竞争胜利者就获得一次记账的权力。

每轮竞争胜出并完成记账的节点，可以获得系统提供的一定数量的比特币奖励。这个奖励过程，就是比特币的发行过程。这跟以前的中心化货币发行不同。

比特币的区块由区块头及区块体组成。区块头的大小为 80 字节，由 4 字节的版本号、32 字节的上一个区块的哈希值、32 字节的默克尔树的根哈希值（Merkle Root Hash）、4 字节的时间戳（当前时间）、4 字节的当前难度值和 4 字节的随机数组成；区块体即该区块所包含的交易列表（账本）。

不过，大量打着区块链旗号的数字货币，其中不少跟区块链并没有关系，这些本质上不算区块链的商业应用。

（2）金融领域

金融领域的应用主要有几个方向，包括票据、支付、小微企业信用认证、数据交易和数据资产流通、供应链管理与供应链金融、证券发行与交易等。

区块链在金融行业的应用已经开始，包括银行、交易所、保险公司等在内的众多传统金融机构，对区块链的分布式账本等技术给予高度重视，开始探索其在跨境支付、票据交易和证券发行等环节的实际应用，部分业内领先者已经进入概念验证与项目实施阶段。

有一种畅想是，在区块链技术的支持下，金融交易市场的参与者有机会享用平等的数据资源，交易流程会更加公开透明，效率更高。

2018年6月25日，首个基于区块链的电子钱包跨境汇款服务在香港上线。港版支付宝AlipayHK的用户，可以通过区块链技术向菲律宾钱包Gcash汇款。

第一笔汇款由在港工作22年的菲律宾人格蕾丝（Grace）完成，耗时仅3秒，而在以前完成这项工作需要10分钟到几天不等。

此前，有银行实现内部区块链跨境汇款，但并未跨机构，且用户与银行间的转账还是传统模式。也有基于加密货币的跨境汇款，但因为币的供需和币值都可能短时间剧烈波动，目前该项技术难以大规模商用。

此次AlipayHK与Gcash合作，成为全球首个在跨境汇款全链路使用区块链的案例，由渣打银行负责日终的资金清算及外汇兑换。跨境汇款也能像境内转账一样实时到账，Gcash用户在到账后能即刻消费。

百度金融也已推出了区块链开放平台BaaS，据该公司透露，该平台已支撑验证了超过500亿元资产的真实性问题。此前百度已经将这项技术应用于资产证券化、资产交易所等业务。

腾讯也有行动，其借助自有的民营银行——微众银行，搭建与其他金融机构的区块链应用合作平台，并且拓展至物流信息、法务存证、公益寻人等领域。他们在区块链领域的发展主要定位于"下一代连接器"。

还有一些区块链技术联盟如R3、Hyperledger等，汇聚了高盛、中国平安、汇丰、IBM等机构，致力于在金融领域的跨境支付、金融票据管理等应用场景。

（3）非金融领域

非金融领域包括公共事业和食品、能源、电信、互联网、零售等行业。具体来讲，它可以应用到金融、艺术、法律、房地产、电子商务、物联网和物流等众多行业，适用于供应链、公共网络、文件存储、证券交易、网络交易、存在性证明、身份验证等场景。

医疗行业被认为是除金融行业外区块链技术的最大受益者，它能实现临床医疗数据共享，也就是病人的病历在授权的情况下可以轻松查询。

内容行业也在拥抱区块链，主要是确权，也就是版权保护。由于区块链的不可篡改、透明账本等特性，使它非常适合于公益事业，如捐赠项目、募集明细、资金流向等信息，都可以存放在区块链上，监管更为方便。

京东已与农业部、国家质检总局、工业和信息化部等部门联合，运用区块链技术搭建"京东区块链防伪追溯平台"，追溯商品的真伪。艺术领域有一家公司叫Ascribe，其利用区块链技术对知识产权进行时间标记，并且能够为艺术品和其他数字媒介创建可持续的所有权结构。

艺术家们可以在区块链网络上声明作品所有权、发行编号，甚至可以针对任何类型艺术品的数字形式进行版权认证。

同时，它还提供了一个交易市场，艺术创作者们可以通过Ascribe的网站进行数字艺术品交易，而不需要任何中介服务。

还有很多应用平台也在尝试通过区块链技术帮助艺术创作者们保护作品，如Codex希望利用区块链技术可追溯、匿名的特点，为艺术品交易建立一个可靠的鉴证体系。

Norman Ventures对基于区块链的水印技术充满期望，它们在艺术家落笔那一刻起，就能提供所属权声明。

这些商业落地应用，笔者会在后面的章节里详细地解读。

第六章　非国家货币、去中心化与共识机制

理解区块链商业，首先要理解三个概念：非国家货币、去中心化与共识机制。

（1）非国家货币

非国家货币涉及财富形式的变化，任何商业的利益追求与润滑剂都是财富，它表现为物质、金、银及各种有价值的货币等。

没有财富，也就无所谓商业，而区块链在商业领域的落地，基本是从比特币这种数字货币开始，也因比特币而兴旺。在这种环境下，关于非国家货币的可能性探讨再次浮出水面，从学术角度看，早在多年前就有经济学家将这一话题纳入专项研究。

（2）去中心化

去中心化指的是没有人或组织可以控制区块链，没有一个统一的服务器可以被攻击。没有中心，意味着每个人都可能成长为中心，并且建立在去中心或者说多中心基础上，将出现越来越多的商业模式，如更多的流量中心、更多的购物场所、更多的交通工具、更多的互助合作和更多的共享等。

（3）共识机制

由于区块链商业是去中心化的，没有人或机构可以发号施令，需要参与者一起商量，并遵循某种机制达成共识，如工作量证明机制、权益证明机制等，其中还涉及智能合约，参与双方将达成的协议提前上传到区块链系统里，不能私自对协议进行修改，自动触发协议即执行。这对解决违约问题还是有帮助的。

第一节　非国家货币

自从 2009 年比特币诞生以来，数字货币的概念就逐渐走红，在某些国家或领域里，一些主流数字货币逐步实现了真正的商业价值。

据得得智库统计，截至 2018 年 7 月 31 日，全球加密数字货币共发行 1707

种，总市值为 2895.31 亿美元。其中比特币以 1398.5 亿美元位列首位，占总市值的 48.3%。①

这一年多来，币值的波动是挺大的，据得得智库统计，2017 年 1 月，全球的数字货币仅有 617 种，总市值 177 亿美元。到 2018 年 1 月，市值达到最高峰，冲到了 8238 亿美元，比 2017 年 1 月上涨 45.54 倍。当时有人甚至认为，数字货币的市值可能突破 1 万亿美元。

不过，事情并没有如同想象的那样。最高峰之后，市值一路走跌，2018 年 2 月，全球数字货币市值下降到 4428 亿美元，市值蒸发近一半。几个月后，又跌了一小半。

从另一个角度看，即使数字货币的市值起起伏伏，甚至遭遇腰斩等波折，但是，以比特币、以太坊和瑞波币等为代表的主流币所代表的现金价值还是相当可观的。

在目前的数字货币之前，有一种称作 SDR 的账面资产也是虚拟的。它由国际货币基金组织在 1969 年发行，也叫纸黄金、特别提款权。它不是一种有形的货币，看不见摸不着，只是账面资产，但由于有国家信用作为后盾，SDR 颇受世界认可。

它的价值目前由美元、欧元、人民币、日元和英镑等组成的一篮子储备货币决定，可以与黄金、自由兑换货币一样充当国际储备。最初发行时，每一单位相当于 0.888 克黄金，与当时的美元等值。

从虚拟的角度看，这种账面资产跟数字货币有几分神似，不过 SDR 拥有国家背书，其信用更为坚挺。

设想一下，如果美元失去了信誉红利，未来世界主流的流通货币会是什么？全世界都见识过中心化货币带来的限制——黄金的不便利性。但无论如何，总得有一种或几种货币，能够在世界范围内获得认可，广泛流通，并且它本身的价值不能波动太大。

用可靠的虚拟货币代替美元成为世界范围内的流通货币，这种可能性或许有，但究竟哪一天会实现，目前还无法得出结论。

一千多年前，如果有人说一张纸可以代替金子、银子，一定会成为笑柄。但是到了 1023 年，也就是北宋时期，川蜀地区因缺铜而依赖铁钱，但铁钱携带不便。后来，成都有 16 家富户印制私人票据，成为贵金属、丝绸等物品的替代品，并开设交子铺，经营铜钱与交子的兑换业务。他们每年会在丝蚕米麦将熟之时用同一色纸印造交子。早年的交子相当于存款凭证，存款人把现金交付给铺户，铺户把存款

---

① 全球 Top30 数字货币市值波动全调查：公链价值崛起 [EB/OL]．[2018-08-15]．https://www.tmtpost.com/3418165.html．

数额填写在用楮纸制作的纸卷上，再交还存款人，并收取一定保管费。

随着经济的繁荣，交子的使用愈渐广泛，大量交子铺与分铺设立。到了1023年，政府设益州交子务，首届以本钱36万贯作为准备金，发行了"官交子"126万贯。自此，交子从商业信用凭证变成了官方法定货币。

这比美国、法国等欧美国家发行纸币的时间要早六七百年。不过，交子流通范围以四川、陕西、浙江、福建和湖广等地为主，后来超额发行遭遇严重贬值，遂改用钱引。

到了元代，纸币制度进一步完善，在意大利旅行家马可波罗1298年撰写的《马可波罗游记》中，就详细记载了中国纸币的印制工艺和发行流通情况。

而在北宋以前，用纸币扮演一般等价物估计是不可想象的，毕竟大家习惯于金、银或者以物易物已经很多年，纸币的出现，无疑对此形成了强劲的冲击。

工业革命之后，以纸币为主的货币流通在大多数国家成了共识，进而形成了体系庞大的货币政策。在很长一段时间里，货币发行都是以黄金作为发行保障，也就是人们所说的"金本位"货币制度。

到1971年，美元停止与黄金的自由兑换，从此开启了符号货币时代。国际上开始实行浮动汇率制，全球150多个国家及地区，真正稳定的或者有升值潜力的货币并不多，主要是美元、欧元、英镑、人民币、日元、法郎、澳元和加元等。

有些国家的货币，由于通货膨胀、政局动荡、经济崩溃等各种因素影响，价值波动非常大，有时候连他们自己国家的人都不愿意持有。例如，委内瑞拉，一个石油储备最丰富的国家，在2018年却成为经济危机最严重的地方，通胀率超过80 000%，它们的法币名叫玻利瓦尔，正在不断贬值，比一张面巾纸还要低贱。出门购物，需要带上成堆的现金，几百万玻利瓦尔的价值，甚至不足1美元。

有意思的是，这个国家在2018年2月开售法定虚拟货币石油币（Petro），在私募阶段，每个石油币价格等于一桶原油，或者是1石油币：3600新玻利瓦的比值，用来稳定货币价值，但结果并不理想，通货膨胀变得更为严重。

2018年以来，不仅委内瑞拉遇上了大麻烦，伊朗里亚尔、土耳其里拉、阿根廷比索、巴西雷亚尔等货币，也都遭遇大跌，背后的原因各不相同：例如，土耳其里拉的大跌是因为其信贷泡沫破裂；伊朗的问题是因为美国的制裁；巴西的问题则因为政局动荡。

这些国家遭遇货币大跌的困境，使黄金的保值功能再次体现出来。要不要建立美元之外新的支付系统，以及是否使用数字货币等讨论再次出现。

这也反映出一个历史问题，20世纪30年代凯恩斯主义盛行之后，不少国家通过国家干预经济进行无限制的货币扩张，在短时间内的确能够迅速增加就业。

诺贝尔经济学奖得主、奥地利经济学派的经济学家哈耶克认为："这本质上是一种亡命之徒的政策，只能换取短暂的喘息之机。"①

弗里德里希·冯·哈耶克是著名的奥地利经济学派的奠基人，新自由主义代表人物，曾与凯恩斯展开多次论战，倡导自由市场经济，在1974年获得诺贝尔经济学奖。他看到国家操纵货币的弊端，力图改变这种"廉价货币"政策，于1976年写了一本《货币的非国家化》。

《货币的非国家化》成书时，西方国家正处于滞胀时期，传统的凯恩斯学派在解释高通货膨胀和高失业率并存的现象时，似乎拿不出系统的理论，提出的解决方案也不是太有作用。

当时，货币学派有了自己的主张，代表人物包括美国芝加哥大学的弗里德曼，美国的布伦纳、安德森及英国的莱德勒、帕金等。他们认为货币的供应量及其变动是影响经济活动和物价水平最主要的因素；认为凯恩斯主义的财政政策和货币政策不可能把失业率降至自然失业率以下，是导致经济不稳定和通货膨胀的主要根源。但是，货币学派的理论过于强调货币数量的变动对价格总水平的影响，因而忽视了向流通中注入和撤出的货币数量对于相对价格的影响比货币变动量影响更大这一现象。

与货币学派代表弗里德曼的差别在于，哈耶克看到了通货膨胀是由于扭曲了相对价格的结构导致的。政府长期垄断货币发行，长期的通货膨胀容易导致价格结构发生扭曲，大规模的失业必然会到来。

在《货币的非国家化》一书中，哈耶克指出，政府垄断货币发行弊大于利。政府发行货币并不是因为公益，而是私利，是为了获得额外的收益。货币发行被操纵用来满足特定集团的利益需要：为了得到某些群体的支持，政府有可能通过操纵货币数量来满足他们的要求。

在哈耶克之前，反对政府干预市场经济的代表人物亚当·斯密曾经说过："根据自然的自由制度，政府应当承担的三项职责中，并没有控制货币发行。"②

哈耶克在论证自己的观点时，举了英格兰银行的例子，这家银行在实行国家化之后的30年间，英国货币的购买力下降到了不足国有化之初的四分之一。他提出，为了保护货币不受政治侵扰，应该取消政府发行货币的独家专有权利，也就是垄断

---

① 韦森.重读哈耶克[M].北京：中信出版社，2014.
② 亚当·斯密.国民财富的性质和原因的研究[M].郭大力，王亚南，译.北京：商务印书馆，1972.

权。当然，政府可以发行货币，但他只是发行货币的若干家机构之一。

哈耶克提出，应该建立一种竞争性货币制度，如可以在世界几个地区建立若干个机构，他们可以自由地发行彼此竞争的货币，让人们自由选择使用哪种货币。而那种不稳定的货币、不断通货膨胀的货币，自然会被人们淘汰。

客观地讲，他的这种思想非常激进，虽然他是1974年诺贝尔经济学奖获得者，但货币自由竞争的想法能否推行还是个很大的疑问。

亚当·斯密在《国富论》里写道："我们的政府是在有组织的利益集团的压力下进行治理的，因此，我们必须牢记一个重要的事实：我们不能指望聪明或同情心，而只能依靠纯粹的自利来为我们提供我们所需要的制度。只有当我们所期望的良币不再来自于政府的仁慈，而出自于发钞银行对其自身利益的关注之时，我们才确实进入了幸福时光。"

哈耶克的《货币的非国家化》一书对亚当·斯密的观点做了进一步演绎，尽管两者相隔200年左右的时间，但历史总是那么巧合。在这本书里，哈耶克确实讨论了自由发行货币的一些技术性问题，但由于缺乏操作经历，只能靠想象与推理。与20世纪70年代相比，现在的技术与金融工具进步了许多，使得他的设想有了一定的可操作性。

有意思的是，比特币、瑞波币等主流数字货币在一定程度上正在实践哈耶克的这种观点。

比特币是基于区块链技术的一种虚拟货币，每隔一个时间点，比特币系统会在某个节点上生成一个随机代码，互联网中的所有计算机都可以去寻找这个代码，谁找到此代码，就会产生一个区块，随即就能得到一个比特币，这个过程就是人们常说的"挖矿"。

而且比特币被限定了数量，比特币数值每隔4年就会减半，最终比特币的数值会趋近于2100万个。大多数观点认为，由于控制了比特币的总量，自然不会产生通货膨胀。

此外，从理论上看，区块链作为一种基础设施存在于整个互联网中，而且每一枚比特币都可以查到以往的交易历史，无法伪造、篡改交易记录，所以，比特币的持有者不用担心手中的比特币会遭受损失。

起初比特币并没有明显的价值。第一次比特币交易发生在2010年5月21日，佛罗里达州的一个程序员拉斯洛·汉耶兹用10 000个比特币购买了价值25美元的披萨优惠券。

最初比特币的流通范围也很有限，只在程序员之间流行，后来渐渐流传到圈外，开始有人交易。2010年上半年，1比特币的价值低于14美分。到2010年11月初，比特币的价格已经升到36美分；到2011年2月，比特币竟然能跟美元打平，兑换率达到了1∶1。之后，越来越多的炒客进入比特币领域，导致比特币价格疯涨，到2017年8月，每枚比特币竟能卖到1.9万元人民币。出人意料的是，比特币还能分割交易，如买0.0001个比特币。

比特币交易实践的影响催生了"人人都可以发币"这样的概念，并且形成了这种风潮。哈耶克《货币的非国家化》甚至变为"币圈"的理论依据，吸引了大量人和资本投入到区块链及数字币炒作上。

有人认为，区块链将实现货币的"去中心化"，金融的"去中介化"，即通过区块链技术建立充分信任的机制，实现"点对点价值转移"，人人自金融。

与之对应，现有的由国家主权和法律保护、由政府进行数量调控的"主权货币"或"法定货币"体系，以及有中介机构参与的金融体系，被认为存在极大的不合理性，或将被新的由网络公民（网络节点）共同确定和维护规则、由电脑系统严格控制数量和流通速度的数字加密货币所取代，从而将建立一种去中心、去中介、民主公平、没有集权、充满信任的美好社会。

事实真会是这样的吗？就目前来看，这还是一个乌托邦式的畅想。要实现这个目标，要解决的问题、破除的障碍还有很多。数字加密货币是否真的那么美好，现在还有些言之过早。

而且就目前来看，比特币式的网络加密"数字货币"大多数都没有实现真正的去中心化，更可怕的是，市面上出现了大量空气币，价值也迅速归零。

即使是比特币这种价值广受认可的虚拟币，由于非常稀缺，使用并不方便，还可能导致新的贫富分化。毕竟有些人很容易就能挖到比特币，有些人则可能挖不到，这使得比特币在发挥货币功能方面很不到位。

笔者注意到，在探讨数字货币转正这件事情上，《货币战争》的作者宋鸿兵给出了两种数字货币模式，其中有一些可借鉴之处。

他认为，数字货币必须包括两个要素：一个是账本；另一个就是钱的数字。其他技术细节都是为这两个要素服务的。例如，张三在本子上写下：今天我给了李四100元。这就是流水账本记录的一笔交易。问题是这个账本上的100元只是数字，没办法拿来买东西，如果要用来买东西还需要账本之外的钞票。账本上的数字与现实中的钞票是分别独立存在的。数字货币要实现的是两者合二为一。账本上的数字就相当于钞票,把账本放到网上去,只要大家都承认李四确实收到了张三给的100元,李四就能用这个数字货币来买东西了。

要实现这个目的需要两套技术:首先需要确保账本的安全,账本不能被篡改,这就需要区块链技术;其次还要确保100元这个数字只能属于张三,别人用不了,这就需要给这个数字加上密码锁,张三付钱给李四,就是把解锁的钥匙交给了李四,这就需要数字加密、解密的技术。

大体来看,数字货币的本质就是账本的技术 + 钥匙的技术,而将这两套技术分开使用就变成了独立的区块链账本和独立的加密数字货币。所以,数字货币可能进化出不同的模式,一种是以比特币为代表,账本和货币融为一体,另一种就是账本和货币彼此独立。

这两种模式在历史上都有原型。

(1)二者融为一体的原型——佛罗伦萨模式

文艺复兴时期的佛罗伦萨就是一个账本共和国,其全民记账的做法也称得上是区块链思想的源泉。不仅商人们记账,而且普通市民、纺织工人、各种工匠、房东老大娘、艺术家和画家等也记账。人人都记账,而且还是用标准化的复式记账法;私人账本与公司账本都具有法律效力,错误记账属于严重的违法行为。

这套覆盖整个国家的严密而精确的账本网络,使大家都可以使用账本来支付,相当于每个人都是一家微型银行。国家也没有中央银行来做清算,社会上现金流通量很小,佛罗伦萨的金佛罗林现金流通量从未超过15万枚。一次战争能花掉400万金币,绝大部分开支都是通过账本支付。

这种模式是一个典型的去中心、分布式、点对点的账本体系,与比特币非常类似,账本和货币融为一体,直接把账本上的数字当钱花。这种模式可以称为佛罗伦萨模式。

(2)二者彼此独立的原型——安特卫普模式

另外一种货币模式就是安特卫普模式,它进化出了账本和货币彼此独立的发展路径。现代银行体系就是建立在这种模式之上的。

安特卫普商人偏爱票据,而佛罗伦萨商人偏爱账本,双方走向了不同的进化道路。

安特卫普最终发展出了现代银行的三大雏形:中央银行、贴现银行和发行银行。而佛罗伦萨始终局限在账本之中难以进化。究其原因,有以下几点。

首先,商业交易量的不断增长,已经形成了货币进化的压力。最近十年中国的消费规模在快速增长，尤其是电子商务实现了爆炸性增长，2017年的增速高达32%，总额超过了7万亿，已经相当于全部零售总额的五分之一。

据国内权威咨询机构易观发布的《2018中国跨境出口电商发展白皮书》统计，中国跨境电商出口的交易规模达到了7.9万亿元。商业交易的惊人增长必然要求货币体系作相应调整以提高商业交易的效率，同时节省商业交易的成本。

那么，在交易当中，影响效率的最大瓶颈是什么？就是商业信息的孤岛化。

由于信息的孤岛化，各级政府的交易数据埋没在政府的报表里，企业的交易数据分散在数百万个账本中，14亿消费者的数据就更乱了，用现金进行的交易也没人去记账，这些信息或许就永远丢失了。

此外，使用银行卡和信用卡的信息分别属于不同的银行，使用微信和支付宝的信息在两大巨头手上，所以整合和提取交易数据的成本极高。

因此，现代社会急需一个安特卫普模式的"交易所"，以便将所有的交易集中起来，这才能够最有效地实现价格发现，进而提高整个社会的商业总效率。

传统货币，无论是消费者使用的钞票、银行卡、信用卡、微信和支付宝，还是政府和企业法人使用的银行支票、汇票等，都无法抓住整个社会的所有交易数据，最后出现的不是一个安特卫普交易所，而是成百上千个彼此孤立的交易所。

数字货币有可能解决传统货币无法解决的问题，无论是账本与货币融合的模式，还是两者独立的方式，都可以抓住全部交易信息，从而成千上万倍地提高商业交易的效率。

最近几年里，一些国家针对虚拟货币出台了相关规定，如美国金融犯罪执法网络（Finlen）2013年颁布的《就反洗钱监管发布的管理条例》。条例中认为，虚拟货币是一种在某些情况下扮演货币功能的交换媒介，其操作原理在特定情况下如一般货币，并不具备法定货币所具有的全部属性，只是具有真实货币的等价价值或可替代价值。

2014年，美国国家税务局曾规定，当比特币作为一种工资或服务费进行支付时，接收方需要交纳个人所得税，此规定将比特币等虚拟货币视为财产，承认其具有合法的财产属性，需要缴纳联邦税。

到2017年，美国证券交易委员会发布了一项报告，将虚拟货币（DAO代币）定义为"证券"，受美国联邦证券交易法案的管理。

再看欧洲的情况，欧洲中央银行早在2012年就发布了《虚拟货币体制》报告，认为虚拟货币是一种由它的开发者发行，通常由开发者控制，并由一个特定虚拟社区成员使用并接受的不受管制的数字货币。到2015年，其对虚拟货币定义的表述又做了调整：虚拟货币是一种价值的数字表现形式，在某些情况下可作为货币的替代物，但目前不是完整意义上的货币。

德国联邦政府在2013年时曾将比特币定义为个人财产，同时认证加密货币，对比特币征税。3年后，德国金融部门认可比特币是一种"货币单位"和"私有资产"。

再看意大利，2016年政府发布了比特币征税文件，将比特币认定为数字货币，征收增值税。2014年芬兰将比特币等虚拟货币定义为商品，而非电子支付形式。同年又表示，不将比特币等虚拟货币视作支付工具，而认为它们是金融服务，免收增值税。

西班牙将比特币定义为电子支付形式，而不是商品或货币。瑞士却认为比特币及其他虚拟货币属于货币，应当遵照相同的税收及交易监管规则。

总的来看，在对待比特币这种跨国界虚拟货币的问题上，各个国家的态度差别比较大。

①将其定性为货币，认为它具有法定货币属性，需要遵守跟法定货币一样的法律法规，这种国家极少。

②否定虚拟货币具有等同于法定货币的属性，否定它具有法定偿付能力与价值储藏功能，更多的是将它认定为商品或者是财产。

③部分国家不但没有承认虚拟货币，而且对市场上各种虚拟货币进行整顿清理。

④还有一些国家保持中立观望，没有明确的定义，也没有严格禁止。

第二节　中心化与去中心化

在探索区块链商用的方向与路径之前，我们先来了解一下两个时代，一个是人们正在经历的中心化时代，另一个是有可能实现的去中心化时代。

人们经常听到中心化和去中心化这两个概念，但很少有人能够讲得明白，也很少有人能快速理解这几个概念。美国作家奥里·布莱福曼（Ori Brafman）在2007年出版的《海星和蜘蛛》一书中，用海星与蜘蛛做比喻将中心化与去中心化解读得相当到位，笔者引用其中的部分内容来阐释中心化与去中心化的优劣。

有两种动物，一种是蜘蛛，另一种是海星。蜘蛛是典型的中心化组织代表，而海星是典型的分布式（去中心化）组织代表。蜘蛛的身体由大脑这个中心化结构控制，躯干没有自主再生能力，它如果失去了头，就无法存活。但是，海星不是这样的大脑结构。它的主要器官分布在每个躯干中，如果把一只海星切成两半，那么得到的是两只海星，因为每一半都能存活，它的每只触手都可能成长为完整的海星。

海星型组织在遭遇分解的时候，其组织将变成更小的去中心化组织，继续发挥作用。而蜘蛛型组织在没有了首脑或者身体被分解之后，将无法存活。客观来讲，海星型去中心化组织拥有的生命力更顽强。

从概念上看，中心化可以这样理解，它是指核心组织或者核心人物通过直接命令，或者凭借权力等级制度体系，对整个系统进行控制的一种运行机制。例如，几个实权人物，或者特邀嘉宾，在那里发言、发号施令，其他人只是听，根据指令展开活动。目前的政府、公司及各种组织，基本上都是中心化运营结构，都有发号施令的首脑。

而去中心化的定义往往这样表述：在一个分布有众多节点的系统中，每个节点都具有高度自治的特性。任何一个节点都可能成为阶段性的中心，但不具备强制性的中心控制功能。

有些人对去中心化有误解，认为既然去中心了，那肯定是不要中心了，没有权威了。其实不是，它是由节点来自由选择中心，节点还是要依赖中心的。在去中心化系统里，任何人都是一个节点，任何人也都可以成为一个中心。任何中心都不是永久的，而是阶段性的，任何中心对节点都不具有强制性。例如，传统的媒体或门户网站上的信息都是编辑先将内容传递给系统，然后提交给主编审核，审核通过之后，才能发出去。受众大多数时候只是在看或听，没有权力发表信息。有时候读者可以投稿，但必须经由审核之后才可能发布，而且这样的机会其实非常少。博客、微博、自媒体等写作者，开始进行去中心化的尝试。虽然平台还是存在监管，但在合法合理并且不侵犯平台利益的前提下，大多数用户可以发表自己的信息，实现了存在约束条件的去中心化。

在《海星模式》这本书里，还有一个专业名词叫"海星模式"（去中心化组织模式）。书中提出了以下观点。

①当受到攻击的时候，去中心化组织会呈现愈加开放和分散分布的趋势，而中心化组织会呈现愈加集权的趋势。

②一个开放的系统更容易适应环境。

③将人们置于分布式组织中,人们会更愿意去贡献自我。

④一个行业的去中心化程度与总体利润成反比。①

在大量信仰者被比特币及区块链吸引的当下,"去中心化"一词也被奉为圭臬,通常伴随着无政府主义及极致平等、自由、公正的设想。然而也有另一部分人对这种设想产生强烈质疑。另外,去中心化系统存在的问题也是老生常谈了。

其实,去中心化只是一种手段,并不是最终目标。最终要实现的应该是确保像华尔街那样中心化机构林立的地方受到制衡,无法以垄断之势行独断之举。

在很多时候,中心化与去中心化其实是并存的,而不是蜘蛛或海星等低等生物所呈现的单一形式。

例如,人体的自主神经系统是一种受大脑支配的末梢神经系统,但它在很大程度上又是无意识的,调节着身体机能,如心率、消化、呼吸速率、瞳孔反应、排尿和性唤起等很多不受大脑意志支配的活动(非条件反射)。

在人体的神经系统中,还有由大脑和脊髓组成的中枢神经系统,它是一种集中化的控制系统。但是在大脑中,记忆又是分布式存储的。

在政府事务处理中,中心化与去中心化各有自己的优劣势。中心化可能比较高效,但是,如果中央机构腐败或堕落,则可能引发严重问题;去中心化效率可能低一些,但能够通过投票、分布式记录等技术保障公开、公正与透明。

互联网曾经被视为是去中心化的基础设施与希望,众多新工具的产生使得大多数人都能发表意见,都能参与财富创造。不过,就目前的情况看,互联网在推动去中心化这件事情上确实产生了丰硕的成果,但并不意味着去中心化的社会格局已实现。中心化与去中心化作为两支并行的力量,主导着互联网的走向。

首先,互联网有中心化的体现,如智能手机上看似装了很多关于吃喝住用行的APP,但大多数APP要么有百度、阿里巴巴、腾讯、京东(BATJ)或者小米的支持,要么背靠红杉资本、今日资本、IDG等投资公司。例如,搜索引擎大部分人选择百度;出门打车用滴滴成为一种习惯;点外卖一般首选美团、饿了么等;骑共享单车大多数时候有摩拜、哈罗等几家公司可以选择;导航不外乎高德、百度地图等几家⋯⋯

从这些角度看,互联网领域的中心化形态已经相当严重,每个领域都有处于中心位置的公司,人们需要的服务大多数时候都是它们提供;人们所能记得的品牌,

---

① 奥里·布莱福曼,罗德·贝克斯特朗.海星模式[M].北京:中信出版社,2008.

每个领域也不会超过三四家。

与此同时，在中心化的运行轨道上，去中心化依然在发挥威力。例如，在由京东、阿里巴巴等大鳄构成的电商版图上，有很多公司依托平台提供的销售渠道取得了相当不错的电商业绩。而且，还有一些新兴力量打破原来的中心化格局，成功开辟出新战场。例如，拼多多凭借社交裂变的商业模式异军突起，登陆美国纳斯达克市场后，市值一度逼近300亿美元。

拼多多的做法可以概括为：每名用户都能发起拼团购买，然后邀请好友参加团购，或帮自己砍价。这种做法带有去中心化的痕迹：每个用户都是一个核心，拼多多可通过微信社交平台产生裂变效果，低价获取流量。但拼多多本身又是一个中心化的互联网平台，一切规则都由它制定与修改，每个人的分红情况都由它在背后掌控，而且用户可能获得的收益，也由拼多多决定。

未来，传统互联网有可能被重塑，并遵循去中心化的思路构建生态，让参与者获得更多的利益分享，而且处于中心位置的平台方不能随意更改规则。

目前数字货币交易所、支付、建筑、云存储、酒店、快消品、交通出行、医疗等众多行业与领域，都在探讨对传统中心化运营机制的改进，以及去中心化的落地。

近年来，在区块链技术发展方面有一种现象是，由于去中心化的区块链技术快速发展，出现了由机器替代人类执行事务的DAO，也就是去中心化的自治组织，又称去中心化的自治公司（Decentralized Autonomous Corporation，DAC）。这种DAO不需要人来操控和干预，依靠计算机程序就可以执行业务和自我运作。之所以能做到这样，是因为区块链本质上是去中心化的分布式数据库，数据可以复制到网络的所有节点上。只要节点数目足够多，分布足够分散，就没有一个人或组织能够控制其他节点的行为。

在区块链这个去中心化的基础平台上，自治组织DAO就可以定义各种组织规则，然后依靠计算机程序来表述，并且在区块链网络上运行。DAO运行机制要遵守智能合约，计算机程序会根据各种不同的情况，如智能合约的参数调用及节点的状态查询等，做出不同的响应。

区块链网络保证了DAO去中心化特性，并通过铁面无私的机器执行智能合约来确保其自治性。成员不分国界，甚至可以匿名参与DAO。目前各国对待DAO的态度不一样，甚至某些国家认定其为非法组织。

由于DAO所有的组织规则都蕴含在代码当中，表现为代码形式，所谓"代码即法律（Code is Law）"，评判是非曲直也是依据代码所表达的意义，所以在很多场合，特别是组织规则与现实社会中的道德准则发生冲突时，难以辨析 DAO 所承担的社会责任。

目前已经有一些 DAO 被创建出来了，如 Dash、DigixDAO 和 The DAO。其中最具有代表性和争议性的是 The DAO，其发生了许多事件，引发了不少争议，如智能合约的漏洞处理、软分叉、硬分叉、重放攻击等。

第三节　共识机制

区块链网络上的陌生人，承认区块有效性的原因就在于共识机制这一"区块链世界的法律"在全网节点达成共识，保证了每笔交易在所有记账节点上的一致性。

共识机制是区块链技术的一个核心，它在区块链商用环节也具备广阔的用武之地。因为在没有中央机构的情况下，参与者必须就规则及应用方法达成一致，并同意使用这些规则来接受及记录拟定交易。

所谓的共识，顾名思义就是共同的认识，也就是多个成员如何达成一致，如关于投票和如何采取一致行动。区块链是一种去中心化的分布式账本系统，它的共识问题其实就是分布式系统的一致性问题。

而共识机制，就是一个时间段内大家对事物的前后顺序达成共识的一种算法。它决定了谁有记账的权利，或者说是谁有权写入数据，以及其他人如何同步数据。

数据写入的过程是这样的：有权进行区块打包的节点将打包的区块放在既有的数据库上，并向全网广播；其他节点收到信息，验证区块无误，就会同步这个新打包的区块。

要进一步弄明白"共识机制"，先来看一个广为流传的概念——拜占庭将军问题。

拜占庭将军问题由莱斯利·兰伯特提出，主要是用于分析在分布式节点传输信息时，如何保持数据的一致，即共识这个问题。问题的详细内容如下。

多名拜占庭将军各率一支军队围困一座城市，试图打败敌军。

各支军队的行动策略限定为两种：进攻或撤离。如果部分军队进攻，而部分军队撤离，可能会造成灾难性后果。因为敌军的实力也不弱，他们足以抵抗 5 支拜占庭军队的袭击。如果拜占庭方面想获胜，必须组织 6 支军队同时进攻，才能击败敌军。但是，将军们分处城市的不同方向，他们只能通过信使互相联系。在投票过程中，每位将军都要将自己的选择通知其他将军。最后，每位将军根据自己的投票和其他将军反馈的信息，得出最终的行动策略。

困扰这些将军的问题是，他们不确定军队内部是否有叛徒。叛徒可能会擅自变更进攻意向或者进攻时间。如果将军里有叛徒，那么他可能发送错误的消息，比如：告诉其中 4 支军队要进攻，告诉另外 5 支军队撤退，这样造成的结果可能是，到了约定时间，只有 4 支军队同时进攻，吃了败仗；剩下的 5 支军队也无法战胜强大的敌人，最后导致拜占庭军队战败。

基于以上各种情况，拜占庭将军们能否找到一种方式，使他们能够通过远程协商，在行动前达成共识，保证多于 6 支军队同时发起进攻，从而打赢这场仗？

拜占庭将军问题还有一个前提，是他并不考虑通信兵是否会被截获，或无法传达信息等问题，即认为消息传递的信道本身没有问题。

拜占庭问题是 1982 年提出来的，历经近 30 年，直到中本聪在 2009 年才给出了一个比较不错的答案。

假设有 10 名将军，分别代表互联网上的 10 个节点，他们可以相互通信，大家定义一种通信格式，这种格式由"进攻 + 署名"构成。将军 A 决定进攻，他写好通信内容"进攻。将军 A"，然后派传令兵送出去。其他将军可以验证这确实是将军 A 的署名，同时还可以追踪到将军 A 的身份；而且一旦他发出进攻命令，一定会按计划进攻，否则他在拜占庭的家族可能被严惩。如果将军 B 也决定进攻，他可以在将军 A 的通信内容后面，附上自己的决定或者信函，写上"进攻。将军 B"，然后将信发出去，或者广播。如果将军 C 也决定进攻，则在将军 B 的通信内容后面，附上自己的决定或信函，写上"进攻。将军 C"，以此类推。如果表示进攻的信函或签名累计到 6 个，那就进攻。

这种处理机制可能出现的问题是，将军 A 发出消息后，可能会有两个或多个将军同时发布自己的决定，这就可能导致"分叉"，出现分开的两条链，就可能造成混乱。

比特币引进的工作量证明机制一定程度上解决了这个问题，它要求用户完成一定工作量后，才能发出信息，广播给其他人。其他人也可以验证他的信息，如果认可，就会在他的基础上继续做工作，以获得记账权。

拜占庭将军问题的另一个版本是，拜占庭帝国拥有巨额的财富，一度相当强悍。周围 10 个邻邦垂涎其财富已久，试图凭武力窃取。

问题是，拜占庭高墙耸立，固若金汤，没有一个邻邦能够单枪匹马地成功入侵。如果单个邻邦发动入侵战争，不仅自己会失败，还可能会被其他9个邻邦入侵。

如果10个邻邦当中的6个同时进攻拜占庭，就可能把它攻破。如果其中的一个或者几个邻邦本来答应好一起进攻，后来却背叛了盟约，根本就不进攻，那结果就严重了。因此每一方都小心翼翼，不敢轻易相信邻国，也不敢轻易发动攻击。

针对这种情况，有研究人员提出了两种方案，即口头协议和书面协议。

（1）口头协议

各个国家派信使向其他所有国家传达口信，每个国家再将自己收到的口信传达给其他国家以供决策，最终多数投票即为共识。

协议最终达成以下三点。

①每个被发送的消息都能够被正确投递。

②信息接受者知道消息是谁发的。

③沉默（不发消息）可以被侦测到。

但这个方案存在的缺陷也很明显：消息无法溯源。无法确定消息的来源是谁，如有叛徒，也很难查出到底是谁。

（2）书面协议

各个国家派信使向其他国家发送书面信息，并附其签章。其他国家收到书信后附上自己的意见与签章，再发给另外的国家，最终得到共识。

通过这套策略，可以做到以下三点。

①签章有记录，解决了溯源问题。

②签章难以伪造，篡改会被发现。

③任何国家都可验证其他国家的签章真伪。

但这一解决方案依然存在缺陷：签章记录的保存人不一定可信，真正可信的签名体系很难实现。

以上两个方案，在任意时间都可能存在多个提案，即每个国家都可以传出自己的意见。这样一来，各个国家很难在一个时刻对结果进行一致性确认，协商一致并不容易。

在比特币这样的分散网络里，一个个节点、一个个矿工，就像包围敌人的拜占庭将军们。中本聪在"比特币白皮书"中，通过"比特币协议"给出了更好的解决方案，具体包含以下两个方面。

①引入工作量证明机制。只有第一个完成规定计算工作的国家才能传播信息，

从而保证一段时间内只有一个提案。

由于采用了工作量证明机制，矿工需要找到一个正确的随机数才能记账，而随机数是大家认可的数学逻辑。由于是随机数，自然没法控制它，而且造假成本很高，耗费很多时间、电力与精力。而挖矿得到的新币奖励，会激励矿工真实记账。

②引入非对称加密算法，为信息传递提供签名技术支持，以保证消息传递的私密性，且不可抵赖、不可篡改。

于是这 10 个国家可以组成如下所述的一个分布式网络。

①每个国家都有一份实时与其他国家同步的消息账本放到区块链网络里，也就是每个节点都有一份与其他节点同步的账本。

②账本里有每个国家的签名都是可以验证身份的。如果有消息不一致，可以知道消息不一致的是哪些国家。

③账本有时间戳，如果有人造假，可以看得非常清楚。

④尽管有消息不一致的情况，但只要超过半数同意进攻，少数服从多数，共识即达成。

在一个分布式的网络中，尽管有坏人，他们不受协议限制，可以做任何事情，例如，不响应、发送错误信息、对不同节点发送不同决定、不同错误节点联合起来干坏事等，但是，只要大多数人是好人，就完全有可能去中心化地实现共识。

基于互联网的区块链技术克服了口头协议与书面协议的各种缺点，使用消息加密技术，以及公平的工作量证明机制，创建了一组所有"国家"都认可的协议。

大家能看到，在拜占庭将军问题里提到了一种共识机制，就是工作量证明，在很多场合下都可能用到。由于区块链是去中心化分散网络，所以有必要设计一套维护系统运作顺序和公平性的机制。

目前较为流行的共识机制有：工作量证明机制、权益证明机制、股份授权证明机制等。

1. 工作量证明（Proof of Work，PoW）机制

这个概念由辛提亚·沃克（Cynthia Dwork）和莫尼·纳尔（Moni Naor）在 1993 年的学术论文中首次提出。而工作量证明这个词，直到 1999 年才在马库斯·贾克博森（Markus Jakobsson）和阿里·朱尔斯（Ari Juels）的文章中出现。

在这期间，1997 年时，亚当·巴克（Adam Back）发明了哈希现金程序。它使

用 SHA-256 工作量证明算法来抵御垃圾邮件，原理是要求所有收到的邮件都使用强 PoW 附件。后来，它还被微软用于 Hotmail，Exchange，Outlook 等产品中。

在基于工作量证明机制构建的区块链网络中，节点通过计算随机散列的数值解争夺记账权。节点算力高低表现为求得正确的数值解以生成区块的能力。

比特币网络应用工作量证明机制来生产新的货币。在比特币的环境下，PoW 机制主要针对的是挖矿，并根据矿工的工作量来执行货币的分配和记账权的确定。通俗地讲，就是"通过工作以获得指定成果，用成果来证明曾经付出的努力"。

在比特币的挖矿机制中，运算能力越高越可能成为胜出者。而算力竞争的胜出者，将获得相应区块记账权和比特币奖励。因此，矿机芯片的算力越高，挖矿的时间越长，就越可能获得更多的数字货币。

这种机制的优点是：算法简单，容易实现；节点间无须交换额外的信息即可达成共识；破坏系统需要投入极大的成本。

缺点也比较明显，如浪费能源；区块的确认时间难以缩短；容易产生分叉，需要等待多个确认；永远没有最终性，需要检查点机制来弥补最终性。

目前基于 PoW 共识机制的数字货币有很多，比特币、莱特币等初期的数字货币大多是 PoW 共识机制。

在 PoW 运行的这 10 多年里，它一方面耗损了大量电能与硬件资源，另一方面支撑了目前主流数字货币及区块链技术底层系统的搭建。

2. 权益证明（Proof of Stake, PoS）机制

PoS 机制采用类似股权证明与投票的机制选出记账人，并由其来创建区块。持有股权越多，拥有特权越大，进而承担更大的责任来产生区块，相应地，获得收益的权力也更大。这种形式类似于现实生活中的股东机制。

PoS 机制中一般用币龄来计算记账权，也就是占有币数的时间，以及持有币数占总币数的百分比。

有一种币龄的计算方式是：每个币持有一天算一个币龄，例如，持有 100 个币，总共持有了 30 天，那么此时的币龄就为 3000。

在 PoS 机制下，如果记账人发现一个 PoS 区块，他的币龄就会被清空为 0，每被清空 365 币龄，他就会从区块中获得 0.05 个币的利息，可理解为其年利率为 5%。

优点：在一定程度上缩短了共识达成的时间；不再需要消耗大量能源挖矿，弱

化了 PoW 中资源浪费的缺点。

缺点：需要挖矿，本质上没有解决商业应用的痛点；所有的确认都只是概率上的表达，而不是确定性的事情，理论上有可能存在其他攻击的影响。

最先运用 PoS 共识机制的区块链项目是 2012 年诞生的 Peer Coin；以太坊前三阶段均采用 PoW 共识机制，第四阶段开始采用 PoS 共识机制，此外，量子链和 Blackcoin 都采用 PoS 共识机制。

PoS 共识机制尽管容易出现权益上的"信任失衡"，也就是说有可能被一些人控制，但毫无疑问的是，这种共识机制刺激了区块链行业的蓬勃发展。

3. 股份授权证明（Delegated Proof-of-Stake，DPoS）机制

DPoS 是在 PoS 基础之上发展起来的，指的是让每一个持币者都可以进行投票，由此产生一定数量的代表。也可以理解为选出一定数量的节点，由他们来代理全体节点确认区块、维持系统有序运行。

这些节点彼此之间的权利是相等的。区块链中的全体节点（或者是持币者）可以随时通过投票罢免或任命这些代表，实现实时民主，以维系链上系统的"长久纯洁性"。

这种机制拥有一个内置的实时股权人投票系统，就像系统随时都在召开一个永不散场的股东大会，所有股东都在这里投票决定公司决策。

①优点：能够缩小参与验证和记账节点的数量，从而达到秒级的共识验证；将维系网络运行的能源消耗降到更低，以一种低成本的方式来管理整个链上的运行；去中心化的投票机制与管理方式将区块链网络运行的决定权分散到全网的各个节点，很大程度上避免了 PoS 机制容易出现的庄家操纵现象。

DPoS 共识机制将通过实施区块链上的"民主"来对抗"中心化"所产生的负面效应，用公选的"弱中心化"的方式来提高效率。

②缺点：整个 DPoS 共识机制还是依赖于代币，而很多商业应用是不需要代币的。

③应用：比特股（Bit Shares）社区较早提出了股份授权证明机制；和比特股同出于区块链"大神"Bytemaster 之手的去中心化操作系统 EOS 以及基于区块链技术的社交媒体平台 Steem，也是基于此共识机制运作；闪电比特币（LBTC）、比特无限（BCX）、应用链（Lisk）等也都采用了该共识机制。DPoS 共识机制的支持者众多，影响力广泛，有后来者居上的势头。

4. 有向无环图（Directed Acyclic Graph，DAG）

DAG 最初的出现就是为了解决区块链的效率问题。它通过改变区块的链式存储结构及 DAG 的拓扑结构来存储区块。在区块打包时间不变的情况下，网络中可以并行打包 N 个区块，网络中的交易就可以容纳 N 倍。

之后 DAG 脱离区块链，提出了无区块（blockless）的概念。新交易发起时，只需要选择网络中已经存在的，并且比较新的交易作为链接确认就可以了。这一做法解决了网络宽度问题，大大加快了交易速度。

DAG 作为区块链 3.0 时代的典型技术之一，采用异步通信机制，在提高扩展性、缩短确认时间、降低支付费用等方面优势明显。它更适合推广到万物互联，也就是用到物联网的场景里。

传统区块链确认次数，只能计算交易有效性的"概率"，不具备最终有效性。DAG 具有最终确定性，并不可推翻。

①优点：交易速度快、吞吐量大；无须挖矿；几乎没有交易费，对小额支付友好；可扩展性强。

②缺点：网络规模不大，极易成为中心化；安全性低于 PoW 机制。

③应用：基于 DAG 的区块链项目中，比较有代表性的是埃欧塔（IOTA）、纳诺（NANO）、字节雪球（GBYTE）和标准链（CZR）等。

5. 实用拜占庭容错（Practical Byzantine Fault Tolerance，PBFT）算法

实用拜占庭容错算法由麻省理工的米格尔·卡斯特罗（Miguel Castro）在 1999 年提出，是首个比较实用的在异步分布式网络中实现拜占庭容错的共识算法。

据相关技术资料，它在保证活性和安全性（liveness & safety）的前提下，提供了 $(n-1)/3$ 的容错性。在分布式计算上，不同的计算机透过信息交换，尝试达成共识；但有时候，系统里的协调计算机（Coordinator / Commander）或成员计算机（Member / Lieutenant）可能因系统错误并交换错的信息，影响到最终的系统一致性。

实用拜占庭容错算法就是根据错误计算机的数量，寻找可能的解决办法。虽然此算法无法找到一个绝对的准确答案，但可以用来验证一个机制的有效程度。而拜占庭问题的可能解决方法为：在 $N \geq 3F + 1$ 的情况下，一致性是可能解决的。

其中，N 为计算机总数，F 为有问题的计算机总数。信息在计算机间互相交换后，各计算机列出所有得到的信息，以大多数一致的结果作为解决办法。

①优点：系统运转可以脱离代币的存在，PBFT 算法里的各节点由业务的参与方或者监管方组成，安全性与稳定性由业务相关方保证；共识的时延在 2~5 秒，基本达到商用实时处理的要求；共识效率高，可满足高频交易量的需求；适合多方参与的多中心商业模式。

②缺点：当有 1/3 或以上的记账人停止工作后，系统将无法提供服务；当有 1/3 或以上记账人联合作恶，且其他所有的记账人被分割为两个网络孤岛时，恶意记账人可以使系统出现分叉，但是会留下密码学证据；去中心化程度比不上公有链上的共识机制。

6. 验证池（Pool）机制

验证池机制基于传统的分布式一致性技术，加上数据验证机制，之前曾是行业链大范围使用的共识机制，但是随着私有链项目的减少而逐渐式微。

①优点：不需要代币也可以工作，在成熟的分布式一致性算法（如 Pasox、Raft）基础上实现秒级共识验证；适合多方参与的多中心商业模式。

②缺点：去中心化程度不如比特币；共识机制实现的分布式程度不如 PoW 机制。

7. 权威证明（Proof-of-Authority，PoA）机制

该机制就是设置一组所谓的"权限"，用来审批人们在区块链上创建的新的节点，并确保区块链的安全。以太坊测试网 Kovan 便是采用 PoA 算法。

在 PoA 中，验证者是整个共识机制的关键。验证者不需要强大的算力、昂贵的显卡，也不需要足够的资产、大量的代币，但他必须具有已知的，并且已获得验证的身份。验证者通过放置这个身份来获得权利，从而换取区块奖励。

若验证者有恶意行为，或与其他验证者勾结（很多验证者实际上都盯着他），通过链上管理可以移除和替换恶意行为者。

通俗的理解就是，以前我们交易，需要一群互不认识的人拼算力，艰难地计算一道复杂的题目，从而争出个输赢，拿到奖励。而在 PoA 共识机制上，我们只需要

有一个信得过的人做担保，便可快速进行交易。

这个人因为替这笔交易做了担保，所以可以获得报酬。但是要是这个担保人使坏怎么办？没关系，其他的担保人一直在关注他，要是他使坏，就可能被踢出局。

①优点：防止一些强大算力的人攻击；鼓励数字资产的持有人不抛售，减少价值波动；不需要挖矿，节省算力。区块产生的速度比以太坊网络更快；兼容以太坊，能将以太坊上的 DApp 轻松迁移到 PoA 上，并顺利运行；整个区块链网络上，验证者互相监督，随时可以投票加入新的验证者或者剔除不合格的验证者。

②缺点：所有的验证者都签署了协议，不能在 PoA 上建立新的分叉。

8. Casper——下一代以太坊共识机制

Casper 是 PoS 协议的一种实现形式，在 Casper 规则中，任何拥有以太币的账户，都可以在合约中成为验证者。

它有一个前提，即需要在 Casper 智能合约中抵押一定数量的以太币。抵押越多，被选中作为验证者的概率越大。之后 Casper 合约通过一种随机的方式选出一个验证者集合，被选中的验证者集合按照一定的顺序依次验证区块。如果所有验证都通过，则将其添加到区块链中。

同时，所有验证者将根据抵押以太币的比例获得奖励。如果不遵守合约制定的规则，合约就会被没收抵押的以太币作为惩罚。

9. Ripple 共识机制（Ripple Protocol Consensus Algorithm, RPCA）

Ripple 共识机制是一个类似 PBFT 的共识机制，属于节点投票的共识机制。

系统要接纳一个新成员，必须由 51% 的初始成员投票通过。共识机制建立在核心成员 51% 的权力基础上，外部人员则没有影响力。

毫无疑问，这套机制还是遵循"中心化"，如果它开始腐化，股东们什么也做不了。Ripple 系统将股东们与其投票权隔开，导致自身的中心化更为明显。

Stellar 共识机制（Stellar Consensus Protocol, SCP）也是在"Ripple 共识算法"的基础上演化而来的。

10. Hcash——PoW+PoS 共识机制

Hcash 采用混合共识机制，有 Hcash 的用户与矿工均可以参与到投票中，共同参与 Hcash 社区的重大决定。

Hcash 的 PoS 机制为不合格的矿工提供了一个制衡机制；通过 PoW+PoS 公平地按持币数量与工作量分配投票权重，可以实现社区自治。

PoW 机制使得 Hcash 有挖矿的硬性成本作为币价的保证，又缓解了单独 PoS 机制里数字货币过于集中的问题。

PoS 机制让中小投资者着眼于项目的中长期发展，这样中小投资者更倾向于把币放在钱包里，而不是放在交易所随时准备交易，使 Hcash 生态更加健康，因此人们会将注意力更多地放在 Hcash 的技术与落地应用上，而不是仅仅关注其短期的价格波动。

在安全性上，由于 PoW 机制必须通过 PoS 机制的验证才可生效，PoW 机制矿工不能自行决定并改变网络规则，这有效抵挡了大约 51% 的恶意攻击。

①迄今为止，没有任何一种共识机制完美地解决了所有问题，每个共识机制都存在各自的短板。数字货币市场在不断扩大，毫无疑问，共识机制也在不断地自我更新。

②从 PoW 到 PoS，再到 DPoS，以及 DAG 的无区块链概念，既有对效率的不断追求，也有对公开透明、公平机制的探索。

综上所述，比较来看，各种算法各有优劣势，如 PoW 机制拼的是运算能力，但造成了能源的浪费；而在 PoS 制里，Token 越多，获得权益越高，越容易导致中心化、资源向少数人集中。其中还有两种现象值得一提，一是共识越集中，用户参与度越低，效率越高，也越容易出现安全和独裁腐败现象，这样的共识和去中心化的初衷背道而驰；二是共识越分散，用户参与度越高，效率也会变低，这样的共识倒是实现了一定的去中心化，但是在提高效率，节省成本上需要改进。

第七章 区块链商业的技术架构

商业场景应用之下的底层技术架构，大多数人是接触不到的。但是，所有的商业应用，在区块链上获取的服务，都离不开底层技术架构的支持。

第一节 区块链商业的技术架构解读（一）

总体来看，区块链的基础架构可以分为五层，包括网络层、共识层、数据层、智能合约层和应用层，如图7-1所示。每一层分别完成一项核心的功能，各层之间互相配合，从而实现了去中心化的信任机制。

		比特币	以太坊	Hyperledger Fabric
应用层		比特币交易	Dapp/以太币交易	企业级区块链应用
智能合约层	编程语言	Script	Solidity/Serpent	Go/Java
	沙盒环境		EVM	Dockr
数据层	数据结构	Merkel树/区块链表	Merkle Patricia树/区块链表	Merkle Patricia树/区块链表
	数据模型	基于交易的模型	基于账户的模型	基于账户的模型
	区块存储	文件存储	LevelDB	文件存储
共识层		PoW	PoW/PoS	PBFT/SBFT
网络层		TCP-basedP2P	TCP-basedP2P	HTTP/2-based P2P

图7-1 区块链应用体系架构图[1]

---

[1] 邵奇峰，金澈清，张召，等.区块链技术：架构及进展[J].计算机学报，2018，41(5)：969-988.

1. 网络层

网络层的主要目的是实现区块链网络节点之间的信息交互。区块链的本质是一个点对点（P2P）网络，每一个节点既能够接收信息，也能够生产信息，节点之间通过维护一个共同的区块链来保持通信。

在区块链的网络中，每一个节点都可以创造出新的区块，新区块被创造出以后，会通过广播的形式通知其他的节点，而其他节点反过来会对这个节点进行验证。当区块链网络中超过 51% 的用户对其验证通过以后，这个新的区块就会被添加到主链上。

2. 共识层

共识层能够让高度分散的节点在去中心化的系统中针对区块数据的有效性达成共识。区块链中比较常用的共识机制包括工作量证明、权益证明和股份授权证明等多种，这部分内容笔者在前面的章节已经做了详细解读。

共识机制的作用主要有两个，一个是奖励，另一个是惩罚。比特币和以太坊用的是 PoW 工作量证明机制。此机制根据算力进行奖励和惩罚，如有节点作弊，算力会受到损失。

Bitshares、Steemit、EOS 采用 DPoS 股份授权证明机制，拥有代币的人可以参与节点的投票，被大家选出来的节点参与记账，一旦作弊就会被系统投出。

其中的激励功能主要是指给予代币奖励，鼓励节点参与区块链的安全验证。例如，在比特币总量达到 2100 万枚之前，比特币的奖励机制有两种：新区快产生后系统奖励的比特币；每笔交易扣除的比特币（手续费）。而当比特币的总量达到 2100 万枚时，新产生的区块将不再生产比特币，此时的奖励主要是每笔交易所扣除的手续费。

3. 数据层

数据层是最底层的技术，主要的功能为数据存储、账户和交易的实现与安全。数据存储主要基于 Merkle 树，通过区块的方式和链式结构实现，大多以 KV 数据库的方式实现持久化，如比特币和以太坊采用的 LevelDB。

基于数字签名、散列函数、非对称加密技术等多种密码学算法和技术，以及账户和交易的实现与安全功能，保证了交易能够在去中心化的情况下安全进行。

设计区块链系统的技术人员们首先建立的起始节点，被称作是"创世区块"，之后在同样的规则之下，创建规格相同的区块，通过一个链式结构依次相连组成一条主链。随着运行时间的增加，新的区块通过验证后，被不断添加到主链上，主链会不断延长。

每一个区块中同时也包含了许多技术，如时间戳技术，它的作用在于确保每一个区块都可以按时间的顺序相连接，比如散列函数，它是一种将任意长度的消息通过散列算法压缩到某一固定长度的消息摘要的函数，它主要用于信息安全领域中加密算法、文件检验、数字签名和鉴权协议等。

4. 合约层

所谓合约层主要是指各种脚本代码、算法机制及智能合约等。智能合约是运行在区块链上的一段无须干预即可自动执行的代码，EVM 是智能合约运行的虚拟机，人类通过智能合约，无须任何中介干预即可实现资产的转移，同时也可以开发出一些有价值的去中心化应用。

以比特币为例，它是一种可编程的数字货币，合约层封装的脚本中规定了比特币的交易方式和交易过程中所涉及的各种细节。

基于智能合约还可以构建区块链应用，不需要从零学习区块链技术就可以方便地开发自己的区块链应用（DAPP）。如基于以太坊公链，开发者可以使用 Solidity 语言开发智能合约，构建去中心化应用；基于 EOS，开发者可以使用 C++ 语言，编写自己的智能合约。

5. 应用层

应用层封装了区块链的各种应用场景和案例，如基于区块链的跨境支付平台等，它也是去中心化应用 DAPP。一个完整的 DAPP 包含智能合约和 Web 系统，Web 系统通过接口调用智能合约。

本层类似于计算机中的各种软件程序，是普通人可以真正直接使用的产品，也可以理解为 B/S 架构的产品中的浏览器端（Browser）。

从目前的情况看，对于众多用户来讲，除数字货币外，还找不到现成的区块链应用。如果想让区块链技术快速走进寻常百姓，服务于大众，必须出现大量跟人们生活、娱乐工具相结合的应用。

第二节 区块链商业的技术架构解读（二）

中国信息通信研究院和可信区块链推进计划共同编写了《区块链白皮书（2018年）》，对区块链的技术体系做了总结，也提出了一套参考架构，包括基础设施、基础组件、账本、共识、智能合约、接口、应用、操作运维和系统管理9部分。以下内容值得深入研究。

1. 基础组件层

基础组件层可以实现区块链系统网络中信息的记录、验证和传播。

在基础组件层之中，区块链是建立在传播机制、验证机制和存储机制基础上的一个分布式系统。

2. 账本层

账本层负责区块链系统的信息存储，包括收集交易数据，生成数据区块，对本地数据进行合法性校验，以及将校验通过的区块添加到链上。

账本层有以下两种数据记录方式。

①在基于资产的模型中，首先以资产为核心进行建模，然后记录资产的所有权，即所有权是资产的一个字段。

②在基于账户的模型中，建立账户作为资产和交易的对象，资产是账户下的一个字段。

3. 共识层

共识层负责综合协调以保证全网各节点数据记录的一致性。常见的共识机制可以分为两大类。

（1）概率性的共识机制

先写入数据，之后再达成共识，如 PoW、PoS、DPoS，大概率一致就达成共识，计算的复杂度较高。如果一次共识出现多个记账节点，就产生分叉，最终以最长链为准。节点数量可以随意改变，节点数越多，系统越稳定。

（2）确定性的共识机制

先达成共识，之后再写入，确认一致之后再达成共识，共识即确认，网络复杂度高；它要求法定人数投票，各节点之间采用 P2P 广播沟通，没有分叉，如 PBFT、BFT 变种等；随着节点数增加，性能下降，节点数量不能随意改变。

从应用来看，为提升效率，在共识机制的使用上，需在安全性、可靠性、开放性等方面进行取舍，而且共识机制正在从单一向混合方向演进。

4. 智能合约层

负责将区块链系统的业务逻辑以代码的形式实现、编译并部署，完成既定规则的条件触发和自动执行，最大限度地减少人工干预。

根据图灵完备与否，智能合约层分为以下两类。

①图灵完备的智能合约有较强的适应性，可以对逻辑较复杂的业务操作进行编程，但有陷入死循环的可能。

②图灵不完备的智能合约，不能进行复杂的逻辑操作，但更加简单、高效和安全。

智能合约是区块链安全风险的高发领域，在提升安全性能方面，有几种参考思维：形式化验证、智能合约加密及规范合约语言的语法格式。

5. 应用层

作为最终呈现给用户的部分，主要作用是调取智能合约层的接口，适配区块链的各类应用场景，为用户提供服务。这份白皮书将应用划成 3 种类型：价值转移、存证及授权管理。

（1）价值转移类

数字资产在不同账户之间转移。

（2）存证类

将信息记录到区块链上，但没有资产转移。

（3）授权管理类

利用智能合约控制数据访问，如数据共享。

总结起来就是，区块是数据存储的容器，而P2P网络是保证区块链运行的基础协议，共识机制确保参与记账的节点在没有人干预的情况下可正常工作。应用层则让人们有了成熟的产品可以使用。

目前，一些公司搭建的区块链平台，如超级账本（Hyperledger Fabric）、R3区块链联盟（R3CEV）、以太坊企业版等，均有独到之处。例如，以太坊经过数年的发展，应用场景已经多达500多个。

国内金融机构的区块链应用仍以国外的Fabric平台为主。不过，规模较大的参与者先后开源底层技术，这类似于当年安卓、iOS、黑莓等智能手机曾经走过的路。例如，深圳前海微众银行股份有限公司、上海万向区块链股份公司、矩阵元技术（深圳）有限公司联合宣布，开源三方共同搭建的区块链底层平台BCOS（Block Chain Open Source），进一步推动分布式商业生态系统的形成，区块链底层平台的格局初步显现。

这里特别介绍一家9BaaS区块链平台，也就是九宽科技区块链服务，其全称是9 Broad Blockchain as a Service，简称9BaaS。

9BaaS是基于Hyperledger Fabric、Ethereum等联盟链、公链主流技术框架，针对不同行业用户的应用场景需求，提供场景化区块链网络服务。

平台基于场景需求可以创建相关的公有链、联盟链应用，帮助普通开发者创建区块链网络，自动化部署、角色及权限管理、数据存储、智能合约开发、联盟链成员管理等，并可以将网络监控、运维系统、链上数据查询工具等交付给开发者，进行网络维护。

在上述架构设计基础上，企业与企业之间能够形成可信、可靠的信息共享网络，达到多方参与、对等协作、智能协同、专业分工和价值分享等多种目的。

根据9BaaS的功能设计，它能实现的区块链应用包括以下两点。

① 企业开发者无须学习不同框架的区块链底层代码，即可通过9BaaS平台按服务类型提供的场景化API进行开发接入。

基于不同的业务场景需求，9BaaS平台提供了不同的区块链服务类型，通过图形化的后台配置，完成应用创建、自动化部署网络、联盟成员管理、智能合约管等系列流程，轻松构建联盟链网络。

同时，它将区块链底层代码、智能合约等封装为场景化的 API，供开发者直接调用，同时提供图形化的界面，使区块链技术简单化、透明化，极大地降低了将区块链技术应用到业务场景的门槛。

②不同业务可以形成不同的应用场景，这些应用场景具有通用的操作流程和行为。

通过抽象这些场景的操作，9BaaS 编写了强大而灵活的智能合约，并通过这些智能合约对业务状态进行相应的管理，用户实际使用时，就无须再关心智能合约层的编写，只需要调用构建在合约层之上的 APIs，就可完成自身的需要。

不同场景化的 APIs 提供了强大的封装能力，同时将复杂的区块链操作简化为传统的服务调用，企业只需关心自身业务，对于复杂的区块链网络构建、维护及智能合约的安全审计与管理等，都交由 9BaaS 处理。

这套 9BaaS 区块链网络基础设施的优势如下。

①基于 Kubernetes 的容器编排及资源调度，让系统拥有极高的稳定性与弹性，保证业务持续的健康可用，并支持应用秒级扩容，无中断滚动升级。

②遵照联盟链的准入机制，9BaaS 以应用自治的方式，支持配置多种策略的联盟成员动态管理，保证联盟链在成员变动时网络服务的高可靠性。

③安全性很高，基于数字证书的 PKI 的身份管理、通道隔离、信息加密、底层合约控制和多层存取控制等手段，可用于保护用户数据。

第八章 区块链商用现状、人群及发展趋势

区块链的商用价值一度被认为就是体现在比特币、瑞波币、以太币等数字货币上。

尤其是比特币等数字货币价格的暴涨，让这一观点更是甚嚣尘上，整个世界都陷入癫狂。一些炒家坚信，抓住了这些虚拟货币，就等于抓住了实现财务自由的绝佳机会，从而"富贵险中求"；随后，原本为区块链技术研究而兴起的ICO等融资手段，在这场癫狂中变了味，出现了很多专门发币的公司，他们没有技术基础、没有实业、没有产品，甚至连白皮书都是找人代写的，请几个有名气的人出来站台，就敢发币；有些数字货币，仅仅是因为发起人有些名气，就可能收割数以万计的投资人……

直到2017年9月，中国人民银行、中央网信办、工业和信息化部、工商总局、银监会、证监会、保监会七部委联合发布《关于防范代币发行融资风险的公告》，叫停境内所有数字货币的人民币交易，国内的ICO才从巅峰滑落。

也正是从这个时候开始，更多人才静下心来，冷静思考区块链的商业应用还有哪些，还有哪些价值被忽略。随后，一大拨从事区块链基础设施建设与多场景应用研发的公司浮出水面，走向前台。

不过，放眼全球，ICO还是有它的用武之地的。根据ICOData.io发布的数据显示，2017年全球共诞生873个ICO项目，募资61.37亿美元。热度延烧至2018年，仅一季度募资就超过38亿美元。2018年上半年募得62.07亿美元，超过2017年全年的募资额。

不过，随后的情形变得有些糟糕，尤其是比特币、以太坊的价格持续暴跌，引起从业者恐慌。同样是ICOData.io发布的数据显示，2018年8月全球ICO融资总额仅为1.95亿美元，与1月数据相比减少87.16%。

不过，从另一个角度看，在环境变化的风口浪尖下，代币发行一个月还能融到1亿多美元，它终究还是区块链创造的财富神话。

在数字货币之外，区块链技术的战场已是烽火狼烟。

据投中研究院的数据，截至2017年年底，全球区块链创业公司超过1600家，获得融资的公司分布在全球45个国家和地区，融资总额近20亿美元，其中商业化

落地项目众多。

基础设施层、技术扩展层和垂直应用层里都活跃着大量创业者，应用场景包括电子货币支付、资产数字化、数字货币、物联网、公共服务、供应链、信息安全、数据服务、人才经济和财税服务等多个领域。

看起来，一切都是那么欣欣向荣并充满挑战。以下是 36 氪创投平台"鲸准"绘制的一张图（图 8-1），笔者觉得比较全面地概括了目前区块链应用现状与努力的方向。

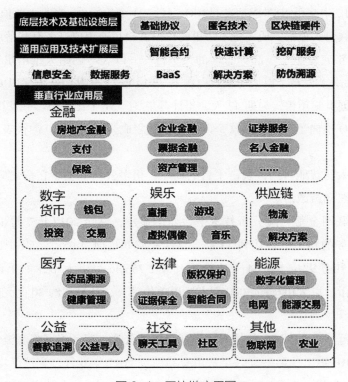

图 8-1　区块链应用图

第一节　从币到无币

区块链商用的话题，离不开数字货币，也离不开 ICO 话题。毕竟在全球范围内，这是目前区块链与现金价值离得最近的话题。

数字货币之所以能够发展成一门产业，从根本上讲是因为ICO，它是"币圈"对照IPO（首次公开发行上市）创造出的概念，是一种为区块链项目筹措资金的常用方式，早期参与者可以从中获得初始产生的加密数字货币作为回报。发行的数字货币可以上线交易所，并在全球范围内流通。

回溯ICO的历史，最早可追溯到2013年。当年万事达币（MSC）在Bitcointalk论坛上发起了众筹，共募集5000个比特币，但后来没有存活下来。从这一年开始，"币圈"内陆续涌现大量的ICO项目，其中便包括至今依旧活跃的几个大币种。如2013年12月，未来币NXT成功发起ICO，募集21个比特币，当时大概值6000美金，刚开始的时候势头很好，成为竞争币里的佼佼者，目前市值排名有些落后。

2013年年底发生了一起标志性的大事件——以太坊创始人维塔里克·布特林（Vitalik Buterin）发布了以太坊初版白皮书。2014年7月，其团队创建以太坊基金会，随后开始了创世纪预售，为期42天，累计募集31 531个比特币，共发行7200万以太币，将ICO推向了高潮，而这个以太坊，随之成为区块链2.0的代表，其市值仅次于比特币。

随着以太坊智能合约区块链平台的成熟，很多公司都基于它搭建应用。之后，国内的ICO热潮被激活。

国家互联网金融风险分析技术平台监测显示，截至2017年7月18日，国内提供ICO服务的相关平台达到43家，累计完成ICO项目65个，其中，2017年以来通过ICO共募集63 523.64个比特币和852 753.36个以太币，如果比特币按照20 000人民币、以太币按照2000元人民币单价计算，共募集约30亿元人民币，远超2016年全年水平。①

从全球范围来看，ICO的情况同样变得更为普遍，有一组网络上流传广泛的数据是，从2010年出现第一家数字货币交易所到2017年6月，全球已增至4000多家，之后的半年里，又增加到7700多家。到2018年7月，这个数字已变成1.1万家。但这个数据的来源没有查到，有可能是杜撰的。这也从侧面反映了数字货币交易的火爆。

专注于数字货币领域发展的网站CoinMarketCap收录了200多家数字货币交易所，但排在后面的交易所表现很一般，交易额在个位数，完全可以忽略不计。不过，真正活跃的交易所确实不多，估计也就几十家，包括BitMEX、币安、火币、OKEx、

---

① 中金网. 国内完成ICO项目共65个融资超26亿元[EB/OL].[2017-07-27]. http://gold.hexun.com/2017-07-27/190210062.html

Upbit、Bitfinex、Bittrex、Bithumb、Lbank、HitBTC 等，其中大部分来自中国、韩国与美国等数字货币交易的热门国家。

猎豹大数据平台对此有一个前 10 强的排名（数据采集区间为 2018 年 4 月 3 日至 2018 年 4 月 9 日），如图 8-2 所示。

排名	交易所	周活跃渗透率
1	币安	0.0263%
2	Upbit	0.0252%
3	Bithumb	0.0185%
4	Coincheck	0.0076%
5	BitFlyer	0.0059%
6	Bitfinex	0.0020%
7	OKEX	0.0016%
8	火币 Pro	0.0010%
9	Zaif	0.0007%
10	Karken	0.0004%

数据说明：周活跃渗透率=APP周活用户数/全球市场总周活用户数

图 8-2 猎豹大数据：全球交易所 Top10 榜单

在这些交易所里，大家交易的都是各种数字货币。如果看数字货币的量，让人更为震惊。

盈灿咨询有一项统计，截至 2018 年 3 月底，包括比特币、以太坊、瑞波币在内，市场上的虚拟币共 1199 种，柚子、泰达币、波场等 Token 共 718 种，总市值超过 1.6 万亿元。[1]

截至 2018 年 7 月，加密货币分析公司 Autonomous Next 的研究显示，数字货币基金的数量在 2018 年已达 312 个，这与年初的 251 个数字货币基金相比，增长了 24%，与 2016 年的 56 只基金相比，增长了 457%。[2]

---

[1] 证券日报李冰.数字货币已达 1199 种／比特币市值蒸发近 1200 亿美元 [EB/OL].[2018-04-27]. http://www.zqrb.cn/money/licai/2018-04-27/A1524766935823.html
[2] IT 耳朵.数字货币基金数量增长至 312 个 比年初增长了 24%[EB/OL].[2018-07-27]. http://tech.ifeng.com/a/20180727/45086443_0.shtml,2018-07-27

多种迹象表明，在世界范围内，即使比特币、以太坊等多个主流虚拟货币面临过山车似的价格波动，但并没有彻底浇灭人们投身数字货币的热情。依然有不少人看好它们的前景，一枚比特币，在2018年9月的部分时间里还能守住6000美元的价位。

比特币撬开了虚拟货币的大门，ICO让虚拟币形成燎原之势，并且让人们看到了区块链商用的前景，进而促使区块链这一生僻概念风靡世界。

在虚拟货币的流行过程中，陆续出现了一大拨玩家，靠炒币赚钱，甚至实现财富自由。无论是非对错、无论功过，他们曾经在区块链商用的拓荒过程中点燃过一把火。

2017年ICO最热门时，募资时间从半小时缩短到几秒。

有媒体报道，一家号称要"与世界各地的黄金存储机构达成合作，对每一克黄金进行实名确权"的黄金链启动ICO后，半小时之内被抢完。其实很多人可能没想过，他们真能对每一克黄金进行实名确权吗？这一天到来会是什么时候呢？

还有公开消息显示，号称要做"以太坊上的微信"的新加坡SNT项目，上线后很短的时间内，因为涌入的访问者过多，导致币久网卡死。

还有颇负盛名的小蚁币，刚开始的时候不过7角一个。两个月后，小蚁币进入多个交易平台，涨到了一元左右。2017年4月，小蚁币进入爆发期，10天时间涨了三倍，最高时居然达到72元，是ICO时的100倍。

还有一个"量子链"项目，众筹的价格不到3元，一个月后在QQ群私下交易的价格被炒到10元，上市收盘接近60元——是最初的20倍。

量子链、公信币、小蚁币这3种涨了30倍以上的币，一度被捧上神坛，成为散户心中ICO的代表。

但是，仅有极少部分人一觉醒来实现了财务自由。大多数持币者成了被收割的"韭菜"，高价入手的币在价格暴跌后，持币者实现"账务自由"的梦想破灭。

李笑来有一个"壮举"在网上广为流传：他创立的名叫EOS的区块链项目，募集资金没有上限，募集资金的用途也不甚明确，却用5天时间就在ICO平台上融到1.85亿美元。高峰时期，该项目在相应二级市场的市值冲到50亿美元。有人把它称作"50亿美元的空气"。

攀上高峰后，它的市值在接下来的一段时间里严重缩水，一度跌到原来的1/3，被套牢者哀号不止。很快，李笑来被认为制造了"庞氏骗局"，坊间还传出他被立案的消息。

按照宣传资料，这个 EOS 由香港公司 Block.one 开发，提供数据库、账号许可、调度、认证和互联网应用通信这些基础性服务，方便其他区块链应用开发者在它提供的服务上进行开发。现实情况是，发行的币价经历了多轮涨跌，但 EOS 技术层面的应用项目并没有多大进展。

让人难以理解的是，大多数投资者只知道 ICO 能在短时间内实现 30 倍、50 倍的价格涨幅，却连它们是什么产品都没有搞清楚。

这个近似股票交易的虚拟市场，本身是非常脆弱的，这也导致它的商用前景并不可靠。没有规则制定人，没有第三方的监管，也没有详细的惩罚条款；团队可能随时跑路，连价格都可能被操控。

一些创业者刚开始的时候看中了区块链技术去中心化、记录难以伪造等优势，力图开发出对应的产品，用来实现产业或场景落地，没料到最后炒币成了收入来源。

后来的发展趋势想必大家也看到了，随着流通币种的增多，大多数字币进入跌落期。当潮水退去，越来越多的普通投资人认识到虚拟币的风险，市场再也不像过去那样狂热。

幸好，从 2014 年到 2017 年，区块链的技术优势，还有它可能给这个社会带来的更多积极改变，即使没有被热捧，也依然潜行，取得了不小的进展。更难能可贵的是，社会主流力量开始关注区块链技术的商业应用，而不再是炒币。还有部分创业者开始跳出虚拟币的局限，寻求区块链技术的新突破，这也正在成为新的创业热点。

2018 年 5 月，工业和信息化部信息中心发布了《2018 年中国区块链白皮书》，其中提到，截至 2018 年 3 月底，我国以区块链为主营业务的公司数量达到 456 家，从上游的硬件制造、平台与安全服务，到下游的产业技术应用服务，还有行业投融资、媒体、人才服务等，全都有专业的公司在做。

投资公司的偏好也在变化，他们对区块链的投资渐渐跳出了数字货币的局限，而且更多的资金陆续进来。

投中研究院发布的《2018 年区块链投融资报告》称，自 2012 年至 2017 年末，区块链领域中活跃的传统风险投资机构总量从 6 家增长至 141 家，至 2018 年上半年又有高速增长。

截至 2017 年年末，141 家独立风险投资（IVC）和 119 家企业风险投资（CVC）参与区块链投资交易，年均增长率分别为 69.24%、121.78%。数十支市场化母基金和引导基金宣告成立，新设区块链母基金和引导基金的数量继续增加。

笔者梳理了100多家区块链版图上的新公司,对他们的融资情况与业务进展做了初步观察,发现至少有3个亮点。

①拥有专利技术,并且在行业落地方面已有成果的区块链公司,往往既受投资人青睐,同时也已经获得一些客户,多多少少有点营收。

②无论是区块链基础设施领域,还是区块链与金融、旅游、物流、零售等结合的行业,都有大量公司进入,行业大鳄、上市公司,还有新的创业公司,群雄逐鹿。

③一些设立时间不长的创业公司更值得重视,它们看起来不像"币圈"的那些角色出名,创始人拥有的财富也并不可观,但他们在技术创新性上一点也不含糊。

成立于2013年的比特大陆,起家于比特币挖矿运算设备,也就是我们俗称的矿机,一度在该领域做到龙头老大的位置。其目前将主攻方向调整到了人工智能芯片领域,第二代芯片已完成测试。

矿机之后,比特大陆的投资布局有了显著变化。发家于矿家的他们并没有将主战场放到ICO上,而是盯上了底层技术、资讯行情应用、支付工具和交易平台,包括B2B汽车交易的省心宝、数字资产安全储存的库神、儿童机器人萝卜科技、区块链媒体巴比特、区块链金融服务机构Circle、全网络安全节点监控服务商Path Network、公链"阿希链"和区块链技术Block.one等。

与比特大陆同年成立的Ripple,拿到了近1亿美元的投资,专注于采用区块链技术创建新的金融结算方案,目前的客户包括汇丰等银行。公开报道显示,它们的业务已渗透到了65个国家。

比Ripple晚一年成立的Blockstream,融资已有7600万美元,主攻侧链、闪电网络等业务,专注区块链核心技术的创新,着手于推动新基础架构的创建,进一步探索新的商业模式,力图为行业客户提供实用的问题解决方案,并且跟普华永道达成了合作。

DAH同样是一家新公司,利用区块链分布式账本技术优化金融机构资产清结算处理流程,客户名单里出现了澳大利亚证交所、美国财政部、瑞士金融局等机构。

市场上颇有争议的区块链项目里,公信宝算一个。它吸引外界目光的亮点在于他们声称自己做的区块链商用盈利了。他们主要是做数据交换业务,包含3条线。

①布洛克城,帮助用户在全平台采集自己的数据,通过分布式储存技术对数据加密保管,用户可以选择开放、授权和交易自己的数据。

②点对点数据交易平台,数据交易双方可以直接进行交易和交换。

③ GXChain,帮助再开发者便捷地开发应用,提供智能合约、平台流量、通用

数字身份等服务。

名气更大的趣链科技于2016年成立，主攻联盟链研发，为金融机构提供服务。它的官网是这样介绍的：核心技术是自主可控的国产区块链底层平台；为金融机构等提供区块链的解决方案；上线的应用场景包括数字票据、ABS、应收账款、电子存证、数据交易、股权、债券、供应链金融和物流管理等。

其客户名单里有中国工商银行、中国农业银行、中国银联、上海证券交易所、中国光大银行、兴业银行、浙商银行和德邦证券等。不过其2017年营收仅184.64万元，亏损了1521万元，估值却涨到了15亿元，相当于两年时间里估值涨了50倍，一时引发市场瞩目。

不过，从营收规模看，趣链的商用方案还没有得到规模化应用，需要继续努力。

在专利数量上仅次于趣链的云象，业务方向是企业级联盟区块链技术平台，已发布云象BaaS平台。这个平台能将金融机构、融资平台、经销商、供应商、物流及仓储整合起来，共建联盟链。参与各方都成为节点，共享账本，同时多点记账也提高了账本可靠性。目前合作客户中有一些金融机构，如给兴业银行搭建区块链防伪平台。

将BaaS服务视为区块链方向的公司不少，如海星区块链也是这样的公司，它们做了一个基于海星区块链的数字资产流通平台，提供适用于多场景下应用开发的区块链BaaS云服务。

智能合约也是热门方向，如信和云的一部分业务就是智能合约，另外还有众安的安链云，以及招银国际投资的秘猿科技等。

值得注意的是，在区块链技术专利领域，一场没有硝烟的战争早已悄然打响，国内外众多商业巨头和科技新秀已经开始着手进行布局。按专利申请量排名，排在前面的机构包括阿里巴巴、北京布比、北京瑞卓喜投、江苏通付盾、杭州复杂美、杭州云象、中国联通、电子科技大学、深圳前海达闼、杭州趣链、北京众享比特、北京天德、国网、北京汇通金财、腾讯、无锡井通、国家电网、中链、中钞信用卡、中国银行和中国银联等。

区块链专利主要集中在五大方向：数据存储、数据校验、身份认证、去中心化和共享系统。具体包含数字签名、身份认证、验证节点、数字资产、数字货币、支付请求、业务数据、数据校验、共识、去中心化、分布式、溯源、验证节点、无线自组网、交流电网、认证节点、属性加密、评价函数、运算节点、监控智能等。

必须承认的是，所有做区块链技术与场景落地、行业应用的公司都还在起步阶段，离规模化的盈利还有比较远的距离。

在它们的成长过程中还有可能遭遇几轮洗牌，有的会存活下来，并继续做大，有的则会消亡于竞争与洗牌中。

第二节　行业大鳄布局

行业大鳄争先布局，上市公司蜂拥入场，估计是区块链行业的鲜明特色。

百度、阿里巴巴、腾讯（BAT）等公司大概从 2015 年开始组建专门的区块链技术团队，2016 年后开始小规模展开技术应用，如蚂蚁金服将区块链应用在公益项目上，帮助追踪善款的使用情况。

据《中国经营报》消息，截至 2018 年 8 月 23 日，同花顺数据中显示的 A 股区块链概念股已达到 85 家，2018 年以来，已有 8 家上市公司披露了 14 条针对区块链的公告（公告标题），相关公告数量较 2017 年全年增长翻倍。

同样是来自同花顺的数据，截至 2018 年 7 月，超过 30 家上市公司因涉及"区块链"相关业务而收到交易所的问询函，显示出监管对资本、对区块链"蹭概念"势头的密切关注。

在数字货币爆红的时间，行业大鳄们并没有入场，这是一件很好的事情。互联网巨头们甚至刻意与 ICO 保持距离。阿里云曾公开强调，绝不会发行任何比特币之类的虚拟货币，也不会提供任何所谓的"挖矿平台"。

到 2018 年 8 月份为止，除了 BAT 外，网易、百度、阿里巴巴、腾讯、京东、苏宁等多家公司，都已上线区块链产品。

（1）网易

2018 年年初，网易推出了区块链宠物"招财猫"，官网上线后，其网站首页出现几个大字：区块链宠物猫，限量收藏，即将开启。除此之外，没有更多的信息。

之前，"币圈"已有类似的区块链宠物游戏，如迷恋猫（CryptoKitties）就是基于以太坊网络开发的游戏。游戏中可以用 ETH 交易宠物，一些外观奇特的猫咪可以拍卖出很高的价格，如创世小猫卖出了 11 万美元。

后来网易又推出区块链游戏"网易星球"。在游戏上浏览、交易与社交能获得黑钻奖励，每天产黑钻大约 27 万个，目前带有拍卖功能。随后，网易星球开通了拍卖功能，官方每小时推出一件商品，用户可以用黑钻对其进行竞价，价高者得，所有物品起拍价都是 0.01 个黑钻。参加网易星球拍卖的商品都来自网易严选、网易考拉等平台。虽然黑钻没有货币兑换功能，但是它至少与实物价值联系在一起。

同样是 2018 年，网易区块链资讯阅读 APP "易头条"上线，用户进行邀请新用户、连续登录、阅读、点赞、评论、分享等都能获取奖励，APP 上用的虚拟资产名叫"易刀"。

（2）百度

百度的行动还是比较早的，2015 年组建专业团队；2016 年投资了美国区块链技术公司 Circle；2017 年开始，百度力推区块链技术的落地，百度金融成为主战场。

下面是百度的具体行动：连续上线了区块链产品"度宇宙"、超级链、图腾等。其中度宇宙在 2018 年上线，是一个由元素、引力、星球构建的数字宇宙，用户可以通过多种行为获取度宇宙的通证"元素"，创造和扩建自己的星球。

同样是在 2018 年，百度图腾上线。百度图腾是一个区块链原创图片服务平台，采用自研区块链版权登记网络，配合可信时间戳、链戳双重认证，为每张原创图片生成版权 DNA，可真正实现原创作品的可溯源、可转载、可监控。

2017 年，百度区块链开放平台"BaaS"上线，用于帮助企业联盟构建属于自己的区块链网络平台。半年后，该平台成功应用于信贷、资产证券化、资产交易所等业务。

此外，百度还与佰仟租赁、华能信托等联合发行国内首单区块链技术支持的资产证券化融资（ABS）项目。

2017 年，百度金融加入了 Linux 基金会旗下超级账本（Hyperledger）开源项目，成为核心董事会成员。该项目的计划是共同制定并建立一个开放、跨产业、跨国界的区块链技术开源标准。它通过创建通用的分布式账本技术，协助组织扩展与建立行业专属应用程序、平台和硬件系统，从而支持成员各自的交易业务。目前该项目已有 160 名成员，包括埃森哲、空中客车公司（Airbus）、英特尔等。

百度金融于 2018 年 2 月推出一款区块链宠物狗"莱茨狗"，简单来讲，就是基于区块链技术养宠物，并进行宠物交易等操作。"微积分"是莱茨狗的官方交易货币。这种养成类游戏，在区块链应用方面相当多，如养狗的 CryptoDoge、养猫的网易招财猫、养鱼的 Ifish、买卖农田的 Cryptofarmer、养马的 PolyPony 等。

在 2018 年 6 月，百度发布区块链网络操作系统"超级链"，采用超级计算节点和监督节点相结合的方式，每个平行链可以决定自己的共识机制，这样满足不同开发者在不同领域的不同需求。而且它兼容比特币和以太坊的开发者生态、可插拔共识机制、单链10万并发及场景化落地的开放生态。

如今，百度已经展开区块链技术在无人车、物联网、人工智能等领域的研究应用工作。

（3）阿里巴巴

阿里巴巴体系里重点做区块链的是蚂蚁金服。区块链应用于食品安全溯源、商品正品保障、房屋租赁房源真实性保障，还有支付结算、物流跟踪等多个领域。

阿里巴巴从2016年就开始注册区块链项目相关的商标，截至2018年8月，通过商标局官网询查可发现，当前检索显示在阿里名下的"蚂蚁区块链"商标有19枚。知识产权产业媒体IPRdaily与incoPat创新指数研究中心联合发布的"2019上半年全球区块链企业发明专利排行榜（TOP100）"显示，阿里巴巴以322件专利位列第一。

2016年时，蚂蚁金服将区块链技术应用于支付宝爱心捐赠平台，后又延伸到互助保险。同年，阿里巴巴与微软、小蚁、法大大等合作开发"法链"，推出基于阿里云平台的邮箱存证产品，推动数字证据邮件。

此外，阿里巴巴还与普华永道合作，用区块链打造可追溯的跨境食品供应链；与江苏常州市合作推出基于医疗场景的"医联体+区块链"试点项目；升级全球原产地溯源计划，看齐63个国家与地区、3700个品类。

同样是在2016年，马云投资的恒生电子花费400万美元投资智能合约公司Symbiont。

（4）腾讯

腾讯将区块链落地到微黄金、供应链金融、电子存证和公益寻人等项目中，搭建了一个区块链的基础架构平台，叫区块链即服务（BaaS平台），供开发者使用。

早在2016年成立的金融区块链合作联盟中，就有腾讯重金加持的微众银行。随后，微众银行又与上海华瑞银行联手，开发基于联盟型区块链技术的银行间联合贷款清算平台。

腾讯于2017年上线的黄金红包，已经开始用区块链技术进行数字资产的并行记账。同年，腾讯云发布区块链金融级解决方案BaaS。

之后腾讯又与广东有贝、华夏银行合作，以腾讯区块链技术为底层打造的供应链金融服务平台"星贝云链"发布，华夏银行对此提供了百亿级别的授信。

除此之外，腾讯还与医院合作，实现电子处方不被篡改等技术尝试。

（5）京东

京东有一个专门的区块链服务平台，名叫"智臻链"，开始对部分企业开放，协助合作伙伴部署商品防伪追溯主节点，形成基于"智臻链"的商品防伪追溯主链。

据报道，京东区块链防伪溯源平台已接入超过 400 家品牌商，覆盖 1.2 万多款商品，上链超过 10 亿条商品追溯数据。

（6）苏宁

苏宁正式上线区块链产品"星际家园"，通过场景整合方式，搭建家园商业模式，实现数据、流量变现。居民拥有区块链身份，居民的信息用区块链技术加以存储，帮助居民挖掘数字资产，获得价值回报，积累代币，然后到苏宁的商场上去兑换商品，也就是将星际家园的用户分流到苏宁各个业务线，本质上还是积分营销。

苏宁在 2017 年成立了区块链研究实验室。2018 年年初，苏宁金融上线了区块链黑名单共享平台系统，采用的是超级账本 fabric 联盟链技术，将金融机构的黑名单数据加密存储在区块链上。金融机构独立部署节点后，即可接入联盟链，开展区块链黑名单数据上传和查询等业务，该系统 4 个月时间就积累了 151 万条信息。

2018 年 7 月，苏宁技术研究院、苏宁金融研究院联合苏宁云发布了《苏宁区块链白皮书》，探索区块链技术在数据共享、资产管理和供应链金融等领域的应用。

另外，苏宁已启用区块链商品溯源系统，对商品的生产、加工、运输、流通、零售等环节进行 DNA 式的标签跟踪记录，以节点形式整合产业链各环节共同参与。同时还在搭建区块链信用平台，借助联盟链解决信用问题。

上市公司进军区块链也并非全是概念，有很多落地成果出现。

根据算力智库与巴比特智库《2018"区块链+"上市公司研究报告》，从行业分布看，目前 A 股布局区块链的公司仍主要集中在银行、证券、保险等泛金融领域，非金融领域则以文娱、交易平台为主。其中，中国农业银行、海联金汇、恒生电子和众安在线等展开了较深入的区块链探索，已推出落地产品，如智能催收、场外市场供应链金融产品、理赔优化和保单存证解决方案、跨境支付和保理、积分体系建设等场景。

另据《证券日报》消息，2018 年上半年，至少有 39 家上市公司披露了公司区块链技术应用进展。其中，中国平安旗下金融壹账通的区块链技术强调场景应用，目前金融相关场景有支付、清结算、保险、资产交易、贷款、供应链金融等，已在全国企业端部署有超过 37 000 个节点。

此外，南京银行的首单区块链代开证业务落地；华夏银行与雄安集团合作创新

"区块链＋供应链"业务模式；爱康科技布局能源区块链，全资子公司上海慧喆提供能源互联网领域区块链基础设施、行业解决方案；特锐德电气攻克了包括无人驾驶的人工智能充电弓和无线充电技术、乘用车无人充电机械手、基于区块链计量计费和分布式交易结算技术等17项支撑电动车充电网的关键技术。

第三节 人群构成

根据某猎头公司的统计，2018年上半年大约有30万人涌入区块链领域。如果算上那些创业者，可能人数更多。

区块链领域如同一场人人都有机会参与的财富盛宴，大家都担心缺席。

闯进区块链战场的人，有为名利来的赌徒，也有为理想来的信徒，还有那些力图凭借新技术改进商业运行规则的创造者。但实际上很多人都未做好准备，只是仓促进场。有调研认为，目前区块链行业里人才供需比仅仅0.15，可见人才缺口何等严重。

据《人民日报（海外版）》的发文，2018年年初到5月中旬，在领英上，大约有4500个标题为"区块链"的职位空缺，这比2017年全年的总数增长了151%。

在接受《人民日报（海外版）》采访时，电子科技大学网络空间安全研究中心办公室主任李长春认为：现在国内区块链整个行业人才缺口在50万人以上，原因是很多高校没有设置区块链专业，或者没有针对区块链行业进行人才培养的计划及操作。

BOSS直聘发布的《2018旺季人才趋势报告》中对此做了更详细的统计分析，仅2018年前两个月，区块链相关人才的招聘需求已经达到2017年同期的9.7倍。产生这种现象的原因主要有两方面。

一方面是人才需求的爆发推高了从业者的薪酬预期。有些从业者仅仅有一两年的区块链相关工作经验，就敢要价几十万元。

BOSS直聘的报告显示，区块链相关职位的平均工资达到了2.58万元/月，仅有4.4%的区块链人才平均月薪低于万元。

另一方面，精英人才供应却跟不上。大多数区块链工作岗位对从业者都有严格的要求，如应聘者需要同时拥有扎实技术基础、区块链（去中心化）思维方式和实际应用经验等。区块链的技术人才已经晋级为市场上最抢手的资源。招聘岗位的需求很鲜明地反映了这一点，7成以上在招的区块链工作岗位都要求是技术类人才，其他是产品类、运营类等。有报道透露，区块链的技术总监、运营总监、产品总监等中高层岗位，部分大公司开出的年薪已在40万～150万元。

受制于一流人才的缺乏，行业里正在上演激烈的人才争夺战。百度、腾讯、阿里巴巴、小米、京东等在布局区块链，大量上市公司也杀向区块链行业，寻找合适的人才。头部公司给区块链工程师开出的收入大概是月薪三四万元。美的集团也在招区块链高级开发工程师，月薪为2万～3.5万元。有美容公司也在招区块链开发经理，负责组建并管理区块链应用开发团队，月薪最高达4万元。

为了挖到巨头公司的区块链人才，很多创业公司都给予其期权，一些公司甚至给猎头发Token。这些因素导致整个区块链人才市场处于高度流动状态。各家区块链公司，无论大小，都可能面临人才被挖走的风险。

不过，要成为区块链的技术精英难度也不小，不仅要懂一些计算机技术与编程语言，还要对经济学和博弈论有深刻的理解。

有分析认为，作为一种去中心化的分布式账本数据库，区块链的核心是技术。世界经济论坛创始人兼执行主席施瓦布教授有一个观点，认为区块链将是第四次工业革命的关键技术。

值得注意的是，区块链的灵魂却是共识机制，它能否落地，能否激活所有人的潜能，共识机制发挥着关键作用。

在这样的人才需求大环境下，哪些类型的人才正在进入区块链领域呢？

有两支大军最引人瞩目，一支是技术线的玩家，他们之中既有普通的程序员，也有技术大咖。另一支则是金融圈的精英，他们是较早嗅探到区块链利益和价值的人。

还有一些野战军，可能是某些专家，也可能是起于草莽的创业者。不可忽略的是还有一部分人，他们冲着巨大的财富效应而来，一头扎进虚拟货币市场，甚至拿出工资来炒币。

那么，数字货币的从业者规模、人群构成等表现如何呢？投资虚拟货币的人数有多少，又是哪些人在投资呢？

据数据平台DASLink发布的《2018年上半年最新数字货币行业数据报告》对将近2000个数字货币项目的监测显示，超过65%的数字货币都是在2017年之后出现的。数字货币数量的高速增长意味着从业者人数的快速增加。

区块链公司的增加也正说明了区块链从业者规模的扩大。据工业和信息化部发布的《2018中国区块链产业白皮书》，截至2018年3月底，我国以区块链业务为主营业务的区块链公司数量已经达到了456家，这意味着大量创业者已涌入这个领域。

中国人民大学国际货币所研究员李虹含表示，以数据为核心的金融业、互联网的版权保护及各种资产证券化的行业都会被区块链颠覆。区块链是天生适合于融资的。目前中国的炒币人数仍然超过300万，世界炒币人数超过1500万，大量虚拟货币交易所仍然在海外开展区块链融资项目。

目前还没有一个比较权威的第三方机构能够拿出一份数字货币投资与从业群体的分析，大多数都是一些行业里的从业者或者研究人员自己的观点，比如火币研究院的袁煜明认为，目前区块链用户中，40%的人在24~34岁之间，55%在35岁以下。从性别来分，17%是女性，剩下的都是男性。

哲基杰讯咨询公司（Citigate Dewe Rogerson）2018年2月在伦敦做过一项调研，涉及样本数1042人，其中14%的受访者表示曾经购买过数字货币，且其中10%（104人）依然持有数字货币。另外还有20%的受访者表示，他们正在考虑未来买入数字货币。这意味着大约有1/3的受访者对数字货币有兴趣。

调查还显示，20%的受访者预计数字货币的价格在接下来的三年里会大幅下挫，32%的受访者认为在当年价格就会下挫。

对于区块链技术，调查显示，77%的受访者认为区块链技术的应用将会更广泛。并且，2/3的人认为大公司在未来三年将会扩张在区块链技术上的业务。

就日趋严谨的监管来说，73%的受访者表示希望看到监管政策的收紧，同时有44%的人认为监管政策的出台会促使更多的人投资数字货币。

DASLink有一个调研结果是，比特币社区参与者的年龄集中在25~44岁，占比超过了65%。女性参与者接近20%的比重。

凯捷咨询公司（Capgemini）发布的《世界财富报告》称，全球有29%的高净值人群愿意将资金投入到数字货币中。

《世界财富报告》显示，南美和亚洲百万富翁中，投资虚拟货币领域的比例分别为59.7%和51.6%，而欧洲和北美富翁中，涉足这一投资领域的却只有25%。

《爱尔兰时报》的一项新研究表明，到2018年，爱尔兰约有12万人拥有至少一种加密货币，在过去四年增长了3倍。

第四节　警惕陷阱

一片欢声中，问题逐渐暴露。

长期以来，以太坊一直保持技术上的巨大优势。之前很多公司都是依托以太坊开发应用，如前两年的 ICO 多数是依靠以太坊；还有很多大型机构如银行，开发区块链落地应用也是靠以太坊。但后来发现以太坊的可扩展性比较差，因此逐渐放弃使用。

以苏格兰皇家银行 RBS 为例，最早是基于以太坊公链搭建，随后先后尝试了瑞波（Ripple）、超级账本，最终选择了 R3 Corda 网络，并基于 Corda 开发了新的上层应用 Cordite。

前期，大量公司在以太坊区块链构建项目，并通过 ICO 方式出售数字货币，换取以太坊。在大量购买以太坊并参与 ICO 发行的投资者们的推动下，以太币的价格水涨船高。

现在情况变了，一些公司看到以太坊的弊端后开始放弃采用以太坊，但以太坊与众多 ICO 项目紧密关联，加之资本市场处于熊市，迫使许多通过 ICO 募集以太坊的项目方抛售套现，导致以太币的价格大跌。

有一些项目前期包装得非常好，上线就破发，实际上是明显的圈钱行为。币圈媒体"区块律动"在 2018 年 8 月曾指出，2018 年上半年，在国内主流交易所上市的 ICO 项目破发率超过 95%，部分项目的代币价格跌幅甚至超过 99%，近百个区块链项目沦为"空气币"。如"超级明星 MXCC"，总发行量 3 亿，声称要上线火币、币安、聚币等平台，但上线的时候几十万卖单 0.4 元砸盘，开盘价仅 0.2 元，私募成本却是 2.4 元，参加前期私募的投资人一片哀号。

还有一个太空链项目，白皮书里描述得非常宏大，声称致力于利用航天技术与太空资源优势，将区块链分布式核心理念扩展至太空领域，设想把卫星作为区块链运算节点，在卫星上直接完成数据处理，并用量子通信等加密方法实现安全的太空数据存储。该项目于 2018 年 1 月开始进行 ICO，1 月 10 日向私募投资人发行代币 SPC，当天完成私募。据链得得财经报道，太空链在私募过程中获得了大概 15.6 万个以太币，当时算下来差不多接近 10 亿元人民币。但该项目登陆一些中小型交易所后，SPC 的币值不断走低，从 2 元多一直探底几毛钱，一些参与宣传及交流的微信群被解散。持币者怀疑，太空链的负责人并没有将募集到的资金用于太空链开发，而是参与了其他代币的私募。之后多名投资人开始维权。

这种陷阱的套路就是，一个经不起推敲的项目，制造一个漂亮的项目名称，然后利用白皮书进行虚假宣传、夸大宣传，"币圈名人"站台，堆砌新颖概念拉抬身价，同时招揽各种代投，吸引散户私募，放出要在众多交易所上线的利好。种种方式都在刺激着普通投资人的神经，也确实吸引了一拨资金跟投，但结果却是，在小交易所上线后，发起者迅速将手里的币砸盘套现，有些直接失联跑路，人都找不到，维权都找不到对象。

即使有些项目募集到了大量资金，但绝大部分 ICO 项目距离兑现承诺还有非常远的距离，其中多数还存在安全问题或是诈骗风险。

更严重的是，很多做传销的公司打着区块链的旗号上线虚拟货币，承诺高额回报，无疑挖了一个更大的陷阱，很多人投资后可能血本无归。

2018 年年初，腾讯安全反诈骗实验室负责人李旭阳称，利用区块链概念搞传销的平台已超过 3000 家。

早在 2015 年就出现过"百川币"传销骗局。福建百川币网络科技公司的周运煌，只用了不到一年时间，便建立起"百川币"多级金字塔形传销活动王国，范围涉及 24 个省区市 90 余万会员，会员层级多达 253 层，涉案金额 21 亿元。

2018 年 4 月，西安警方破获一起打着"区块链"口号的特大网络传销案。据警方在案情通报会上的披露，该案涉及全国 31 个省、市、自治区，涉案资金高达 8600 余万元。该传销团伙打着"区块链"旗号，于 2018 年 3 月 28 日起以聚集性传销、网络传销为手段，以每枚 3 元的价格在"消费时代"（DBTC）网络平台销售虚拟的"大唐币"，并自行操纵币价升值幅度。同时，该团伙还在国内外众多城市召开推介会，吸纳会员，根据会员发展下线情况，设置 28 级分管代理。截止到 2018 年 4 月 15 日，该团伙共发展注册会员 13 000 余人。

2018 年 5 月 15 日，深圳市公安局对外公布，当地警方侦破一起超过 3 亿元的集资诈骗案，抓获犯罪嫌疑人 6 名。这起非法集资打出的口号是"区块链+普洱"。据警方通报，受害者超 3000 人，涉案金额约 3.07 亿元，最高单个损失超过 300 万元。投资者们花大钱买到"普银币"，原指望一夜暴富，其实买了一堆空气。

他们是怎么做的呢？首先，他们声称不发虚拟币，而是发"普银币"，跟实际资产挂钩。普洱茶就是挂钩对象，1 元普银币 = 价值 1 元人民币的普洱茶，投资人可以随时拿币找普银公司换普洱茶。第一批普银币成功卖出手后，庄家操盘，拉高普银币的价格，从 1 元涨到 10 元左右，试图吸引更多投资人接盘。涨到 10 元后，普银公司对普银币做了一次物理拆分，宣布投资人持有的普银币会扩大 10 倍，意思是说原来的一枚普银币自动变为 10 枚，而普银公司会再投资 10 倍的普洱茶作为补充。这一做法，果然吸引了大量的会员。

同时，普银公司还发布茶票。茶票是一款物权凭证，实体资产是茶叶，公司承诺一定期限后回购，并且承诺了极高的回报率。在北京东方雍和国际版权交易中心的"上市茶票"，曾连续 14 个交易日涨停板。但这一切都是有人在幕后做庄，先拉高价格，制造假象，吸引更多人进入。

当大量投资人进来后，就是"割韭菜"的时候了。庄家恶意操作价格走势，不断套现，结果是，到了一定程度，抛售越来越多，投资人手中的普银币与茶票变得毫无价值。而刚开始承诺的回购茶叶与普洱等，也是无迹可寻。

2018 年 9 月 3 日晚间，曹艳妮发布微博长文《关于美团外卖设计组孙小雅在公司内部组织网络传销诈骗的重大材料》。该举报称，美团外卖设计组孙小雅利用上班时间向同事介绍 KCI 币，实施传销诈骗。

资料中 KCI 币所属的这家公司创建了两个系统，一个是 KCI 区块链系统，另一个是智能合约系统。其中，智能合约主要是吸引会员量，到达一定会员量后区块链系统会进行消化泡沫；区块链系统中的 K 币日后可用于购物、变现，就跟比特币一样，用于上交易所，可涨可跌。

这家公司刚开始声称要建一条文化链，并于 2018 年 3 月发行 KCI 币 1.8 亿枚。不过后来该项目却成了带有传销性质的项目，只不过拿着区块链给自己做了包装。它的玩法是：上家发 KCI 币——上家承诺半个月后以高价回收 KCI 币——下线买 KCI 币——上线抽取佣金——上家跑路——KCI 币成废纸。

代投骗局则是另一个大坑，其中卷钱跑路的代投也确实存在。这是一个随着数字货币火爆而诞生的新型职业，在 ICO 被禁后悄然流行，成为普通投资者和国内外灰色 ICO 项目的隐秘桥梁。

一位名叫李诗琴的女性代投，被指控卷走了 18 662 个以太坊和近 2000 个小蚁币，当时市价约为 9000 万元。

还有一个名为六点公会的代投骗局曾经成为圈内热点。据钛媒体报道，六点公会跑路后，约 40 人损失了 309 个以太坊，合计人民币约 300 万元。这个代投机构刚开始的时候表现得非常正规，但吸引了一定量的代投之后，与其相关的所有的群都被删除，连官网也无法访问。

据《经济参周报》调查发现，从 2017 年到 2018 年 8 月，以"区块链""虚拟货币"为关键词的相关诉讼纠纷已经接近 600 起。

继 2017 年 9 月出炉《关于防范代币发行融资风险的公告》后，2018 年 8 月 24 日，银保监会、中央网信办、公安部、中国人民银行、市场监管总局再次联合发布《关于防范以"虚拟货币""区块链"名义进行非法集资的风险提示》，文中称，一些不法分子打着"金融创新""区块链"的旗号，通过发行所谓的"虚拟货币""虚拟资产""数字资产"等方式吸收资金，侵害公众合法权益。此类活动并非真正基于区块链技术，而是炒作区块链概念行非法集资、传销、诈骗之实。

第九章 区块链商业政策解读

区块链自 2016 年开始逐步受到政府部门的重视，有关部门一方面展开 ICO 与虚拟货币项目的监管，另一方面制定政策推动国内区块链的研究、标准制定与产业化发展。

据不完全统计，截至 2018 年 3 月底，国内有北京、上海、广州、重庆、成都、深圳、江苏、浙江、贵州、山东、贵州、江西、广西等多地发布政策指导信息，开展对区块链的产业链布局。

第一节 ICO 与虚拟货币监管政策

在 ICO 与虚拟货币监管方面，全国性的政策主要包含以下几项。

2017 年 8 月 30 日，中国互联网金融协会发布《关于防范各类以 ICO 名义吸收投资相关风险的提示》，其中指出，国内外部分机构采用各类误导性宣传手段，以 ICO 名义从事融资活动，相关金融活动未取得任何许可，其中涉嫌诈骗、非法证券、非法集资等行为。

2017 年 9 月 2 日，互联网金融风险专项整治工作领导小组办公室向各省市金融办（局）发布了《关于对代币发行融资开展清理整顿工作的通知》，要求如下。

①要求各省市金融办（局）对辖内平台高管人员进行约谈和监控（账户监控），必要时冻结资金资产，防止平台卷款跑路。

②全面停止新发生代币发行融资活动，建立代币发行融资的活动监测机制，防止死灰复燃。

③对已完成的 ICO 项目要进行逐案研判，针对大众发行的要清退，打击违法违规行为。

④针对已发项目清理整顿的内容，要求各地互金整治办对已发项目逐案研判，对违法违规行为进行查处。

2017 年 9 月 4 日，中国人民银行、中央网信办、工业和信息化部、工商总局、银监会、证监会、保监会等七部委联合发布《关于防范代币发行融资风险的公告》，公告的内容主要涉及以下几个方面。

①代币发行融资是指融资主体通过代币的违规发售、流通，向投资者筹集比特币、以太币等所谓"虚拟货币"，本质上是一种未经批准的非法公开融资的行为，涉嫌非法发售代币票券、非法发行证券以及非法集资、金融诈骗、传销等违法犯罪活动。

②代币发行融资中使用的代币或"虚拟货币"不由货币当局发行，不具有法偿性与强制性等货币属性，不具有与货币等同的法律地位，不能也不应作为货币在市场上流通使用。

③各类代币发行融资活动应当立即停止，已完成代币发行融资的组织和个人应当做出清退等安排，合理保护投资者权益，妥善处置风险。有关部门将依法严肃查处拒不停止的代币发行融资活动及已完成的代币发行融资项目中的违法违规行为。

2018 年 1 月，《北京青年报》消息显示，中国人民银行营业管理部下发《关于开展为非法虚拟货币交易提供支付服务自查整改工作的通知》，要求辖内各法人支付机构自文件发布之日起在本单位及分支机构开展自查整改工作，严禁为虚拟货币交易提供服务，并采取有效措施防止支付通道用于虚拟货币交易。

同样是 2018 年 1 月，中国互联网金融协会发布《关于防范变相 ICO 活动的风险提示》，其中提到，随着各地 ICO 项目逐步完成清退，以发行迅雷"链克"（原名"玩客币"）为代表，一种名为"以矿机为核心发行虚拟数字资产"（IMO）的模式值得警惕，存在风险隐患。

第二节　区块链技术落地推动政策

虚拟货币与 ICO 作为区块链技术的一种应用，虽然遭遇政策严管，但在区块链的底层技术研究、行业落地与场景应用方面，从中央到地方的政策，都表现出了最大限度的支持。

早在 2016 年 10 月，工业和信息化部发布《中国区块链技术和应用发展白皮书(2016)》，总结了国内外区块链发展现状和典型应用场景，介绍了国区块链技术发展路线图及未来区块链技术标准化方向和进程。

其中的核心内容大概如下。

①国内外区块链发展现状的研究分析，包括英国、美国、俄罗斯等。研究区块链技术和应用发展的演进路径，提出区块链的发展生态结构，盘点了 7 类典型参与者，包括开源社区、产业联盟、骨干企业、初创公司、投资机构、金融机构和监管机构的区块链实践进程。其中分析了区块链与云计算、大数据、物联网、下一代网络、加密技术和人工智能 6 大类新一代信息技术之间的关系。

②区块链典型应用场景及典型应用分析。通过分析全球 200 多个应用案例，提出区块链的典型应用场景，列举了 6 个应用相对成熟、应用前景广阔或具有潜在应用价值的应用场景，并对区块链的应用价值进行了展望。

③提出我国区块链技术发展路线图的建议。通过对区块链技术发展现状的分析，提出由 7 个主要技术特征构成的区块链通用技术需求和典型的区块链技术架构，分析了共识机制、数据存储、网络协议、加密算法、隐私保护和智能合约 6 类核心关键技术，以及区块链治理和安全问题。

④首次提出我国区块链标准化路线图。结合区块链应用场景和技术架构，提出区块链标准体系框架建议。通过分析国际标准化发展趋势，以及区块链技术和应用发展需求，提出了基础、业务和应用、过程和方法、可信和互操作、信息安全 5 类标准，并初步明确了 21 个标准化重点方向和未来一段时间内的标准化方案。

⑤基于对全球区块链发展趋势的研判，以及我国区块链技术和应用发展的现状和趋势，在政策扶持、技术攻关和平台建设、应用示范等方面提出了相关建议。

更高层次的举措是，2016 年 12 月，"区块链"首次被作为战略性前沿技术写入《国务院关于印发"十三五"国家信息化规划的通知》。在该规划的发展态势中，将区块链与物联网、云计算、大数据、人工智能、机器深度学习、生物基因工程等并列。同时在重大任务和重点工程里，再次提及区块链，将其与量子通信、人工智能、虚拟现实、大数据认知分析、无人驾驶交通工具等技术一起作为重点前沿技术，要求加强基础研发和前沿布局。

同样是在 2016 年 1 月，中国人民银行召开数字货币研讨会，首次表明发行数字货币这一战略目标，并表示在当年 7 月启动数字货币专项课题、11 月公开发布专业人员招募信息等系列措施。这些措施的采取是中国人民银行持续推进数字货币落地之后的又一重大突破。

中国人民银行副行长范一飞曾撰文表示，中国法定数字货币的运行框架倾向于"中央银行—商业银行"二元模式，即中央银行负责数字货币的发行与验证监测，商业银行从中央银行申请到数字货币后，直接面向社会，负责提供数字货币流通服务与应用生态体系构建服务。

紧接着，工业和信息化部于2017年1月发布《软件和信息技术服务业发展规划(2016—2020年)》，其中多处提到区块链的规划，包括区块链等领域创新达到国际先进水平；加快无人驾驶、虚拟现实、3D打印、区块链、人机物融合计算等领域技术研究和创新；提升容器、区块链、开发运营一体化等方面的关键技术服务能力等。

同年还有两个跟区块链紧密关联的政策计划，一个是2017年8月，国务院发布《关于进一步扩大和升级信息消费持续释放内需潜力的指导意见》，提出鼓励利用开源代码开发个性化软件，开展基于区块链、人工智能等新技术的试点应用，并将责任分给了工业和信息化部、国家发改委、科技部等主管部门。

另一个是2017年10月，国务院发布《关于积极推进供应链创新与应用的指导意见》，提出要研究利用区块链、人工智能等新兴技术，建立基于供应链的信用评价机制。

2018年后，政策推进工作并没有停步，3月工业和信息化部发布《2018年信息化和软件服务业标准化工作要点》，提出推动组建全国信息化和工业化融合管理标准化技术委员会、全国区块链和分布式记账技术标准化委员会。同时，工业和信息化部就筹建工作开展专题研究，旨在尽快推动形成完备的区块链标准体系，做好ISO/TC 307技术对口工作。

在国际上，国际标准化组织（ISO）、国际电信联盟（ITU）、万维网联盟（W3C）等国际标准化机构纷纷启动区块链标准化工作。ISO成立了专注于区块链领域的技术委员会TC 307（区块链与分布式记账技术委员会），开展基础、身份认证、智能合约等重点方向的标准化工作。

我国以参与国（P成员）的身份参加相关标准化活动，取得了积极进展。为尽快形成完备的区块链标准体系，做好ISO/TC 307技术对口工作，工业和信息化部指导中国电子技术标准化研究院提出全国区块链和分布式记账技术标准化技术委员会组建方案。

2018年5月，工业和信息化部发布《2018中国区块链产业白皮书》，深入分析了我国区块链技术产业发展现状，总结了我国区块链产业的发展特点，深入阐述了区块链在金融领域和实体经济的应用落地情况，并对产业发展趋势进行了展望。其中总结了中国区块链产业的 6 大特点与 6 大趋势。

中国区块链产业发展的 6 大特点如下。

①我国区块链产业生态初步形成,方兴未艾。

②地域分布相对集中,产业集聚效应明显。

③区块链应用呈现多元化,从金融延伸到实体领域。

④实现"协作环节信息化",助力实体经济降成本提效率。

⑤技术滥用导致产业发展存在一定的风险,不可忽视。

⑥产业政策体系逐步构建,产业发展环境持续优化。

中国区块链产业发展的 6 大趋势如下。

①区块链成为全球技术发展的前沿阵地,开辟国际竞争新赛道。

②区块链领域成为创新创业的新热土,技术融合将拓展应用新空间。

③区块链未来三年将在实体经济中广泛落地,成为数字中国建设的重要支撑。

④区块链打造新型平台经济,开启共享经济新时代。

⑤区块链加速"可信数字化"进程,带动金融"脱虚向实"服务实体经济。

⑥区块链监管和标准体系将进一步完善,产业发展基础继续夯实。

2019 年 1 月 10 日,《区块链信息服务管理规定》经国家互联网信息办公室室务会议审议通过,其中包括了 24 条管理规定,2019 年 2 月 15 日正式生效施行。

除了国务院、工业和信息化部发布的全国性政策,北京、深圳、成都、杭州等多个省市都制定有地区政策。

(1)北京

2016 年 8 月,北京市地方金融监督管理局发布了《北京市金融工作局 2016 年度绩效任务》,推动中关村区块链联盟设立;同年 12 月北京发改委发布《北京市"十三五"时期金融业发展规划》的通知,将区块链归为互联网金融的一项技术,鼓励其发展。

2017 年 4 月,中关村科技园区管理委员会发布对区块链企业予以资金支持的政策——《中关村国家自主创新示范区促进科技金融深度融合创新发展支持资金管理办法》。同年 12 月,在《关于构建首都绿色金融体系的实施办法》中再次提到区块链,发展基于区块链的绿色金融信息基础设施,提高绿色金融项目安全保障水平。

(2)深圳

2016 年 11 月,深圳市地方金融监督管理局发布《深圳市金融业发展"十三五"规划》,规划提到支持金融机构加强对区块链、数字货币等新兴技术的研究探索。

2017年8月，深圳市经济贸易和信息化委员会发布《市经贸信息委关于组织实施深圳市战略性新兴产业新一代信息技术信息安全专项2018年第二批扶持计划的通知》，其中提到区块链属于扶持领域之一，按投资计算，单个项目资助金额不超过200万元，资助金额不超过项目总投资的30%。

2017年9月，深圳市人民政府下发《深圳市人民政府关于印发扶持金融业发展若干措施的通知》，奖励在区块链、数字货币、金融大数据运用等领域有一定影响力的优秀项目。

（3）成都

2017年6月，中国西南区区块链创新发展联盟在成都成立。联盟在成都高新区的指导下，将建立区块链创新发展服务基地，为区块链企业提供创业孵化、业务对接、公司投融资等一条龙服务。

2017年7月，成都高新区出台的《成都高新区关于发展新经济培育新动能的若干政策》提出对开展区块链、移动支付、智能投顾等业务的金融科技企业，按照研发费用的10%给予最高500万元补贴。同年8月，成都金融局、财政局发布"财政金融19条"，鼓励发展金融科技产业，支持大数据、云计算、人工智能、区块链等新技术与金融领域的深度合作。

（4）杭州

2016年12月，浙江省人民政府发布《浙江省人民政府办公厅关于推进钱塘江金融港湾建设的若干意见》，提出加强建设金融机构、云计算、区块链、人工智能等高科技企业。

2017年5月，杭州西湖区政府发布《关于打造西溪谷区17年4月发布对区块链企业予以块链产业园的政策意见》中提出推进西湖区区块链产业发展，鼓励区块链创新和企业入驻，并提出政策扶持。

同年6月，杭州市人民政府发布的《杭州市人民政府关于加快推进钱塘江金融港湾建设的实施意见》中提到，支持金融机构探索区块链等新型技术，开发基于产业链、供应链、区块链等技术的融资产品。

同年11月，浙江省经济和信息化委员会发布的《浙江省人民政府办公厅关于进一步加快软件和信息服务业发展的实施意见》中提出，加快云计算、大数据、量子通信、区块链等前言领域的技术研究和产品创新。

（5）南京

2017年2月，南京市政府办公厅发布《"十三五"智慧南京发展规划》，提出加快人工智能、生物识别、区块链等新技术的突破和应用。同年3月，发布《南京市"十三五"金融业发展规划》，提出以大数据、云计算、人工智能和区块链技术为核心，推进金融科技在征信、授信、风险控制、支付以及资产交易清算等领域的广泛应用。

同年4月，南京市政府办公厅转发市经信委《南京市加快推进制造业与互联网融合发展实施方案》，提出重点发展深度学习、认知计算、区块链、虚拟现实等前沿技术。

（6）上海

2017年3月，上海市宝山区政府办转发宝山区发展和改革委员会发布的《2017年宝山区金融服务工作要点》，其中提到建设庙行区块链孵化基地和淞南上海互联网金融评价中心。

同年4月，上海市互联网金融行业协会发布《互联网金融从业机构区块链技术应用自律规则》，包含系统风险防范、监管等12条内容。

（7）重庆

2017年11月，重庆市经信委发布《关于加快区块链产业培育及创新应用的意见》，提出打造2~5个区块链产业基地，引进和培育区块链国内细分领域龙头企业10家以上、有核心技术或成长型的区块链企业50家以上，初步形成国内重要的区块链产业高地和创新应用基地。

（8）广州

2017年12月，广州出台第一部关于区块链产业的政府扶植政策《广州市黄埔区 广州开发区促进区块链产业发展办法》，政策共10条，涵盖成长奖励、平台奖励、应用奖励、技术奖励、金融支持和活动补贴等7个方面。预计每年增加2亿元左右的财政投入。

（9）长沙

2018年6月，长沙经济技术开发区管理委员会发布《长沙经开区关于支持区块链产业发展的政策（试行）》，规定区块链企业自落户之日起，3年内给予最高200万元的扶持资金。为入驻区块链企业提供不超过300平方米的办公场地，免租3年。

对牵头制定区块链技术及场景应用相关标准的企业，按国际标准、国家标准、行业标准分别给予500万元、300万元、100万元的奖励；对入驻企业按年度营业收入首次突破1000万元、2000万元、5000万元、1亿元的，分别给予20万元、50万元、100万元、200万元的奖励。

2019年年初,地方两会期间,更多的地方政府在报告中提到要发展区块链,也有多名两会代表提议发展区块链,包括福建省、云南省、山东省及重庆市等都在政府工作报告中涉及区块链。至少有四个省级政府将其列入工作报告。

据互链脉搏统计,在15个地方两会中,有16位代表提案发展区块链。这些提案根据内容大致分为三类:针对区块链的专项提案、针对区块链在某个领域应用的提案及发展其他产业提及区块链的提案。其中应用扶持类的提案最多,有8起,占比50%;应用扶持及提及的提案共4起,占比25%。

第十章　区块链的行业应用攻略与案例详解

比特币并不能代表区块链，它只是冲出时代大门的一支猛犬。当你还在盘算应该买什么币，区块链到底有没有用等问题时，一个又一个的真实项目已经陆续落地了。

区块链这项技术有可能改变很多行业，包括银行业、医疗保健业、教育业、旅游业、零售业、食品业等。具体表现在，一方面，大量公司被吸引从而进入区块链行业，基于自身的优势推出相应的成果；另一方面，大量投资公司将区块链纳入重点关注领域，投资金额快速增长。

据投中信息数据终端CVSource数据显示，截至2017年年末，中国市场在营的区块链企业已超过320家，且数量从2012—2017年连续6年保持增长。同时，在这些企业当中，截至2017年年末，中国共有168家区块链企业获得融资，总额高达13.58亿元。

进入2018年以后，随着区块链技术应用场景的落地和商业模式的不断清晰，融资出现了更快的增长。据投中研究院不完全统计，截至2018年4月，本年度区块链领域共发生融资事件106件，涉及金额超过63.06亿元。①

他们或是来自传统行业，如快消品、零售、物流、金融等，或是来自科技巨头。他们准备在下一个风口到来之前，通过新技术平台、基础设施与解决方案级别的服务，提前部署，抢先抓住机遇。

即使一些行政单位，也不声不响中也开始用上了区块链技术。他们通过使用区块链技术来提升办事效率，增强民众的获得感，如在税务、公益、社区事务等领域，都出现了相关的尝试。

---

① 段倩倩，宁佳彦. 区块链：冒险者的游戏 [EB/OL]. [2018-06-27].https://www.yicai.com/news/5435053.html

第一节　区块链 + 旅游

通常，在旅行中，人们可能会面临一大堆不方便的事情，如排长长的队、一个又一个的安检、提前准备身份证件等，还有可能因为景区人满为患、超出最大承载量而无奈选择退票。

即使在制订旅行计划时也会面临着无止境的问题，甚至不断被要求提供个人信息和信用卡信息。其次，还有可能会存在欺诈问题，这是很关键的。

而区块链可以很好地解决这些问题。以下是区块链在旅游业中的应用案例。

1. 身份管理

以国际刑警组织被偷和丢失旅行证件数据库（SLTD）为例，该数据库中已经有来自 167 个国家的超过 4000 万份报失旅行证件记录，每年搜索次数超过 8 亿次。[①] 在旅游，尤其是跨国旅行时，人们必须带有多种证件，非常麻烦，且容易丢失。

假如不需要带着纸质证件也能在全球旅行，那么这种丢失现象自然会降低许多。通过生物识别和区块链技术，身份和旅行文件可以在行业链上被记录，并永久存储，相关人员只需在授权的情况下简单点击一下即可访问验证。人们不用再为旅行中的多个环节而准备多份文件。政府机构在处理游客问题时也更加方便。

另外，储存在区块链网络的身份资料是不可伪造或篡改的，每个人都能利用这项技术证明自己的身份。

目前的状况是，全球有多个认证身份的验证系统，但是他们之间是相互隔离的，不是交互的。区块链网络的分散性身份数据则能解决这个问题。

当然，要实现身份信息的整合与通用，难度是非常大的。首先需要制订一套可操作的规则，让普通人也能轻松安全地使用；其次要说服各个国家与服务商、用户信任区块链上的 ID。

Ping Identity 是一家专注于身份管理的公司，在 2014 年曾完成过 3500 万美元

---

① 秦伟，朱丽娜. 被偷和丢失旅行证件数据库为何难见成效？[N]. 21 世纪经济报道，2014-03-11.

的融资，2016 年被 Vista Equity Partners 收购。它的主要业务就是帮助企业的员工、合作伙伴和客户做身份认证和接见授权。过半数的财富 100 强公司都运用了 Ping Identity 的技术。

Ping Identity 首席执行官 Andre Durand 曾在 2017 年提到，未来五年内，基于区块链的身份管理不可能完全替代现有系统，但是可能在身份管理中有一定作用。

2. 智能合约

在旅游业内，智能合约也有用武之地。

区块链可以用来佐证企业之间的合同，签订的条款记录在案，双方不能改变。例如，旅客和旅行社将在一个区块里记录所有交易；游客积分存储在区块中；航空公司、酒店和中介公司之间的协议，也将非常清晰地标明谁该得到费用、什么时候拿到费用。

建立在以太坊平台上的 Cool Cousin 在做一件事情，就是将游客与当地人联系起来，当地人可以成为游客的玩伴，提供景点、美食等旅游指南。

它采用的是众包模式，鼓励每个用户分享信息与相互交流。在平台上分享的用户就是所在城市的一个"Cousin"，每一个用户都可以作为一个 Cousin 在平台上分享自己熟悉的城市地点信息，最后形成一张推荐地图。旅游者可以选择某一个 Cousin，请他们做关于当地旅游的指南，并且访问 Cousin 的推荐地图，从而实现旅游者与本地人 Cousin 们的无中介交流。

Cool Cousin 建立了激励机制：用户提供的信息越多，推荐的地图下载次数越多，那么 Cousin 所在城市的评分也就越高。2017 年 7 月，Cool Cousin 获得了由 Elevator Fund 提供的 200 万美元种子轮投资。

他们推出了自己的虚拟币 Cuz，展开 ICO。同时，这种 Cuz 虚拟币用来激励会员们创造内容和提供服务。与其他加密币一样，Cuz 也希望能在数字货币交易所交易。

他们的计划是创建一个建立在通证 CUZ 基础之上的，由当地人和游客组成的去中心化生态系统。当地人通过提供旅游服务实现获利，而游客直接跟这个本地人取得联系，购买服务。游客还可以根据自己的想法提出特别需求，然后由当地人提供对应的旅游方案。双方之间的协议都在线完成，由区块链技术记录信息，并确保旅游者与当地人 Cousin 双方的约定能够自动执行。

目前像携程、去哪儿、马蜂窝等旅游平台，确实也提供了用户点评与推荐的入口，但是作假的可能性很大。有些酒店往往借助刷好评的方式拉升自己的排名，导致排名失去了真实性。再者，这些平台给出的用户激励不够，导致大量真实用户并没有认真填写评价。

3. 防止欺诈

人们经常在媒体上看到旅游欺诈的新闻，如低价团、某某地一日游等，结果是，游客在购物商店没买东西却被关小屋。这就是以低价吸引人买单，然后强制消费的手段。

有的旅游网站成为钓鱼网站集中模仿的对象，如携程网就曾被仿冒。钓鱼网站往往提供虚假400开头的电话，或者虚假支付页面来骗取消费者的钱财。

目前很多旅游网站都在网站首页安装了第三方的身份诚信认证，也就是可信网站，网民可以通过点击可信网站标识，确认网站的真实身份。

当搜索引擎使用区块链技术后，将帮助消费者验证网站真假，甚至可以验证酒店所有权，避免虚假酒店信息的出现。

从旅游服务商的角度来看，以前可能会遇到订单退款或尾款难收的事件，借助区块链技术，可以减少这种问题的发生。用户一旦在区块链网络完成付款，就不能逆转。

4. 超额预订

前段时间，美国联合航空强硬将乘客赶下飞机的新闻闹得沸沸扬扬。超额预订机票的策略一直是不少航空公司增加公司利润和优化资源的手段。

使用区块链技术后，一旦购买飞机票的交易发生，区块链就会记录预订和支付系统中的数据信息，防止超售现象发生。所有乘客的预定信息都牢牢地存储在区块中，那么，航空公司将不得不放弃超额预订机票的做法。

5. 信息调取

在传统模式里，人们需要给航空公司、旅行社，还有其他相关方提供详细的资料，大多数是手动录入，极其耗费时间。如果这些数据一直储存在区块链网络上，那么，双方就能省掉那些繁复的琐碎工作，还能减少数据的误差。

游客们不需要为每个供应商都单独提供资料，也不需要到每个平台上去注册新的账户，在区块链技术的支持下，大家只需做一件事情，就是将这些文件给不同的供应商授权。

6. 去中介化、实时结算

各种旅游资源上链，供需双方直接交易，跳开了中间人，系统能够实时转账和结算。区块链通过加密验证交易各方身份来确认其真实性，通过多个节点保存及同步分布式数据减少人工对账，保证其安全、透明和高效运行。

创始团队出身于艺龙的 Trip.io 拿到了亿元融资，他们希望用区块链技术重构住宿预订服务，以解决酒店佣金高、运营重、评论假、到店无房等用户痛点。

环球悦旅会推出的旅游行业公有链 UTour "优旅链"，尝试将区块链与社区、旅行供应链两个场景结合，以达到在线旅游行业"去中心化"的目的。

7. 顾客忠诚度

至目前为止，所有公司的忠诚度计划仅局限在一家公司内部实行，每一家公司只能针对自己的顾客做这项工作，公司与公司之间的忠诚度计划很难交互。

假如有一天，航空公司之间的飞行里数都可互通共用，不同旅游平台或旅行社里的积分都可以共用，那么这对于旅客来说想必是一件值得庆祝的事情；对企业来说，自然增加了一种获取客户的新办法。

8. 动态护理

通过区块链技术，个人健康状况会记录在系统里。如果有人在旅行中遇到了意外，存储在区块链网络里的个人健康记录能实时提供给需要的人。

还有一种可能发生的事情是，区块链上的点对点交易能够让消费者和服务商免去平台方收取的佣金，节省中间交易手续费和流程，而一些旅游中间商们可能难以赚钱。

9. 激励

在旅行服务中增加一些激励机制，用户通过旅游可以参加任务、寻宝、上传旅行足迹等，进而获得奖励，积累自己的数字资产。

百度 AI 加速器第二期里有一个家名叫秀豹科技的公司，同时做了秀豹区块链旅行手机、"秀豹旅行+"小程序/APP及"秀豹旅行+"开放平台。具体做法是：在全球选了100个城市埋下宝藏，旅行者通过使用区块链手机进行GPS定位打卡、在旅途中寻宝、记录旅行足迹、参与旅行任务等方式赚取足够的宝藏后能够获得一些旅行优惠。

第二节　区块链+汽车

汽车行业一直是技术革新的先行者。拥抱区块链，它们从来也不含糊。包括汽车厂家在内的一些公司尝试借助区块链技术破解行业痛点。

1. 汽车数据上链带来的改变

汽车行业有一个明显的痛点是，汽车在行驶过程中产生的海量数据远未得到有效利用，加之缺乏激励机制，车主也没有贡献数据的动力。

如果数据能够上链，其应用是相当广泛的。

①车联网。汽车可以获取实时路况信息，提高驾驶安全性，减少交通事故的发生频次。以车块链（CarBlock）为例，其推行"开车即挖矿"的经济激励模式，用户通过驾驶车辆向平台提供行车数据，以获得 Token 奖励，这些行车数据上传后，经过分析，可以形成更精准的路况信息。

②汽车保险。依托于区块链技术，车主可以将行驶记录等信息授权给保险公司，后者从驾驶行为、里程、过往保险记录等维度确定保费价格，从而实现车辆保险定制化。这部分内容后面笔者会做更详细的解读。

③汽车维修和车队管理。货运车辆向总部发送遥感数据，网络帮助车辆间相互

通信；跟踪车辆，提前获知到达时间；监测设备运行情况。

若发生故障，网络会向最近的维修点发出信息，保障车辆及时获得维修服务。在这方面已经有一些实践者，如北美车队管理 SaaS 服务初创公司 DashRide，以及记录汽车维修记录的老牌汽车报告公司 Carfax。

2018 年，宝马公司与一家名叫唯链（VeChain）的区块链技术公司建立合作关系，后者向宝马公司提供追踪汽车维修历史、车辆行驶行为等方面的技术支持。

如果宝马公司追踪汽车维修数据的区块链技术走向成熟，并且能够普及，那么，二手车评估将变得更加可靠。

④点对点交通信息系统。在区块链语境下，每部接入的车辆都是一个数据节点，均持有一个不断扩充更新的本地数据库。

根据区块链的全网广播和分布式记账技术，链上的所有车辆都能完整、实时地同步更新知识库。在以往中心化的交通信息系统中，当某些节点失去连接，就有可能导致大规模的通信中断。而通过区块链的智能合约技术，可以实现车辆之间的分布式网络数据通信。当网络中的某一节点出现故障，区块链能够迅速响应，重新分配通信节点，有效他规避了网络通信故障。

⑤众包高精地图制作。当前的高精地图制作模式是，制图商需要自行装备多辆汽车，进行数据采集，耗资巨大，并且低效。首先，数据采集汽车的成本由制图企业自行承担；其次，各个制图商采集到的数据均存储于企业内部，形成了信息孤岛，很难共享；最后，其他非制图企业、传感器或个人采集的数据无法得到充分利用。

通过区块链技术，可以实现众包高精地图制作。接入平台的企业或个人可以自主选择共享数据，并由此获得通证奖励。高精地图制作企业则可以通过平台购买经过授权的共享数据。这方面也有实践者，如 Waze 公司。

⑥激励良好驾驶习惯。在巴塞罗那的世界移动通信大会上，德国汽车制造商戴姆勒公司推出了自己的数字货币 Mobicoin，用来奖励那些驾驶习惯比较好的司机。当时大概有 500 名驾驶员获得这种加密币的奖励。

⑦车辆行驶过程中的合作。福特汽车有一项专利，它建立了一套机制，区块链被用来建立一个分散的网络，实现车辆与车辆在行驶过程中的合作。在网络上的车辆相互之间可以监测、记录和评估，然后调整自己的驾驶行为，这样帮助车辆进行集体协调，以便缓解交通拥堵。

根据这套统计系统，企业发行了一种 CMMP 代币，用来促进车辆之间的消息传输，一些人通过支付 CMMP 代币，可以获得自己需要的交通资源，如占用快车道、促成别人让道等。

⑧破解二手车销售的信任问题。现在买二手车，买家往往担心车子有问题，买得不值，尤其是担心买了事故车。即使懂车的人，也很难避免被骗，毕竟这些车子的真实历史情况很难查到。

如果车子的信息记录上链，汽车磨损程度、维修记录等情况一目了然，可以更好地防止车主在卖车时修改里程表、掩盖事故车等造假问题的出现。买主和车主甚至可以在区块链上实现一对一交易，真正没有中间商赚差价，节省彼此的时间、金钱成本。

2. 区块链驱动汽车制造

每一个伟大的品牌背后，都有众多不同的产品供应商在默默支撑着产品的质量和服务，不过，并不是任何时候供应商都能提供合格的产品。

如何确保供应商严格按照要求生产合格零部件，如何协调各级供应商及物流公司确保零部件按时交付，一直是制造商面临的难题。这点在汽车行业尤为突出。经常看到一些品牌汽车因某些零部件出问题，导致公关危机甚至汽车召回。

如果在汽车制造和供应链环节使用区块链技术，将汽车零部件使用材料、生产制造、物流运输、组合装配、上市销售等全流程记录下来，放到链上，信息公开透明且不可篡改，供应商在提供零部件时会比以往更谨慎。

一旦出现问题，也可以对问题零部件和问题汽车进行精准追溯确认，仅对出问题零部件和汽车进行维修、召回即可，不用再像现在这样，一辆车出现问题，整批次车全部召回。

此外，基于区块链系统高透明度的准确信息，也能减少经销商、制造商、供应商之间的文件、手续处理流程，缩短各类账款的支付周期，对各方特别是末端供应商来讲，无疑是一件好事。

区块链追溯系统同样可以开放适当权限给消费者，让消费者能够查询汽车使用材料、生产流程等，提升消费者对所购汽车和汽车品牌的信任。

一家名为 Circulor 的公司透露，他们正在借助区块链技术对宝马公司使用的钴原料供应渠道进行追踪，以确保只使用符合道德规范的钴原料并证明原材料来源是合法的，例如，证明没有使用童工挖矿，没有非法开采钴矿等。

3. 借区块链优化汽车保险与金融服务

据目前情况看，汽车金融提供商和保险公司是不了解车主的真实驾驶行为的，他们只能根据之前是否有过报险行为来确定续保优惠情况。

而基于区块链技术将汽车行驶数据、消费者驾驶习惯、事故理赔记录等建立共享账本，车主可以凭借良好的记录获得更加优惠的金融服务或保险优惠。

另外，区块链可为客户定制智能合约，结合物联网、AI 技术将车辆进行网络连接，一旦车发生事故，系统将自动采集证据，判定相关责任，只要触发智能合约理赔条件，无须投保人申请，也无须保险公司批准，自动理赔即可实现。保单可实时生效，理赔金会及时支付。

智能合约也可以指定车主修车的地点，避开投保人自行选择昂贵的维修厂，合理控制理赔费用的支出。

越来越多的租车公司涌现，这对于车辆保险来说是一个挑战。其中有一个问题是，管理车辆记录的人并不是全部可信的，所以车辆租赁行业因为长期缺乏信任而备受质疑。

如果用上了区块链技术，只要信息上链，就是不可修改的，这样就避免了车辆记录可能的造假问题。此外，如果将智能合约引进汽车租赁行业，可以解决诸如司机擅自选择某些不安全的线路、未经认证的租赁程序等问题的存在，并且一旦出现，可以得到及时阻止。

4. 重建共享汽车、汽车租赁的信任机制

共享汽车现在出现了很多安全问题，尤其是 2018 年，滴滴顺风车司机引发了两起严重的刑事案件，使大家对共享汽车的安全性有了极大的关注。

如果有了区块链技术，在乘客的安全保障方面或许会做得更好，如能够详细了解司机有没有犯罪记录，信用记录是否良好，有没有发表过暴力言论等情况。

如果引进通证奖励制度，对安全性保障也许还有一定的激励作用，如安全驾驶的司机可以获得一定的通证奖励，可以是积分，也可以是现金等。

在汽车租赁行业，租赁汽车公司需要收集租车用户的个人信息，查询他的信用状况，收取高额的押金，而且还可能投入大量资源监管租赁用户的行为模式。在区

块链技术的帮助下，任何人都可以在获得授权的情况下，看到租赁用户的各种信息，评估他的信用，而且还能引入智能合约，自动触发一些合作。汽车租赁公司也将迎来运营成本的适量解放，无须刻意组织对租赁车辆的追踪，车辆整个生命周期内的所有信息也都能相对轻松地获取。

还有一些标志性的事件，如福特、宝马、通用和雷诺联合组成了汽车行业的区块链联盟，即MOBI（Mobility Open Blockchain Initiative）。其中还包括博世、伯克利区块链（Blockchain at Berkeley）、Fetch.ai、Hyperledger、IBM等成员，旨在探索区块链技术在汽车领域中的应用潜力，目标是通过区块链技术促进交通领域的安全与实惠。

MOBI表示，在汽车行业，区块链技术可以应用的范围包括支付、数据追踪、供应链管理、消费金融和定价、自动驾驶汽车、共享出行市场等领域。

雷诺加入了R3区块链联盟，它由纽约的R3CEV公司发起，至今已吸引42家银行巨头的参与。大众汽车跟加密领域知名的埃欧塔基金会（IOTA）合作开发Digital CarPass项目，这是一种通过使用分布式账本技术来确保行驶里程数等汽车数据可靠的报告单服务，计划在2019年推出，不过目前尚无新的动态。

虽然区块链技术在汽车行业的应用也只是刚刚起步，很多公司都只是表态要进入，并没有成果出来，但大家都在努力，没人愿意这项技术在可能燎原之时，输在起跑线上。

第三节　区块链＋快消品

区块链有可能破解快消行业的一些问题，如可追溯性、供应链管理、消费大数据获取，以及可以用通证的形式提高顾客黏性等。

1. 供应链管理

快消品这个行业呈现出交易数据碎片化、交易节点多样化、交易网络复杂化的显著特点，商品生产、流通、交付等信息的采集、存储和整合，是零售供应链管理的核心命题。

同时，全流程信息的可信、可靠、可查与安全性，又是消费者、监管部门与电商平台最为关心的问题。目前的信息化管理体系需要提升的地方还很多，如假冒伪劣产品大量存在及难以跟踪的问题。在食品行业里，由于安全问题倒下的巨头公司很多。传统食品行业的供应链汇集了农田、仓储、运输公司、分销商和零售店面等分支，信息记录方式包括 Excel 表格、电子邮件与纸张等，这些做法效率低下，也不准确。一些品牌并不知道自己的原料来自哪块农田，出现质量问题时，很难追溯到源头。例如，当食品来源记录不完整时，一旦有污染事件发生，企业可能需要几天甚至几周的时间才能确定感染源，从而召回相应的产品。

作为一种公共的、分布式的账本，与中心化记录方式不同的是，在区块链技术的支持下，信息采集、全程跟踪及信息的可靠性等方面，又有了更大的进步。所有节点同时在记录数据，可以在各个环节创建更清晰的追踪渠道。

有一种做法是，食品公司可以将连接于物联网的标签贴到货物上，每批货物都分配唯一的标识号码，通过这些标识码记录产品的来源、加工信息、存储温度、保质期及其他信息。在供应链的每个阶段，员工都可以使用其标识码简单地"登记"产品，也就是将自己掌握的信息写入区块。员工还可以输入标识码，获取产品及其历史记录的实时数据，这比联系各个环节、在多人之间传送文件有着显著的优势。

使用区块链技术在一定程度上能够避免人为作恶或者数据意外损失，多方共同维护数据的一致性，打破了不同系统间信息孤岛的问题。

例如，食品公司可以更迅速地追溯到食品的来源。这可以增加消费者的食品安全，同时避免公司财务损失，因为只有直接受到影响的产品才需要被召回。它还能解决假冒商品的查证，监管部门和消费者通过手机 APP 扫描商品，就能查验真伪。

另外，借助区块链技术，一款产品的面世，从生产到进入消费者手中的每一个环节，都有不可更改的记录和时间戳，产品信息显然更加清晰和牢靠。另外，全程可追溯也可以有效防止商品串货、跨区域倾销等问题。

沃尔玛、克罗格等零售巨头正在寻求通过区块链减少食源性疾病造成的损失。

早在 2017 年 8 月，沃尔玛、雀巢、联合利华、麦考密克、泰森、克罗格、麦克莱恩、德里斯科尔、多尔和金州食品 10 家公司就与 IBM 合作，将区块链整合到其供应链中。因为 IBM 的区块链平台可以帮助他们提高供应链的可视性和可追溯性。

其中沃尔玛着手更早。其在 2016 年秋季就开始与 IBM 试点区块链，从中国的猪肉出货方面开始落地这一技术。该公司食品安全副总裁富兰克·扬纳斯（Frank

Yiannas）透露，通过区块链技术，他可以在三秒内将产品的跟踪信息提取出来，而传统手段则需要将近一周的时间。

此次试点成功之后，沃尔玛扩大了试验范围，又追踪了墨西哥的芒果，然后与肉类供应商嘉吉公司（Cargill）合作追踪火鸡。

2. 消费大数据的获取

通过产品的区块链数据化标签可以清晰地掌握每一款产品的消费流向。如果区块链技术能够吸引消费者参与到定制游戏中来，那么就可能获得消费者数据。所有交易的详细记录保存在单个"文件"或区块链中，提供从头到尾的完整事务概述，消除了多系统操作带来的不便。

在上述基础上，区块链技术可以进一步提高消费者画像的准确性，对品牌方了解产品的目标消费群体、消费趋势等都十分有用。

企业在获取这些数据后，可以实现真正的柔性生产，大大降低其生产风险和成本，也能让企业真正方便、快捷地了解新产品在市场中的反馈，以便及时改进。同时企业能够降低试错成本，提高推广效率。

借助数据分析并预测消费者行为早已不是新鲜事，但是传统做法所能收集的数据往往有限，各个机构间的数据壁垒很高，没有互动。另外，传统方法收集到的数据中可能掺杂大量虚假信息，最终误导分析师们做出错误的结论。区块链技术的部署，有可能解决这些问题。

3. 新的营销神器

长期以来，快销品的营销都是走渠道路线——开发经销商将资源传递到零售终端，最终到达消费者手中。在这个过程中，很多品牌都经历过资源遗失甚至被滥用的过程，使促销效果大打折扣，无形中增加了品牌方的成本。

后来随着互联网技术的发展，快消品又借助互联网建立会员体系，发放身份权益、积分、购物券、实物奖品等，增强消费者的黏性。

如果有区块链的帮助，则能够通过开发区块链游戏，吸引消费者深度参与其中。例如，用户在网易星球在上可以赚取黑钻，用来消费。参与者要想获得黑钻，必须完成一些任务，如分享、上传、下载指定软件等。快消品也可以搭建一个基于区块链技术的游戏，消费者每消费一件产品，即可获得一定的算力，进而拿到 Token 奖励。

国内外出现了如下一些面向食品生产商的区块链创业公司。

① Provenance 为 200 多家食品企业提供产品追溯软件。2017 年 12 月，该公司与联合利华、Sainsbury 等公司建立新的合作伙伴关系，以追踪整个供应链的可持续性和财务效率。

② 食链 FOODC 也专注于食品溯源，其主要关注相对高端的、生产环节比较复杂的食物，以养殖业为主，如鱼肉、羊肉、黑猪肉的生产等。

这家公司希望将牧场养殖、屠宰、物流、经销商、大批发商、超市 / 餐厅等环节全部打通，将每个环节的信息上链，保证用户能看到相对应环节的信息，包括养殖周期、饲料；物流环节的保存温度、运输路线；不可修改的真实包装日期等。用户在包装上扫码，就能看到这些信息。

③ 食物优是成都的一家公司，专注于在农业供应链领域利用区块链技术实现上下游信息的对称。他们声称创建了"供应链追溯 + 信息存证"的模式，将食品在流通过程中的每个环节按照固定的时间节点进行数据追踪，用户可以实时查询。

食物优利用区块链技术记录产品的生产及销售数据；作为农场的数字资产，公司在需要贷款或进行进出口贸易时，利用这些数字资产可以完成信用贷款与贸易流转。

同时，食物优会给予农场各种帮助，包括智能灌溉系统、土壤检测系统、气象站监测、虫情监测报警系统等。由于使用了智能合约，当监测到农田缺水时，农田将借助智能合约开启喷灌。如果流通环节产生意外，交易可以及时终止。

④ 一家名为 IC 国际支付链的公司正致力于打造酒类追溯服务平台，实现酒类商品真正的跨境追溯。具体做法是：以订单为业务结合点，从海外的酒庄开始就对商品信息进行收集和记录；同时，将每瓶红酒按一物一码注册在 IC 区块链系统之上，进而采用智能合约对红酒的生命周期进行从保税区仓库，到配送中心，再到各个销售渠道、各个门店的全程跟踪。消费者通过门店的触摸屏，或者自己的智能手机就可以快速对该款红酒进行鉴别和溯源信息的查询。高端红酒还配备既安全、又方便的物联网芯片，用手机即可扫码查看，进一步提高了安全级别。

不过，要想将区块链这种革命性的技术真正推广应用，还面临很多挑战。

① 技术的成熟度能够达到什么水平，是否能够如同宣传的那样实现预期功能尚不能确定。

②要说服大中型的快消品公司改变原来的供应链流程，适应新技术。
③创业型的区块链公司面临着 IBM 等大公司的竞争压力。
④目前还缺乏足够精彩的区块链应用案例，市场普及工作难度很大。

第四节　区块链 + 金融

从公开信息看，几年前就有多家金融机构在布局区块链，用于数字货币、资产托管交易、股权交易、金融审计、跨境金融、电子票据、清算、供应链金融等场景中，有些银行甚至有了阶段性的应用成果，在解决信用校验复杂、成本高、流程长、数据传输误差等问题上，取得了一些进步。

区块链技术去中心化、不可篡改及透明等特征，为建立新的信任机制提供了可能，具备改变金融基础架构的潜力。同时，作为数字化、安全且无法篡改的账本，区块链可以提高金融服务生态系统的准确性和信息共享程度。而且，各类金融资产，如股权、债券、票据、仓单、基金份额等都可以整合进区块链账本中，成为链上的数字资产，在区块链上进行存储、转移、交易。也就是说，区块链技术在金融领域的应用，有可能改变交易流程及保存记录的方式，从而大幅降低交易成本，显著提升效率。

麦肯锡在其发布的一份研究报告中称，区块链的特性将改变金融体系间的核心准则：因其安全、透明及不可篡改的特性，金融体系间的信任模式不再依赖中介，许多银行业务都将"去中心化"，实现实时数字化的交易。麦肯锡认为，区块链的应用将在虚拟货币、跨境支付与结算、票据与供应链金融、证券发行与交易及客户征信与反诈欺等五大金融场景产生最直接、有效的应用。

目前，区块链在 C 端的应用多见于跨境支付，而在 B 端，供应链金融和票据市场被认为是可以率先落地的场景。

当区块链与大数据结合后，金融科技在破解中小企业融资难方面的力量就会显现出来。

1. 银行业的应用

在支付结算、资产数字化、智能证券、供应链金融等方面，银行都在部署区块链技术，主要用来提高结算与转账效率、增强安全性、进行客户身份验证、执行智能合约和减少欺诈等。

一个标志性的事件是，根据中国人民银行的安排部署，上海票据交易所会同数字货币研究所组织中钞信用卡公司、中国工商银行、中国银行、浦发银行和杭州银行共同开展基于区块链技术的数字票据交易平台建设相关工作。

2018年1月25日，数字票据交易平台实验性生产系统成功上线试运行。中国工商银行、中国银行、浦发银行和杭州银行在数字票据交易平台实验性生产系统上，顺利完成基于区块链技术的数字票据签发、承兑、贴现和转贴现业务。

这套系统的亮点在于：

①结算方式创新，链上确认，线下结算。

②根据票据真实业务需求，建立了与票据交易系统一致的业务流程。

③通过采用实用拜占庭容错（PBFT）协议，大幅提高了实验性生产系统性能，降低了系统记账损耗，实现了运营和监管的去中心化。

④采用SM2国密签名算法进行区块链数字签名，安全防护性能加强。

⑤具有可视化监控平台，可实时监控管理。

国有银行、股份制银行及城商行都已加入到区块链的应用探索中。

整体来看，区块链在银行中的应用集中在平台和系统的搭建，用来提高交易和信息处理的效率。

国有银行着手非常早，业务种类已经相当丰富，涉足中国人民银行数字货币发行、数字票据交易、扶贫、三农贷款、电子钱包、银行保险、资产托管等。

（1）中国银行

2016年，中国银行启动了区块链电子钱包的研发工作，随后将区块链电子钱包V1.0版接入精准扶贫共享平台"中国公益"，这个钱包还被应用到党务系统项目。在完成支付后，系统同时将交易记录在区块链上，做到交易不可篡改和可追溯。

2017年，中国银行正式参与全球支付创新服务SWIFT GPI区块链概念验证（PoC）。这个区块链概念验证属于SWIFT GPI跨境支付创新服务的一部分，主要验证该技术能否帮助银行实时核对在跨境代理行的乙方账户。到2017年年底，全球已有20多家银行参与区块链概念验证。

（2）招商银行

招商银行已实现了将区块链技术应用于全球现金管理领域的跨境直联清算、全球账户统一视图及跨境资金归集三大场景。

招商银行有六个海外机构，一个子行、五个分行，以前只支持分行与总行之间的清算，在这个跨境清算场景下，基于区块链的新跨境直联清算系统颇具效率优势，去中心后报文传递时间从之前的 6 分钟减少到秒级。安全性也有提高，首先，处于私有链封闭的网络环境中，报文很难被篡改或伪造；其次，分布式架构没有核心节点，任何一个节点出故障，都不会影响整个系统；最后，新的参与者可以快速便捷地部署和加入系统中。

（3）中国工商银行

中国工商银行与贵州省贵民集团联手，搭建脱贫攻坚基金区块链管理平台，通过银行金融服务链和政府扶贫资金行政审批链的跨链整合实现信息互信，以区块链技术的"交易溯源，不可篡改"实现扶贫资金的透明使用、精准投放与高效管理。

2018 年 1 月，中国工商银行又引进趣链科技，由后者提供区块链技术培训以完善区块链底层建设，最终实现区块链技术在中国工商银行产品中的应用。另外，中国工商银行还参与了中国人民银行数字货币的发行，以及基于区块链的数字票据交易平台研究。

（4）中国农业银行

中国农业银行将区块链技术首次应用于电商供应链金融领域，上线涉农互联网电商融资产品"e 链贷"。它的做法是，将涉农电子商务、供应链融资、网络支付、企业 ERP、农资监管等银行内外系统打造成联盟链，充分挖掘农业银行涉农电商数据，向电商供应链的法人客户提供完整的电商融资服务，功能包括订单采购、批量授信、灵活定价、自动审批、受托支付和自助还款等。

（5）中国民生银行

中国民生银行也有自己的区块链动作，如在 2016 年加入 R3 区块链联盟，寻求与国际金融机构的合作，探索区块链分布式账本技术的业务模式。之后中国民生银行搭建了区块链云平台，展开对共识算法、智能合约、交易记账、智能钱包、去中心化应用的研究。

2017 年，中国民生银行与中信银行联手，搭建基于区块链技术的国内信用证信息传输系统，简称 BCLC。通过区块链技术，这个系统实现了国内信用证电开、电子交单、中文报文传输等功能。

（6）瑞士银行

瑞士银行（UBS）和英国的巴克莱银行（Barclays）都在进行区块链技术试验，

尝试用此技术来加速后台清算系统的运转。

（7）股份银行

股份银行也在行动，不过并不是特别领先，已涉足跨境清算、信用证信息传输、多中心可信 PoS 电子签购单、防伪、加入 R3 等领域。

（8）城商行

城商行的起步很晚，目前有部分已在试水，如赣州银行与深圳区块链金服联手推出票链；江苏银行推动银行积分使用与清算场景的区块链应用，正在探索多行之间的联盟链；浙商银行推出了移动数字汇票平台，上线自主研发的应收款链平台。

2. 保险业的区块链试水

保险业一直存在利用信息不对称骗保、篡改原始病例索取虚假理赔、保险赔偿金被冒领等问题，其存在的痛点至少有三种。

①巨灾险、航运险、农业险等理赔金额较大、损失发生较为集中的保险产品，在通过共保和再保模式分散风险时，需要更高效透明的信息交互方式。

②作为一个对信用和风险高度敏感的行业，保险业对机构间风险数据及信用数据共享的需求非常强烈，但商业信息安全问题的解决是实现共享的前提。

③与医疗、健康、汽车、农业等行业合作推出保险产品时，良好的信息链接整合是提高定价准确性、增强产品服务能力的基石。

综上所述，解决数据传播的透明度和安全性是保险业发展的关键命题。利用区块链，则有以下好处。

①区块链技术的可追溯特性可以使保险服务流程更加透明。

②区块链的安全能力可以使数据传播过程的隐私及安全得到保障。

③区块链的共识机制则从源头上进一步保障了交易的可信度。

基于上述特性，区块链技术利用全新加密认证技术和全网共识机制，维护一个完整的、分布式的、不可篡改的连续账本数据库，参与者通过统一、可靠的账本系统和"时间戳机制"，就能够确保资金和信息安全。

目前国内区块链在保险业的应用主要有以下三类。

①在数据分散于多点的情况下，在如航延险、失业保险等部分险种上，利用智能合约完成特定条件触发时的理赔等约定行为，例如，阳光保险与数倍荷包联合推

出的"飞常惠航空意外险"微信保险卡单、安盛保险AXA推出的"Fizzy"等。

②在再保和共保的交易撮合及结算阶段，利用区块链增强交易及结算的效率和透明度。

③追踪商品的生产/生长过程。例如，利用区块链的可追溯特性追踪农产品养殖过程或贵重物品的生产流转，使保险公司可以实时监控产品流转的全过程，从而对投保资产的风险评估更加准确，为风险定价和风险控制提供了依据。众安科技与联陌科技合作的"步步鸡"就属于这一类型。

中国建设银行正在与IBM合作开发一种区块链银行保险业务平台。所有的数据都被记录和共享在IBM的区块链平台（Blockchain Platform）所创建的一种不可更改的账本上。这将简化银行保险业务，实现实时查看共享的保险政策数据。

英国的区块链初创公司Edgelogic与Aviva保险公司进行合作，共同探索对宝石提供基于区块链技术的保险服务。国内的阳光保险2016年3月8日采用区块链技术作为底层技术架构推出了"阳光贝"积分，使阳光保险成为国内第一家开展区块链技术应用的金融企业。"阳光贝"积分应用中，用户在享受普通积分功能的基础上，还可以通过"发红包"的形式将积分向朋友转赠，或与其他公司发行的区块链积分进行互换。众安科技安链云，基于区块链为众安保险部分险种提供电子保单服务，通过保单信息去中心化存储解决了信息丢失的问题；通过智能合约实现自动理赔，让保险变得更高效便捷。

3. 区块链在证券业的落地

1630年，在阿姆斯特丹诞生了历史上第一家证券交易所。当时交易所采取的是证券实物交换的交易方式，所有投资者或证券持有人需要将实物证券寄放在交易所中才能进行证券交易。当天完成的交易，需要半个月甚至是一个月的时间才能完成清算。几百年后，证券交易量爆发，证券公司与结算机构应运而生；计算机技术普及后，实物证券转变为无纸化证券，交易效率明显提高，出错率控制到非常低。

当人们在进一步思考如何提升证券交易效率、降低出错率与成本之时，区块链技术出现了。

公募证券发展到现在，登记、发行、交易和清结算业务已发展得比较成熟，但相关方在清结算环节存在多方对账、业务流程长等影响效率的问题，区块链作为分布式账本技术，可以实现"交易即结算"，而且提供了更快速的解决方案。

在区块链分布式记账模式中，每个市场参与者都有一份完整的市场账本；共识机制的存在保证证券登记在整个市场中同步更新，保证内容的真实性和一致性；在没有中央证券存管机构的情况下，也能够实现交易结算。

通过在区块链上建立智能合约，规定参与者的权利和义务，以程序的方式实现股票的分红派息、股东投票、禁售限制等自动化执行，也可以降低人工操作成本。

再者，证券交割和资金交收包含在一个不可分割的操作指令中，交易成功后，实现货银兑付。证券结算不再完全依赖于中央登记结算机构，每个结算参与人都有一份完整账单，任何交易都能在短时间内传送到全网——这种分布式账本能够降低中央对手方单点失败的风险。

新加坡证券交易所（SGX）和新加坡金融管理局（MAS）联手，正在推行一种交付与支付（DvP）系统来实现数字资产和证券资产的同时交易、同时结算。

而且新加坡金管局本身就有一个 Ubin 区块链项目，探索分布式账本技术的应用，力图处理跨境交易。

早在 2016 年年末，上交所曾刊登了一篇关于区块链的研究报告《区块链技术对境内证券业影响分析》，认为区块链具有影响证券业现有格局的潜力，能降低信任成本、法务成本、协作成本和操作风险；存在中心节点的区块链更具实际应用价值，而去中心化组织存在多方面不足，同时认为区块链技术处于发展早期，存在业务与技术的不足。2017 年，上交所立项研究高性能联盟链技术，课题名称是《高性能联盟区块链技术研究——以去中心化主板证券竞价交易系统为例》。到 2018 年，上交所发布研究报告，指出区块链技术在证券发行和交易、清算和结算，以及客户管理方面都有适用的可能性，并且在降低成本、提高效率方面都具有显著优势。

美国知名的网上购物平台 Overstock 公司开发出基于区块链的股票交易平台 T0，并于 2015 年 12 月拿到美国证券交易委员会（SEC）批准，可以在区块链平台 T0 上公开出售股票。

一年后，Overstock 利用区块链 T0 平台成功发行 190 万美元股票。目前 T0 只能用来交易 Overstock 的股票，未来该平台可能会上线其他公司的股票。

澳大利亚证券交易所 ASX 与区块链技术初创公司 Digital Asset Holdings 合作，开发基于区块链技术的登记结算系统。

代表美国证券市场高新科技板的纳斯达克行动更早一些，早在 2015 年 5 月，他们便启动了探索，开发基于区块链技术的股权交易平台 Linq，用来做私募股权交易，并联合花旗推出区块链平台 ChainCore，用来支持全球支付自动处理。

2018年以来，纳斯达克支持加密货币交易的新闻不断出现。纳斯达克总裁兼首席运营官阿德纳·弗里德曼（Adena Friedman）在接受 CNBC 采访时表示，其正在继续调查加密数字货币期货，2018年且4月就与比特币交易平台 Gemini 合作，监督 Gemini 平台的数字资产。Friedman 甚至表示，有可能推出数字加密货币交易所。

4. 其他金融公司

越来越多的金融服务业巨头开始投资区块链初创公司。有家名叫 R3 CEV 的公司，正与80多个成员银行、监管机构和技术合作伙伴开发名为 Corda 的平台。该区块链平台的设计目标是成为金融市场的"新操作系统"。

还有一种做法是类似 Numerai 这家公司，将对冲基金的经营模式进行去中心化的处理，并加速推广。而传统的经营模式是雇用一批交易员和量化分析师进行工作。现在的 Numerai 改变了传统做法，它将加密的数据集发送给身处世界各地的量化分析师，并要求他们构建预测模型，成果最佳的贡献者将获得 Numerai 的代币 Numeraire 作为奖励。

2017年，百度金融与佰仟租赁、华能信托等合作方联合发行了国内首单区块链技术支持的 ABS 项目，发行规模达4.24亿元。区块链技术为此次 ABS 资产运作的透明化提供了保障，提升了项目的效率、安全性与可追溯性。

在这个项目里，区块链主要使用了去中心化存储、非对称秘钥、共识算法等技术，具有去中介信任、防篡改、交易可追溯等特性。项目通过百度安全实验室的协议攻击算法，确保了协议和通信安全；通过百度极限事务处理系统，一定程度上支持了百万 TPS（Transaction Per Second，每秒处理的事务量或交易量）的交易规模。

另外，这次的 ABS 同时采用了联盟链，通过权限管理及非对称加密保证节点信息安全，实现 ABS 全生命周期管理；提供一套标准的底层框架，实现各方智能合约的编写，从而解决了交易各方对底层资产质量真实性的信任问题。

苏宁消费金融通过独立部署节点接入苏宁联盟链，开展区块链黑名单数据上传和查询等业务。这个系统采用 Hyperledger Fabric 在联盟机构之间共享金融机构的黑名单数据，只要发布数据就能获得积分，可以用来查询其他机构的黑名单数据。该系统还有投诉服务，发现黑名单造假，在系统中可以追诉数据提供方。

目前来看，区块链可以帮助金融市场记录目前和过去的交易，并简化记录和审计流程，然后通过账户细节安全汇编为交易监控，带来更高的透明度和效率。同时，机构间共享的、安全的客户信息分布式数据库可以减少客户审核方面的重复劳动。

高盛曾预计区块链将通过减少合规性人员数量、技术开支和反洗钱罚款等节约30亿~50亿美元的成本。此外，从运营角度看，区块链也可以带来更好的人力效率，因为交易监控和开户审核程序中使用人力的部分会得到优化。

第五节 区块链+公共服务

如果说互联网实现了信息的快速传递与相互间的远程联通，那么，现在努力解决的问题就是，实现更好的信息保真、信息共享、权限控制及隐私保护，这些都是公共服务需要的。

多国政府对区块链都采取了明确的拥抱态度。中国、英国、美国、俄罗斯等都已在区块链领域展开政府层面的探索，在多个场景下尝试区块链在政府公共服务中的应用。

在公共服务领域的应用，大概可以划成四大版块。

①身份验证。为居民建立区块链身份，提供出生证明、结婚证、公证等服务，同时还可以用区块链记录边境的安防数据，记录非法遗民等。

身份证、护照信息、驾照、出身证明等公民身份证明信息都可以存储在区块链账本中，如果有第三方需要，不需要任何物理签名，在获得授权的情况下，就可以在线调取这些文件，处理烦琐的业务。而目前，居民需要办理业务时，还需要带着很多资料。

传统的公证，主要是依赖政府的公证部门，由于受有限的数据维度、未建立历史数据信息链等因素影响，公认机构常常无法获得完整有效的信息。

②鉴证确权。包括产权、土地登记，用区块链记录与追踪房产土地交易情况；版权交易，如中国版权局下属机构开始推进区块链版权交易。

公民财产、数字版权相关的所有权证明均存储在区块链账本中，大幅减少了权益登记和转让的步骤，减少产权交易过程中的欺诈行为。同时，利用区块链可以建立不可篡改的数字化证明，在数字版权、知识产权、证书及公益领域都可以建立全新的认证机制，改善公共服务领域的管理水平。

③信息共享。涉及社会福利、公益、海关、物流、医疗卫生等，具体包括用区

块链记录福利支付、养老金兑换等，减少诈骗；借助区块链技术推动精准扶贫；建立区块链寻人共享账本，连接公益机构，打破各个公益平台之间的信息壁垒；海关也能用到区块链技术，如用它记录装货清单，保护进出口货物公司免受诈骗等。在医疗卫生领域，还能用区块链记录临床实验、医疗、个人的健康记录等。

在区块链上的信息可以在机构内部及机构之间实现共享，实时同步，减少协同中的摩擦。

在解决信息共享问题上，区块链智能合约提供了一种解决办法。例如，每一个委办局有一个公私钥，通过公钥对数据进行加密之后，数据就可以放心给出。这是因为用户要打开这些数据，还需要私钥，不然就是一堆乱码。

具体怎么用呢？例如，某人要办准生证，就可以先去卫计委、医院、民政局、公安局等相关机构要到授权，并以智能合约的形式提前约定。这样，即使在各机构相互看不到数据的情况下，也不影响准生证的办理。

具体流程是：通过智能合约事先约定好规则，写好以后，所有人达成共识，并存储在信息中心，一旦有相关人员要办准生证，可将消息发到信息中心，信息中心通过智能合约请求各委办机构授权，并得到相应的结果。

这样做的好处有如下几个方面。

第一，数据保护更得力。

第二，当提供的数据出了问题，可以溯源。

第三，用公钥加密过的隐私数据别人无法看到，个人隐私保护更全面。

第四，数据真正流通起来，为民众创造更多方便。

例如，南京市利用区块链技术做了一个电子证照流通存证系统，公安局、民政局、税务局等机构将社保数据打通，并建立起目录索引，实现了数据代替人跑路。

④透明政府。区块链在政府预算、效率、竞选投票三方面都有用武之地，例如，用区块链记录政府预算及使用情况，跟踪各项投入，实现动态与透明监督；实现居民与政府主管部门的直接沟通，同时建立无纸化数字交流渠道，提高运营效率；建立区块链投票系统，记录公民选票等。

在很长一段时间里，政府的部分行为因不透明而备受诟病。将区块链的应用拓展到政府工作上，把政府预算、公共政策信息及竞选投票信息用区块链的方式记录下来，并且及时公开，有助于政府向社会传递出透明管理的信号，也更有利于社会监督的落实，进而增强公民对政府的信任。

在区块链技术的政府推动者里，光是国外政府就可以列出很长的名单，如早在

2016年1月，英国政府就发布了《区块链：分布式账本技术》报告，其中提出了研究建议，认为分布式账本大有作为，有可能取代老旧的信息系统。美国包括卫生及公共服务部、国防部、国土安全部等在内的政府部门已在公民服务、监管合规性、身份管理和合同管理四个方面推动区块链试验。日本政府发布区块链平台评估细则，确保其在应用于多个领域前准确评估出成本和收益，识别炒作项目。

中国政府对区块链技术的推动也在稳步进行，2016年10月，工业和信息化部发布《中国区块链技术和应用发展白皮书》，2016年年末，国务院印发《"十三五"国家信息化规划》，区块链与大数据、人工智能、机器深度学习等新技术，成为国家布局的重点。

2018年8月10日，深圳开出了全国首张区块链电子发票，深圳成为全国区块链电子发票首个试点城市，而深圳国贸旋转餐厅、宝安区体育中心停车场、凯鑫汽车贸易有限公司、Image腾讯印象咖啡店成为首批接入系统的商户。

这种发票的优势在于，全流程完整追溯、信息不可篡改，能有效规避假发票。区块链将连接每一个跟发票有关的节点，从领票、开票到流转、入账、报销，全环节流转状态完整可追溯，解决发票流转过程中一票多报、虚报虚抵、真假难验等问题。同时，发票数据不可篡改，税局、开票方、流转方、报销方多方参与共同记账。

据《每日经济新闻》2019年1月的报道，深圳市已有8家开票服务商和1个报销平台与区块链电子发票系统实现了对接。截至2019年1月24日，94家试点企业共开具区块链电子发票345 910张，总开票金额达5.8亿元。已完成注册接入企业涉及餐饮业、停车服务业、零售业、互联网服务、金融业等行业，共计464家企业。区块链电子发票正式走入深圳市民日常生活。

2018年6月，全国首个电子发票区块链平台"税链"在广州开发区成功上线，实现全国首张电子发票上区块链存储和流转。税链打通了开票方、受票方、税务部门等各方的节点，发票数据全场景流通。

在税链平台上，纳税人的身份具有唯一性，区块链发票数据不可篡改，确保了发票的真实性，而且区块链电子发票全程可查、可验、可信、可追溯；税务部门则可以对纳税人发票申领、流转、报税等全过程进行全方位监管，以票控税更方便。

此外，区块链在选择方面的应用正在展开。2018年3月，非洲的塞拉利昂（Sierra Leone）举行了世界首个以区块链技术为基础的总统投票选举，这场选举由瑞士区块链初创公司阿格洛（Agora）提供技术支持。

据媒体报道，阿格洛将纸质票输入区块链网络，并利用分布式账本对投票过程进行深入查看，之后将数据转交给监管人员。在区块链选举中，每一笔交易代表一张选票，由于区块链可以防止数据被篡改，大选结果可以反映出投票的真实情况，而不用担心被黑客袭击，或发生欺诈。

2016年4月，格鲁吉亚引进Bitfury公司试行区块链土地所有权登记制度，力争将完整数据存在区块链上，用独特的时间戳保障信息不被篡改，以此保障居民的权益。

2017年4月19日，BitFury的首席执行官瓦列里·瓦维洛夫在莫斯科的"俄罗斯互联网论坛"上的演讲中表示，自从2017年2月项目正式启动以来，他的公司与格鲁吉亚政府一起在区块链上展开产权登记，2个月多时间就注册了10万多份文件。瓦维洛夫还表示，由于区块链的保驾护航，操纵产权注册数据的行为将不再成为可能。

BitFury是一家荷兰的公司，靠比特币挖矿起家，基于区块链技术又向电子合同、土地确权、电子政务等业务延伸，2017年3月完成3000万美元的C轮融资，累计完成的融资额已有9000万美元。

据知名科技媒体36氪的报道，BitFury曾和杭州的上上签公司达成战略合作，准备将区块链应用到电子合同中。2017年4月13日，BitFury集团宣布与乌克兰政府合作，为乌克兰政府提供基于区块链技术的电子政务计划，该计划将推动区块链应用到乌克兰的国家登记册、公共服务、社会保障、公共卫生和能源等部门。

在产权交易上，如瑞典、乌克兰、英国、俄罗斯、美国、印度等，无论是发达国家，还是发展中国家，都在逐渐试点推行。

2018年4月19日，成都青年志愿服务区块链联盟成立，并发出了青年志愿者服务区块链证书。这个区块链联盟建立在9BaaS区块链应用平台之上。

成都青年联合会、成都学生联合会相应的活动记录、服务时长、公益积分等数据都将记录在9BaaS联盟链上，不仅不可人为篡改，还将生成唯一、真实的志愿服务区块链证书。

志愿者服务证书由联盟链内授权节点签发，志愿者参与活动的活动内容、服务时长、公益积分等信息也同时被记录，由联盟链内多节点审核验证。证书签发审核验证后，将存储在联盟链内的所有节点上，单个节点无法对其进行修改或是删除，确保了证书的真实性、可靠性和安全性。

第六节　区块链＋物联网

物联网是物物相连的互联网，本身还是互联网，只不过是物品与物品之间的通信，如空调、智能窗帘、空气净化器等设备之间的联网。

据 IBM 预测，2020 年互相连接的设备将超过 250 亿台，而 2009 年是 25 亿台，2017 年大概是 100 亿台。[1]

将区块链技术应用到物联网（IoT）领域的想法已经存在很长一段时间了。

在没有区块链之前，或者在与区块链结合之前，物联网面临众多问题，至少表现在以下几个方面。

①数据汇总到单一的中心控制系统，导致中心服务器在能耗和企业成本支出方面存在巨大压力。如果低成本的物联网设备普及，能耗和成本将呈现几何数增长，这个压力无疑更大。

②中心化的管理架构存在无法自证清白的问题，用户会非常担心隐私问题，确实也可能存在数据泄露的可能。一些平台的运营商也可能出于商业利益的考虑，将用户的隐私数据出售给广告公司进行大数据分析，以便基于用户行为和喜好进行个性化的广告推荐。

③传统的物联网下，所有的监测数据与控制信号都由中央服务器存储和转发，这些服务器收集所有的视频信号、通话记录、温度、湿度、心跳、血压等信息并进行汇总后，再通过中央服务器转发，用来控制房子的门窗、电灯、空调等设备，影响用户的生活。

加入物联网的风险也很明显，一些设备可能会遭遇网络攻击。不法分子可能通过攻击联网设备寻找薄弱环节，也可能攻击中央服务器，以窃取个人数据，甚至可能盗取你家的照片，窃取智能门锁的控制权。出了问题之后容易导致全网瘫痪，要查出问题的节点也比较难，工程量非常大。

④不同的物联网设备之间互通与互操作存在障碍，很难协同。

从定义上看，物联网应用本身是分布式的，而区块链是分布式账本技术，它可

---

[1] 太平洋电脑网. 疯狂的区块链，这回居然打进了设计大拿圈 [EB/OL]. [2018-05-16]. https://xinwen.pconline.com.cn/1122/11225948.html

以在设备之间的直接通信方面发挥作用。分布式账本技术不仅可以追踪设备，还能促成它们的交互，掌握设备的状态。

区块链的介入，一方面能够解决物联网的传统痛点；另一方面使物联网可以衍生出更多的商业机会。

1. 解决安全隐患更可靠

如果设备不加入物联网，一般很难遭受攻击，但入网后难免成为某些网络攻击的炮灰。美国 Mirai 创造的僵尸物联网（Botnets of Things）这种程序病毒就曾经感染超过 200 万台摄像机等 IoT 设备，使这些私人设备惨遭"奴役"。

而在区块链分布式的网络结构下，所有的设备相对独立，设备之间达成共识，无须中心验证，即使一个或多个节点遭遇攻击，整个网络体系还是相对安全的。

由通信巨头 Verizon 及英特尔投资的 Filament 公司致力于用区块链技术改造并提升物联网体系，采用区块链技术搭建软硬件方案，使企业能够安全地连接并远程监控他们的资产，包括追踪自动售货机里的存货情况、监控工人的安全情况等。

2. 降低物联网的运营成本

上面笔者已经提到，物联网里的数据都要汇总到中央服务器，日积月累，这个量是非常可怕的，可能导致中心机构不堪重负，难以有效存储和计算，运营成本非常高。

区块链技术为物联网提供点对点的支持，设备之间传输数据，不用经过中央服务器，分布式计算处理数以亿计的交易。关键是，它还能利用那些分布在不同位置的闲置算力与带宽处理交易。这样自然能够节省成本。

3. 数据应用

数据应用指将分散在各处的物联网设备作为数据的来源地，并将这些数据整合起来，在不侵犯隐私权的情况下，做合适的应用。

在区块链网络上，信息不可篡改，所收集到的数据会比较准确。

通用电气有一个基于云平台即服务的产品，名叫 Predix，最初的时候，它可以收集分析工业设备和各行业的数据。目前，它已升级为"工业物联网平台"。

2015 年，GE 推出 Predix 2.0，在全球建立了 4 个云计算中心，每天监测、分析来自全球各地部署的 1000 万个传感器中的 5000 万项数据。

由于工业设备连接和协议的复杂多样，Predix 并不直接提供实现数据采集的硬件网关设备，而是提供了一个开发框架——Predix Machine，支持协议的接入，由合作伙伴开发相应的设备接入与边缘计算。

Predix Cloud 是整个 Predix 方案的核心，围绕着以工业数据为核心的思想，提供了丰富的工业数据采集、分析、建模及工业应用开发的能力。由于 GE 本身生产发动机、风力发电机、机车等复杂工业产品，所以 Predix Cloud 的构建也是从 GE 业务特点出发，但是借助平台的开放性，很多行业的客户也可以用。

Predix 应用颇为强大，针对各种工业设备，它能够提供完备的设备健康和故障预测、生产效率优化、能耗管理、排程优化等支持。

就目前的案例看，该项目已经产生了不少成果，例如，GE 和 BP 联合开发 POA(Plant Operation Advisor) 服务，帮助 BP 提升了墨西哥湾炼油厂的效率。澳洲航空公司（Qantas Airways）从 2015 年开始部署 GE 的 Flight Analytics 软件，已经节约了数百万公斤燃油，并且在 2017 年后为飞行员配备基于 GE Predix 开发的移动应用 Flight Pulse，收集 1700 多名飞行员的飞行数据，做出更高效率的燃油使用决策。

四川的次世区块链在物联网应用方面也有探索，主推的 SophiaTX 项目就包括了物联网集成，涉及可穿戴设备、智能设备等，可以收集、分析数据。而且它跟企业的 ERP 结合，能够将分析结果用于支持业务流程的优化。

4. 共享设备

在去中心化的物联网愿景中，网络上的每个设备都可以作为一个独立、微型的商业主体运行。各种物联网设备可以主动参与分享，通过闲置资源的出让获得对应的收入，带宽与存储共享是比较常见的。如下班回家，车子闲置，如果信息上链，在智能合约的作用下，某些急需用车并且满足合约标准的人，就可以将车开走使用，并支付报酬。家里的卧室、沙发、房间等，都可以拿出去出租，共享经济将更为彻底。

Slock.it 和 OpenBazaar 等公司正在探索构建一个普适的共享平台，依托去中心化的区块链技术，让供需双方点对点地进行交易。

之前，一家名为斐讯的公司力推的天天链 N1 就遵循这一逻辑。它的硬件是 NAS 产品，可使用该产品连接移动硬盘，或者将数据资料上传到云端，也可以通过该产品调取播放移动硬盘及云端的数据资料。软件就是斐讯利用区块链技术建立的共享体系，以斐讯家庭 NAS 天天链 N1 为共享节点，用户可以共享该节点内的存储、宽带、算力等家庭闲置的数字资源，并获得等量的数字资产，用以兑换斐讯旗下产品及服务。

这个思路挺好，可惜这家公司出了问题，2018 年 8 月，该公司发布公告称，由于无法偿清到期债务，且资产不足以清偿全部债务，也不具备重整、和解的条件，公司宣布破产。

三星和 IBM 正在开发"ADEPT"区块链技术，这是一个智能设备的去中心化网络和连接大量设备的公开账本，无须中心机构去处理设备间交流，设备之间可以直接交流、更新软件、管理故障和观测能量使用。

IDC 有一个分析认为，到 2019 年，20% 的物联网部署将具有基本的区块链服务。看来区块链在物联网领域的应用将拥有广阔的空间。

第七节　区块链 + 公益慈善

慈善机构要想获得公从的持续支持，就必须具有公信力，而信息透明是获得公信力的前提。公众关心捐助的钱款、物资有没有到位，公益机构都做了什么，成本有多高等。

最近数年里不时发生一些"黑天鹅事件"[①]，加之公益信息不够透明，捐赠者查不到捐款去向，在一定程度上打击了民众对公益的信心。

从社会反馈来看，公益慈善最令人诟病的就是善款去向不明、信息不公开的问题。区块链技术可以说是解决这一问题的良药。如果搭载区块链技术，公益项目里的信息，包括捐赠项目、募集明细、资金流向、受助人反馈等，都可以存放到链上，在获得授权且满足项目参与者隐私保护、符合相关法律法规要求的前提下，有条件地开放，方便公众和社会监督。

区块链技术是一项分布式账本技术，加入区块链的每一个节点都有账本，里面

---

① 黑天鹅事件：指非常难以预测，且不寻常的事件，通常会引起市场连锁负面反应甚至颠覆。"灰犀牛"是与"黑天鹅"相互补足的概念，"灰犀牛事件"是太过于常见以至于人们习以为常的风险，"黑天鹅事件"则是极其罕见的、出乎人们意料的风险。

的信息公开透明，而且区块链上存储的数据不可篡改，自然不容易做假。

为进一步提高公益事业的公信力，公益组织、支付机构、审计机构等均可加入进来作为区块链系统中的节点，以联盟的形式运转，方便公众和社会监督。针对一些复杂的公益场景，如定向捐赠、分批捐赠、有条件捐赠等，可以采取智能合约管理。还可以在区块链技术底层引入智能合约，让善款的使用规则在捐款之前就被明确下来，确保专款专用，这样大众基于爱心捐助的款项只会流向那些满足捐款条件的人身上。

2016年7月，蚂蚁金服上线了区块链公益，"让听障儿童重获新声"成为试水项目，为听障儿童募集资金。捐赠人可以看到一项"爱心传递记录"的反馈信息，在进行必要的隐私保护的基础上，展示了捐赠人的款项从支付平台划拨到基金会账号，最终进入受助人指定账号的整个过程。同年12月，蚂蚁金服宣布支付宝爱心捐赠平台已全面引入区块链技术，并向公益机构开放。中国红十字基金会与壹基金提出申请，上线了"和再障说分手"及"照亮星星的孩子"两个项目。3个月后，支付宝上所有爱心捐赠项目都接入蚂蚁区块链平台。例如，BitGive建设的区块链捐赠平台GiveTrack允许捐赠者将比特币捐献给慈善事业，并实时跟踪捐款，捐赠者通过平台可以实时跟踪这些资金的进度。

据统计，2017年3月16日到5月10日，共有37家公益机构，超过300个公益项目接入蚂蚁区块链平台，捐赠人次超过937万，捐赠总金额超过4800万元。①

另一起现象是，由于监督乏力，在互联网公益众筹项目里，骗捐、诈捐时有发生。例如，一些有房有车有存款的人，却在轻松筹、水滴筹平台上发起募捐，消费人们的信任。

互联网公益筹款平台成立的初心，是帮助那些真正因为生病走投无路的人。结果出了骗捐、诈捐等问题，这有可能导致人们对筹款平台的质疑，以后需要帮助的人再想筹款，难度会增加。

引进区块链技术也许可以解决这种问题。捐赠记录在链上，人人可查，不可篡改，一旦出现诈骗，可以迅速准确地追责。

寻找失踪儿童最宝贵的时间，是在其失踪后72小时内，这段时间被称为"黄金72小时"。但是，长期以来，各个网络平台是独立的，寻人信息很难快速扩散出去。通过区块链技术共享数据后，家长一旦一键发布寻人信息，寻人信息就会第一

---

① 雷锋网. 涉足区块链公益近一年，蚂蚁金服有哪些实践总结？[EB/OL]. [2017-05-17]. http://news.ifeng.com/a/20170517/51113324_0.shtml

时间被同步到全部平台，这样可以为在"黄金72小时"内找到孩子提供保障。而孩子找到的消息也会被同步到各平台，避免资源浪费。2017年，腾讯推出了"公益寻人链"平台，化解了数据孤岛现象，将多个寻人平台的信息打通了。

第八节　区块链＋医疗

有分析认为，医疗健康领域很可能是继金融领域之后，区块链技术的第二大应用场景。

目前的医疗领域存在一些迫切需要解决的困境，如假药、医疗信息孤岛、医疗记录泄露、保险报销流程冗长、骗保等。

如果能够采用区块链技术，那么就能利用它的匿名性、去中心化等优势保护病人隐私。而且，临床试验记录、电子健康病例（EHR）、DNA钱包、药品防伪、健康管理、医疗设备数据记录、药物治疗、计费和理赔、不良事件安全性、医疗资产管理和医疗合同管理等都是区块链技术可能的应用领域。

也就是说，医疗和健康信息共享，医疗流程透明化，医疗事故责任可追溯，用于缴费和保险的智能合约等，都有可能在区块链的技术推动下，向前迈一大步。据IBM推测，全球56%的医疗机构将在2020年前投资区块链技术。

以下谈谈它的详细应用。

1. 医疗健康数据的安全保障

传统的医疗机构通常都会建立自己的中心数据库，用于记录、保存和传输医疗数据，包括病人的病历、健康数据和基因数据等信息。这些信息里又涉及患者的身份信息、治疗方案、治疗费用等敏感信息。数据全部存储在服务器上，或者是整个系统的数据中心，而各科室的计算机是客户端，只负责数据的采集、录入和查询，不负责数据的存储。

在这种中心化的数据存储模式下，如果数据被外部黑客获取或者内部人员泄露，容易导致病人医疗信息的公开、丢失或更改，从而造成严重的后果，常有用户因为医疗信息泄露而受骗。

而在去中心化的模式下，由于区块链采用分布式存储，这意味着所有的客户端计算机都会充当数据服务器。如果发生了区块替换或复制等，那么其他人能够看到这种痕迹，进而知道是哪个节点在使用这些数据，一旦发生泄密，后面的追查也会方便许多。在区块链上，交易记录等账目信息会被打包成一个个的区块，并进行加密，同时盖上时间戳，所有区块按时间戳顺序连接成一个总账本，黑客要想偷取其中的数据，难度是很大的。

据媒体报道，2017年4月，浙江松阳警方侦破一起特大侵犯公民个人信息案件，查获非法获取的各类公民个人信息7亿余条，共370GB的电子数据。

2016年，深圳某医院上千名接受产检和分娩照顾的女性分别接到月嫂和婴儿产品公司的骚扰电话和短信。此次涉事受害者的信息，被黑客明码标价售卖。

2016年7月，全国超过330位艾滋病患者称接到了诈骗电话或信息，诈骗者自称是政府人员，通知患者领取疾病补助，并以此索要手续费。由于诈骗者对艾滋病患者近期的就诊时间、在哪里拿过药、身份证号码、以及工作单位等信息都有掌握，不少患者上当受骗。

而区块链的身份识别和密码学技术，在一定程度上能够保证患者控制用户的访问权限，又能确保医疗健康记录的隐私级别与透明度，同时还保证了医疗数据的不可篡改，对个人隐私的安全保护有很大的改进。

四川次世区块链研发的SophiaTX瞄准了药品物流场景，并展开应用探索。运输药品一类货物时，需要考虑的最重要因素之一就是温度。温度意外升高，可能导致药品变质，进而无法使用。

区块链技术可以跟踪药物运输中的环境变化，如空气湿度、温度等，而且可以确定在运输过程中药物的真实性、跟踪货物的路线和定位目的地，并确保指定的交货日期。通过物联网传感器与智能设备，GPS坐标、装运日期和所有运输条件都可以写入区块链。

2. 电子健康病例（EHR）等医疗数据共享

一直以来，医疗信息流通都很不流畅。其原因在于当前医疗机构的中心式存储架构导致信息孤岛现象严重。人们在不同的医院就诊，病历会记录在不同的存储中心，各家医院都不会轻易将医疗信息对外公开。如果患者去其他医院就诊，该医院无法获取病人的完整病历，很多时候只能重新为患者做各种检查，增加了患者的医疗费用，浪费了医疗资源不说，更重要的是耽误了患者的就诊时间，甚至会贻误病情，导致较为严重的后果。另外，医生在获知就诊者过往情况方面，也增加了难度和工作量。

这就是当前的医疗数据流通现状。如何推动医疗数据的安全流通，充分发挥它的使用价值，这是业界一直在考虑的问题。

通过区块链技术，每个患者都能够控制自己的病历数据，而不再是某个医院。医院做的就是更新患者的病历，这样就提高了病历数据的流动性。

换句话说，个人医疗记录的保存可以理解为区块链上的电子病历。如果把病历想象成一个账本，原本它是掌握在各个医院手上的，患者使用时需要到医务部门复印，用起来极为不便。如果用区块链技术来保存患者病历，患者看病也好，对自己的健康做规划也好，就有历史数据可供使用。而这个数据真正的掌握者是患者自己，而不仅仅是某家医院或第三方机构。

EHR 即个体完整的医疗健康历史记录，包含患者生命体征、服药记录、医生诊断记录、患者手术相关的所有信息，以及与医护人员、地点、事件相关的全盘历史数据等，对精准治疗和疾病预防有宝贵价值。

在区块链中，每个事件和交易都有时间戳，形成一条长链或永久性记录的一部分，且无法在事后进行篡改。同时，区块链多为私钥的授权模式，可确保用户敏感数据的合法流通和使用。在没有权限限制的公有链上，各方都可以查看所有记录。在受限制权限的区块链上，各方可以通过协定确定使用者可以查看哪些交易，前提是需要获得用户的私钥授权，从而保障用户信息的隐私性。用户数据的每一次查看过程在链上都有记载，在一定程度上可以减少数据被恶意使用的风险。就算被恶意使用也是可追溯的，并能够快速找出嫌疑人。

3. 医疗保险

在医疗保险领域，患者、医疗机构、保险提供商之间组成了三角关系。每个交互关系中都存在流程长、效率低下和服务态度不好等问题，且多层级的保险中介增加了很多无效成本。

应用区块链技术后，可以在医疗保险领域引进智能合约。与每个索赔相关联的临床护理细节可以作为参考地址存储在区块链中。当符合智能合约规定的条件时，系统会自动执行指令，如保费的报销与转账等。如果出现不合规的事件，智能合约会跟踪情况进展，实时向相关方发送通知，这样还能阻止骗保等现象的发生。

4. DNA 钱包

基因和医疗健康数据等信息能够运用区块链技术进行安全存储，并且通过使用私人秘钥来获得，这将形成一个 DNA 钱包。医疗健康服务商能够安全地分享和统计病人数据，尤其是在获得授权的情况下，使用人们的基因数据，帮助药企更有针对性、更有效率地研发药物。

有一家名叫 DNA.Bits 的公司正在组织研究基因数据分享的课题，试图提出利用区块链技术存储基因和医疗病史档案的解决方案，方便研究人员快捷地搜索到基因信息，而且不侵犯 DNA 钱包的隐私。

按照 DNA.Bits 的设想，患者的个人医疗记录和基因数据都会保存在区块链的侧链上。当需要产生交易的时候，数据就会被移动到区块链上。

5. 药品防伪

假药问题一直没有断绝。来自世界卫生组织估算的数据显示，全球有 10% 的药物有可能是假药，而在一些发展中国家，这个数字甚至达到了 33% 之多。造假的规模十分庞大，每年全球假药的销售额估计在 750 亿~2000 亿美元。[①]

与编码防伪技术类似的是，区块链防伪利用了区块链技术的可追溯性特点。在药品包装盒表面有一个可以被刮去的涂层，底下是一个特别的验证标签，购买到药品后，可以扫码，与区块链上的数据做比较，以验证药品的真实性。

例如，Trace Link 公司就在做跟踪药品与剔除假冒处方药的研究，并连续拿到了多轮投资用于机器学习和区块链方面的投入，投资者包括高盛、Vulcan Capital 等。

6. 比特币支付

在有些国家或地区，比特币可以用来支付医疗费用，或者保险费用，这给了病人更多的支付选择。

虽然比特币的价格波动比较大，不像某些法币那样坚挺，但提供这一支付选择

---

① 第一财经日报. 前 FBI 成员帮跨国药企打假 年销售额超 2000 亿美元 [EB/OL]. [2016-03-15]. http://news.hexun.com/2016-03-15/182753195.html

的医疗机构或保险公司，相对于竞争对手来说，或许多了一点优势。

例如，医疗平台 Medicalchain 与伦敦的 Groves 医疗集团合作，通过区块链技术记录患者的医疗记录，为患者提供远程医疗服务，并可使用加密货币支付医疗费用。

此外，美国迈阿密一家名为 Vanity Cosmetic Surgery 的整形美容机构允许客户使用比特币支付整形费用。加拿大的一家在线医疗咨询平台 Ask The Doctor 同样接受比特币支付。

7. 医疗供应链

医疗行业最主要的支出就是采购医疗设备和药品。但是，在医疗物资供应链中存在信息不对称、融资难、交易风险高、交易效率低等问题。区块链的分布式数据存储、信息不可篡改、可追溯等特点，对改善当前的医疗物资供应链体系帮助是比较大的。

如果建立了以区块链技术为基础的医药物资追溯系统，就可以确保"产销监管链"如实记录，增强了产品转移路径的可见性和可控性。系统实时监管每一个细节，确保所有药品的供应链完整，从而提升交易的公开透明性，同时还能降低供应链中的金融风险和交易成本。

再看医疗供应链金融市场，这个发展空间非常大。医疗产业链上众多企业面临融资难的问题，如抵押担保不足、信用信息不足等，而贷款机构也面临审核难、信息掌握不全等问题。

区块链在各医疗类企业中有许多用武之地。如果数据、资产能够上链，成员们可以一起完善、充实联盟链的数据和应用，尤其是如果贷前征信资产可以上链，那么区块链可以在应收账款可信交易与管理、交易全程追溯等方面提供技术支持。

同样，资金方则能快速展开贷中评级授信、资金流转，以及贷后持续化风控监管。区块链技术在解决中小医疗类公司的融资问题、提高资金方审批能力等方面作用比较明显。

医链科技、京东金融、天亿集团发起了"医疗区块链金融联盟"，搭建了联盟链，吸引了多家公司入驻，资产方包括中国医药、石药集团、瑞康医药、人福医药四家核心企业；资金方包括北京金融资产交易所、招商银行、光大银行、平安银行等。

飞医网发布了医疗供应链领域内首份区块链技术白皮书，提出"联盟链"模式，以部分去中心化的方式对访问权限进行控制，形成安全、可靠的医疗供应链系统，保障医疗供应体系的安全。它的医疗供应链云平台区块链底层技术框架采用 Hyperledger Fabric。

8. 临床试验室

药品开发是一个成本高并且耗时长的过程。新药推出前必须先通过严格的实验鼠和人体测试，只有在监管机构对这些测试进行审核并通过时，药品才会被允许上市销售。

在新药开发过程中，会有大量临床试验用来监测药品的效力及副作用，衡量正反面的效果。但是，有些医药公司为了尽早盈利，有可能会对一些药物的副作用视而不见，伪造临床试验数据，加快新药的上市速度。

从 2007 年开始，美国规定所有的临床试验结果都必须登记在公开数据库 Clinical Trials.gov 之上。但新的问题又出现了，有些企业为了达到最终目的，悄悄改变了临床试验步骤，以迎合最终结果。

监测临床试验的项目 COM Pare project 发现，在其目前监测的 67 项研究中，只有 9 项研究按规定报告了试验结果。这样肯定是存在问题的。

如果引进区块链技术用来记录临床试验的步骤与结果，并且验证临床试验协议是否遵守了研究规定，情况会好一些。毕竟区块链上的信息不能篡改，药企人员就不能通过修改试验协议来达到想要的结果。而且利用区块链的分布式账本技术可以管理来源于多个试验场所、多个试验患者的实验结果数据，降低多中心化试验模式下的试验成本。

例如，Florence 这家公司主要提供能够用来管理试验数据的临床研究软件工具。它拥有 2000 家左右的临床试验点。2017 年时，它与区块链资产担保公司 Verady 联合开发医疗区块链 APP，推进临床研究。

9. 蛋白质折叠

由于蛋白质折叠过程十分迅速，斯坦福大学之前依赖非常昂贵的超级计算机来模拟蛋白质折叠过程。这种方式花费比较大，并且存在单点故障。通过运用区块链技术，他们能够选择使用一个巨大的分布式网络来进行高速运算，所需费用有所降低，并且故障率也有了一定程度的下降。

再来看另外几家公司在医疗区块链领域的动作。腾讯公司做了不少事情，如用区块链技术确保电子处方不被篡改。之后，腾讯正式对外发布了微信智慧医院 3.0，其中使用了 AI 和区块链技术。3.0 版微信智慧医院把所有知情方全部纳入区块链，相当于建了个联盟链，实现实时链上监管，就医信息全程可追溯。

具体来讲，微信智慧医院的区块链落地应用表现在两个方面。

①安全：微信智慧医院 3.0 基于区块链所拥有的多方共识、不可篡改、多方存证、随时可查等优势，运用区块链技术，为监管方、医院、流通药企搭建了一条联盟链，保障数据、隐私安全的同时，实现链上数据防篡改。

②连接：通过整合社保、医院、药企、保险等资源，实现资源联动，提供在线咨询、处方流转、商保直赔等服务。以处方流转为例，其基于腾讯支付、AI 人脸识别、区块链等核心技术，连接医院、流通药企及用户，实现电子处方安全流转，全流程可追溯，助力医药分离。用户可选择到药店自取、药店配送到家等多种购药方式。

澳大利亚悉尼初创公司 Brontech 正使用区块链技术搭建服务平台，提高医疗保健系统的可信度和安全性。该健康平台被称为 Cyph MD，采用区块链技术实现医疗保健中的数据共享。Cyph MD 利用非对称加密技术，也就是使用私钥和公钥对数据进行加密和解密。非对称加密技术与分级证书系统的结合，使得每家医院都可以为本医院的医护人员设置"身份令牌"，方便医疗人员之间进行沟通。

颇为知名的 Guardtime 公司，在区块链领域颇有影响力，其在爱沙尼亚建立了全国性的区块链医疗健康平台。全体爱沙尼亚公民、医疗健康服务提供者，还有医疗保险企业，在获得授权的情况下，都可以获取爱沙尼亚境内的所有诊疗记录。

Health bank 是一家位于瑞士的数字健康创业公司，他们的区块链平台可供用户存储和管理健康信息。他们计划采用区块链技术让每个患者的健康信息，如心率、血压、服药、诊疗、睡眠模式、饮食习惯等，全部通过健康 APP、可穿戴设备或者医生获取，并安全存储在 Healthbank 区块链上。

有意思的是，Healthbank 的用户不仅可以存储健康信息，还能将信息提供给医疗研究项目，并从数据提供中获得补贴。这样，该平台就变成了数据交易平台。

再介绍一家名为老肯医疗的企业，这是我国一家专注于医院感染控制领域的综合服务平台型企业，其联合了数十家医院及监管单位，依托 9BaaS 区块链应用平台，建立了医院感染防控供应链溯源联盟链网络。

医疗器械经过医院使用后，需要经历分包、物流回收、清洗、分类消毒、灭菌等处理流程，一些特殊用途的器械甚至需要经过专业的处理等一系列标准化、规范化的流程，流程环节多、专业性强、安全质量要求高，审验效率低下。通过 9BaaS 的溯源联盟链，所有流程的流转信息、监控视频、操作人员、作业执行等相关记录通过各相关单位节点见证，并记录到联盟链网络公共账本上，通过智能合约锚定流转关系。

因此，通过共识网络，可以大大提高审验效率，增加各方相互信任的程度，极大地保证了医院感染防控流程的透明度和可靠性。

第九节　区块链 + 零售业

最近几年里，零售行业被新的技术、工具，以及新势力们强势冲击，变得波谲云诡。

线上巨头急于突破流量瓶颈，疯狂布局线下版图。例如，阿里巴巴已入股或收购多家大体量的连锁卖场，包括银泰、三江购物、高鑫零售（欧尚、大润发）、苏宁、联华超市；京东入股永辉，联手沃尔玛打出整合 100 万家便利店的旗号。

线下实体店试图通过数字化改造、电商转型，或者是站队 BAT 等跟上行业发展的节奏。

创业公司在细分赛道和碎片化场景中带起了无人零售、自媒体零售、社区便利店等创业风口。

AI、区块链等新技术又将给零售行业带来哪些新的机遇？区块链给零售行业带来的改进空间非常大：它的分布式账本技术让伪造变得更加困难，从供应商、制造商到物流、零售终端，它为每一款产品添加可验证的记录，实现全程追溯。

具体来讲，区块链技术在零售业的落地应用主要有几个方面：优化物流与供应链管理、商品溯源、消费者身份确认等。

1. 物流端的应用

区块链明显的落地应用正发生于物流与供应链领域，而零售行业关键的事情就是做好供应链与物流。

BiTA（Blockchain in Transport Alliance）是一家全球区块链货运联盟机构，成立于 2017 年 8 月，目标是开发物流及货运行业的区块链应用标准并将其推广，已吸纳了 200 多家物流与技术企业加入，包括 UPS 快递、联邦快递（FedEx）、美国潘世奇物流（PENSKE）、罗宾逊全球物流（C.H.Robinson）、SAP 软件、京东物流等。

沃尔玛申请了一项名叫"智能包裹（smart package）"的区块链技术专利，利用区块链技术实现更智能的包裹交付追踪系统。首先，它能记录包裹信息，包括包裹内容、环境条件、位置信息等。其次，它有一套基于区块链技术的无人机包裹寄送追踪系统，以及一套用来监管配送地址的加密技术，包括卖家私人密钥地址、快递员私人密钥地址和买家私人密钥地址。

阿里巴巴旗下的菜鸟网络也没闲着。2018 年 2 月，菜鸟网络与天猫国际（天猫跨境电商平台）联手，发布了一套基于区块链的防篡改物流追踪数据。消费者在手机淘宝的物流详情页面，通过底端的"查看商品物流溯源信息"按钮即可进入商品溯源页面查看购买商品的全部溯源信息，确保商品来源真实可靠，如图 10-1 所示。

10-1　商品溯源图

京东联合沃尔玛、IBM 等搭建了一个中国食品安全区块链溯源联盟——唯链，借助区块链技术，解决红酒的产品溯源与防伪问题。

区块链的一大优势在于上传数据的不可篡改，通过商家、海关等各方上传的物流数据，消费者可以交叉认证自己所购商品的各项信息。想要在区块链上进行数据造假或掺入假货是很难做到的。

2. 供应链端应用

区块链拥有去中心化的账本技术，加入区块链的各个节点可以按照时间顺序记录各种信息与交易，并在线上进行共享。重要的是，这些记录不能被篡改。

如果这种技术在零售业落地，利用区块链技术构建"数字化供应链"，从生产商到物流商、批发商等各个环节都上链、记录信息，那么从理论上讲，消费者就能够通过扫描查看这件商品从地里，或者从厂里，到上架销售的全过程，检查物流与储存环节是否按规定执行。

在区块链技术跨境的供应链管理和流通上，应用同样广泛。利用区块链技术，商品全球链路追踪会更加精准无误。分布式记录让商品的全链路过程，从生产、运输、通关到第三方检验等信息全部得到加密确认，不仅不可更改，每个流程还能清晰可追踪、可监控。

如果是跨境的零售供应链管理，还涉及跨境结算的问题。在金融板块笔者已经讲过，在区块链技术的助推下，跨境结算效率会非常高，以前需要几天时间，以后只需要几分钟，甚至实时到账。

无论是物流端的应用，还是供应链端，其实讲的都是商品溯源问题。以农产品为例，记录农药的施用、土壤质量、光照时间等都可记录上链，这些信息越详细准确，对增加商品可信度就越会有帮助。

利用区块链技术，可以将商品流通的所有参与主体连接起来，包括原产地、生产商、渠道商、零售商、品牌商和消费者等，使每一个参与者信息在区块链的系统中都有据可查。

3. 交易端应用

作为去中心化分布式数据库，区块链的点对点交易和私密性可能对现有零售业的整个营销体系造成颠覆性的冲击。

现在零售业的渠道架构基本上是商品原产地（品牌商）—交易平台（零售商）—终端消费者的模式。在区块链的作用下，交易流程可以直接跨过渠道体系达成从产地或者从工厂，直接到终端的点对点交易。

既然商品从源头、制作、出厂到上架销售所经历的整个过程都能在区块链系统上查询到，那么品牌商也能看到每件商品的流向，以及终端消费者的分布情况。

如果实现了这一点，理论上品牌商完全可以直接触达每一个精准的终端消费者。其实现在一些公司的直营网店已经做到了商品直达消费者，只不过很多都要依靠天猫、京东等第三方平台才能把货卖好，自家的独立网店销量比较惨淡。

所谓产消直通，就是缩减生产者和消费者之间的信息距离，这让个性化定制、针对性服务变成可能。围绕区块链这个自由、公开、安全加密的交易平台，传统以零售平台为中心连接消费者完成商品最后交付的功能，很可能会被品牌商直接接管。

除了这种做法，还有一种供应链平台对企业（Supply chain platform-to-business，S2b）模式，阿里巴巴学术委员会主席曾鸣认为这是未来几年里很有前景的模式。

这里的 S 是一个大的供应链平台，它提供平台设计、协同平台支持等，也可以搞集中采购；b 指的是数万的中小型企业客户，它们对接最终客户，理解市场需求，再利用 S 供应平台的资源，完成对最终客户的定制化生产与服务。

苏宁发布的区块链白皮书专门提到了智慧零售，认为利用区块链技术能够在保障隐私安全的前提下，获取顾客的消费偏好数据，构建用户画像。同时还能结合衣、食、住、行、娱乐等各方面消费需求，为用户打造多场景化、趣味化、社交化的购物体验，从而获得更加丰富的用户画像，构建会员生态，提高用户黏性，使用户画像的数据更准确。

还有一些区块链公司势图借助区块链技术影响零售的全链条。如深圳华景区块链研发和创建了可落地、可实施的区块链商超产业模型，通过 IC 国际支付链＋超级商城＋数字加密资产三融合的方式，打造出全新的区块链数字超级商城——IC 超级商城。

IC 超级商城是基于区块链的追踪溯源、共识机制及分布式商业生态环境而建立，是新一代信息透明、协同高效、价值高速传输的区块链商城应用。它可重构现有区块链架构，将新商业金融、物联网与区块链技术相融合，利用区块链＋密码学技术＋防伪标签为每个商品提供唯一的"电子身份证"，为交易市场提供一个安全、可追溯的物流体系。

IC 项目团队研发的"IC 超级钱包"为消费者、供应商提供加密身份认证、数字资产加密支付、财务实时清结算的区块链资金交易结算体系，保障双方点对点、即时安全的商品交易。

当然，无论多么先进的技术，其本质还是服务于产品。IC 超级商城整合各类标准化、轻服务的优质品牌产品，以从工厂到消费者（F2C）模式实现从工厂到消费者的电商直购，制定可溯源的品牌电商产品标准，提供有品质保障的优质产品，同时支持数字资产兑购电子货币交易，实现数字资产与现金组合支付，打通数字资产与商品、服务市场的通道。

经中国电子商务协会区块链与产业金融研究院授权，华景区块链技术有限公司 IC 商学院发展中心已挂牌成立。IC 商学院发展中心与中国电子商务协会紧密合作，共同承担区块链与产业金融专业人才的培养与交流，为区块链爱好者提供系统培训，同时就技术研发、商业应用、产业战略等方面进行研究探讨，为创业者提供指引，为行业发展和政策制定提供参考，促进区块链技术服务于社会经济的进步发展。

如果这种思路得以落地实现，那么，区块链商城的价值是很大的，它可以帮助企业避免品牌或产品仿冒，也可以让消费者更安心地购买产品。

第十节　区块链 + 房地产

房地产是地球上最古老的行业之一。到 2015 年，其行业价值已经达到 217 万亿美元。

在最近几十年里，房产设计与房屋修建方式等环节变化确实比较大，使用的工具也越来越先进，但房产质量的提升表现一般。

房产交易过程变化也不大，依然需要经历多个步骤，数字化进程缓慢。即使互联网普及后，房产交易环节也仅仅是增加了发布与了解房源信息的渠道。

区块链有可能改变房地产市场的运作方式，合并许多复杂的流程，加快交易进程、减少欺诈行为，为每一个参与者提供更透明、安全的交易。它可能在房地产购买、托管与所有权转移等事务上发挥威力。

1. 核心信息更准确，需求匹配更精准

房屋买卖双方或者中介机构多是通过位置、租金、房价等综合因素，在交易平台进行筛选匹配，然后平台或者中介再联系买卖双方，进行撮合，交易成功后收取中介费用。

看起来这个交易流程没问题，不过，由于平台上的房源存在信息过时、不完整或虚假等问题，甚至一些存在债务纠纷、证件不全的房子也被拿到平台上交易，最后导致很多问题的出现。

而区块链技术可以改善这一点。它不仅会记录房子的地理位置、价格、周边配套、证件等细节，而且还将记录房子的交易信息。房子有没有问题，在链上就能直接看到。当然，这需要房子的开发商、提供贷款的银行、接受抵押的银行、物业公司等有关的各方都要上链，及时将信息记录到区块链里。

例如，房地产公司房掌柜成立了房云链，现已有中海地产、中粮地产等房企入驻，并且该公司跟 IBM 签约，由后者协助房掌柜建设基于 HyperLedger 开源技术的数字房产区块链服务平台，平台将搭建房地产信息数据库、交易流动系统、房产估值系统和风险控制系统等，将房屋基础信息全部记录上链。

据公开介绍，房云链还将围绕文档存储、智能工作流、智能托管、房产注册和房产切分交易五个应用领域展开工作，从土地规划开始，到施工建造、合规销售直至物业交付，房屋的基础信息都可以统一获取查询。具体信息包括楼盘地块原始状况、规划设计方案、施工建造管网、外立面用材用料、内装强电弱电走线，和房子的后期维护、交易流通、资产管理等。

如果项目能成功落地，这可以为政府、开发商、消费者、物业甚至每一个参与者提供更透明安全的交易环境，大幅降低纠纷和交易成本。

还有一家名为 REX 的房地产交易平台也已经开始这一尝试。具体做法是：在一个去中心化网络中连接买卖双方和中介机构，建立一个全球房屋销售数据库，并对所有人开放。这个平台还发行了一种 REX 代币，用来激励卖家和经纪人上传房屋信息。如果上传的房屋信息认证通过，就能换取奖励。

2. 减少租、售之前的调查成本

在房屋租赁或买卖过程中，交易双方通常会消耗大量的时间、精力去做各方面调查，以评估租金或价格，其中还包括对文件真伪进行验证，自然推高了调查成本。同时，由于是人工审核，在验证过程中容易出现错误。更何况第三方服务商会在漫长的调查过程中收取一定比例的佣金。

据加拿大统计局的调查显示，加拿大住宅和商业房地产交易和服务费用（如法律费用、土地转让税和房地产佣金）约占加拿大经济的2%。

区块链可以提升调查效率和准确性。商业地产商可以为每套房子开发数字身份，并且将房子的购买者加入数字身份内，这些记录一旦写入，自然是不可篡改的，后面交易的时候，调查就相当方便了，每套房子的背景都很清楚。

3. 直接成交

现在房产销售、租赁等交易都离不开中介，交易成本比较高。如果遇到"黑中介"，还可能被骗，造成财产损失。

区块链力图改变这一点，如一家名叫 ATLANT 的区块链房产平台提供这样的服务：想租房子的人可以直接在链上找到业主了解或现场考察房子，然后在区块链上签订租赁合同。买卖房子是同样的道理。

还有 Etherty 公司，他们采用智能合约和标记化技术，搭建了一个像股票交易所那样的房地产交易平台，交易双方直接在线交易。而且用户还能购买或出售来自世界各地的多个房产的代币化股票，投资者不必前往指定地址，在线上就可以投资或交易。

当然，这种代币化股票交易的风险目前还是比较大的，离成熟的市场环境还有遥远的距离。

4. 自动支付

在房屋租赁或买卖等交易中，无论是房地产公司，还是买卖方的个人，都需要在财务、法律等多个环节付出成本。

如果交易过程中引进区块链的"智能合约",合约规定着交易各方的承诺,只要达到某项条件,合约就会自动执行条款内容,这样自然省事得多。例如,区块链平台上的智能租赁合同规定了房东与租客的权利和义务;租赁期限一到,租金会自动支付给房东、物业等。

5. 帮助开发商做出准确决策

目前,房地产行业的信息不对称问题不仅仅发生在个人交易者之间,即使在商业地产公司里也存在同样的问题,有价值的信息多是孤立地散落在不同的节点。而管理者的决策也只是基于这种相对片面、静态的数据,而不是更加精准的动态数据而做出。

区块链技术可以让这些数据整合并连接起来,进而提高管理者分析和决策的质量。如果建立了房地产行业的联盟链,整个链上的数据就不仅仅包括地产商本身,所有的参与者都会被涵盖进来,包括建筑设计方、建材方、装修方和室内设计师等,相关方都能获得自己需要的数据。

6. 实现更有效的融资和支付处理

流程烦琐、周期漫长且信息不透明的融资状况已经困扰房地产企业很久,这一现象在跨境交易中尤为明显。在跨境交易中,手续费用及中介机构的参与通常会增加付款交付时间和交易成本。

如果一个中国企业想购入一处美国的地产,资金需要经过多家银行的周转才能最终转入卖方手中;如果要办好手续,还要经过多个环节。

假如能够落实区块链技术,情况就会有变化。它可以将买卖双方的详细信息如交易费用、汇率变化、交易时间等全部包括在智能合约内。交易双方通过网络完成交易,结算速度会非常快。当然,政府主管部门的审核也可以在链上直接进行,效率自然又能提高不少。

第十一节 区块链 + 法律科技

早在 2016 年 8 月，微软与法大大、Onchain 就联合发起了电子存证区块链联盟——法链，它将区块链技术应用于电子文件的数据存证场景，将电子文件的签署时间、签署主体、文件散列值等数字信息广播到法链所有成员的节点上，信息一经存储，任何一方无法篡改，从而满足电子证据的司法存证需求。

目前仅法大大电子合同平台，每天就有超过 270 万份合同文件经由法链实现区块链数据存证，惠及的行业覆盖金融、保险、第三方支付、旅游、房地产、医疗、物流、供应链、企业间交易（B2B）、企业对个人（B2C）线上交易平台、人力资源管理等多个领域。

阿里巴巴的芝麻信用链基于区块链 + 生物识别 + 加密 + 信用技术，用于解决现实世界的交易信任问题，里面也涉及法律科技问题。其主要原因有以下三个方面。

①芝麻信任链是支持全链路可信电子合约的区块链，实现信息的真实透明、不可篡改，能够减少信息不对称导致的不信任问题。

②芝麻信任链同时是一个多级裁定司法可信的区块链，通过自动判定、平台判定、司法判定等多方判定机制，降低监管成本和用户维权成本。

③芝麻信任链引入了信用联合奖惩机制，通过信用评估和联合奖惩鼓励守信行为，惩罚失信行为，增加失信成本。信任链可以在租房、租赁、政务、安心消费、版权保护、二手交易等场景落地应用。

除了芝麻信任链的尝试，2016 年阿里邮箱还与法大大联合推出了基于区块链技术的邮箱存证产品，目的是保障电子邮件作为电子证据的安全性、稳定性，避免具备证据效力的电子邮件数据被篡改。

不论是区块链合同存证、邮箱存证，还是信用链，其实都指向法律科技领域。法律科技主要指利用 AI、区块链、大数据等全新的技术手段，改进传统法律业态、提升法律服务体验的高新技术及其具体应用。它通过技术构建信任机制，利用技术手段确保法律服务的有效性、安全性，并由事后介入转为事前参与，很大程度上能够弥补法律滞后性的缺陷，有潜力成为数字时代企业高效运转的重要合规及风控保障。

具体来讲，区块链在法律科技领域的应用，包括以下几个方面。

1. 智能合约

法律合约需要本人在原始文件上亲自签名，然后需要一定的时间来执行合约内容。

区块链有望将这一过程转为数字化，即"智能合约"。这些智能合约规定了详细的条款，只要满足了条件，就会自动执行。这一过程只需要少量的律师参与。

有一家名为 OpenLaw 的公司正在实践将智能合约带到法律领域，以期通过区块链减少创建、保护和产生具有法律约束力的协议时的成本及摩擦。它还计划消除对中间机构的需求，为存储这些协议提供工具。

2. 知识产权

在数字化时代，为保护图像、音频文件、设计、书籍等知识产权，法律一直扮演保护者的角色，但是，即使有详细的法律保护，拥有知识产权的作品依然会被一些人不经授权地使用。

基于区块链的版权管理技术，首先，在确权、用权、维权三个环节上颇有优势——注册很快，收费低，交易可以被实时记录，也能够被追踪到。不过也可能会出现多重注册的现象，毕竟区块链注册服务商有很多，他们之间没有形成统一，需要平台之间相互承认才能达成统一标准。配合区块链注册不可改变的时间戳，这个问题倒是可以解决。同时，在区块链网络上，需求方与权利人能点对点直接沟通，减少了中间环节。此外，通过智能合约还能够加快版权收费和交易的执行效率。

知识产权维权难的关键在于确定侵权困难，权利主体难以寻找。而区块链技术通过算法自动记录信息和规则，具有明确、清晰的权利归属，第一时间确认侵权，同时也能快速找到侵权主体。

由于侵权记录被不可更改地保存下来，权利人主张权益的成本大大降低，也不需要效率低下的第三方参与仲裁，从而解决了知识产权产业链冗长杂乱的问题。更厉害的是，侵权记录上了链，全网可查，侵权者的信用会受影响，市场会逐渐减小甚至消失，自然会对侵权形成威慑力。

3. 财产权

财产权包括财产的买卖和租赁等。在相关部门的办公室或档案馆里，会有成堆的账本、纸质契约，以及追踪财产所有权的产权证等。

即使社会各方都在向数字化转型，在文件的存储方面，大多数情况下也只是文书的扫描与数据的录入，让其在数据库中有序保存。本身具有安全性和数字化记账功能的区块链有望通过高效、安全且不可篡改的方式存储财产权、土地所有权、交易时间等详细数据。

4. 证据链

在法律案件中，每条证据都会产生大量的书面记录，法院必须对其进行完整的保存，直至开庭。即使一审、二审，甚至终审后，这些证据也需要得到妥善保存。

问题在于，如果证据链没有得到完整保留，无论这条证据多么重要，辩护律师都可能提出动议，要求重新核查或推翻该证据，这将严重弱化证据的作用。

过去法院在处理数字化证据时，如硬盘上发现的文件，经常无从下手，而区块链会带来一些改变，它不仅存储文件，还能追踪文件。它可以通过数字化账本对证据进行数字化保存，可以形成永久记录，而且不会丢失。

5. 公证人

目前，公证人经政府机关认可并授权，从而执行确认、宣誓或保证、见证签名、核准文件等特定职能。而利用区块链技术，这些文件可以进行数字化保存，成为数字账本的一部分，关键是还能永久保存，不能篡改。

Blocknotary 公司希望将区块链技术应用于法律文件，提供文件的时间戳和指纹，由此消除现在对公证人橡皮图章的需求。

一家名为枫玉科技的公司正基于区块链技术研发电子证据取证、存证产品，目前已上线三个产品系列：证宝宝、签宝宝、法123导航网，提供取证、存证、出证、身份认证、电子签名、电子合同、法律增值服务、法律门户等全流程法律科技和服务闭环。

证宝宝是为企业、机构和个人提供多功能电子取证、不可篡改存证、强公信力出证的区块链存证和身份认证平台，设计出了网址取证、一键取证、智能取证机器人与证宝宝 APP，应用于违章、合同、保险、网贷和权属等场景。

签宝宝主要用来确保身份和签名的有效性，用于电子签名、电子合同和身份认证等。

综上所述，看起来区块链技术在法律科技领域应用广泛，但现实情况是，其可能需要很长时间的孵化才会有比较实用的成果出现。可以预计的是，区块链技术可能冲击物权法的现有规则，并导致相关合同法、公司法、金融法和程序法等规则的改变。以合同法为例，智能合约的意思表示方式与现行合同法规定的方式存在极大的差异，在什么样的情况下可以认定为意思表示一致、合意达成等问题，需要合同法对其进行明确。另外，智能合约可以自动执行，或者说取代人履行契约的行为，而在现行合同法下，契约履行的相关规定可能并不适应智能合约的需求，合同法的规则可能要进行调整。

简而言之，智能合约的应用可能导致合同的成立、生效、撤销、履行等界限和概念不再明晰，违约行为的认定、合同的解除和补救等方面也将存在很多新的亟待研究和解决的问题。

第十二节　区块链 + 数字资产交易

人们把第一代互联网叫作信息互联网，它的主要作用是利用相关技术更快更好地进行信息传递，并且创造丰富的信息。第二代互联网属于社交互联网，提供了像 QQ、MBS、微博等各种交流通信工具，以便扩大交际圈。第三代互联网则是交易互联网，淘宝、天猫、微店等平台的出现方便了人们在互联网上做生意或购物。第四代互联网在区块链的推动下，升级到价值互联网。人们能够像传递信息一样方便、快捷、低成本地在网上传递价值。这些价值可以表现为资金、资产或其他形式，尤其是数字资产。

数字资产有潜力成为一个庞大的产业，它是指企业或个人拥有的、以电子数据的形式存在的、在日常活动中持有以备出售或处在生产过程中的非货币性资产。它包括数字货币、数字股票、数字债券等资产形式，也包括专利、版权、创意、信用等知识文化资产。

数字资产表现为一段计算机代码,可以进行编辑,资产之间的交换就是代码与代码的交换,可以在区块链上通过编制智能合约程序,完全去中心化地、自主地进行点对点交易,不需要人工干预。

单就数字货币而言,据《证券日报》援引盈灿咨询的数据,截至 2018 年 3 月底,市场上已有包括比特币、以太坊、瑞波币在内的虚拟币共 1199 种,柚子币、泰达币、波场等 Token 共 718 种,总市值为 16 039.60 亿元,24 小时成交量一度达到 774.67 亿元。

数字货币支付速率低、多币种传输不畅等问题也受到市场的广泛关注。一些公司在这个领域里做了深入的研究开发。例如,一家名为 Binpay 的公司设计了一套数字货币跨链支付解决方案,打通各类数字资产,多种货币进行实时支付交易。拿到上亿投资的矩阵元也在做同类的事情,力图实现数字化资产、数字化凭证的实时在线交割。还有一些公司在开发数字货币的钱包产品,例如,imToken 支持 ETH 及以太坊 ERC 2.0 标准的代币(如 EOS、DGD、SNT、QTUM 等);Blockchain 支持 BTC 与 ETH;JAXX 钱包支持很多区块链资产品种;比特派支持 BTC、BTC 分叉币、ETH 等。其主要功能大多集中在存储、兑换、转账等方面。

第十三节 区块链 + 物流

在零售、快消品等行业板块,已经涉及区块链对其物流环节的改变,不过,物流本身就是一个大行业,有些物流公司或者物流技术企业正在引进区块链技术,以便提供更有竞争力、效率更高的物流解决方案。

IBM 在区块链上有一个案例就是与物流相关的。它的目的是帮助马士基提升效率。[①]

众所周知,跨境物流要找货代,然后再找相关的船代,之后还需要根据整个港口排期找堆场去堆物品,接下来再找陆运公司和相关零售商。

马士基在采用 IBM 的区块链技术后,所有物流涉及的元素,如文件、报关单、提单、原产证明,包括提货柜、称重、装船中间的温度控制、进出海关等信息,全部通过共有账本放到链上。制造商不再需要跟船运公司或者码头来回确认就可以知

---

① 谢艳霞.IBM 专家谢艳霞:区块链如何应用于物流?[EB/OL]. [2018-05-06]. http://www.ebrun.com/20180506/275939.shtml.

道货物的实时状态。制造商能清楚地看到供应链中发生的任何事情,并提前安排库存场地。船运公司不再需要那么多人去做客服;利用货产和集装箱的限免周期还可以减少申报流程,更好地利用好港口码头设施。海关关员的工作也变得非常轻松,因为所有的信息在链上可以查到,而且比以前更为准确。

原本马士基将冷冻货物从东非运到欧洲需要与近 30 个人员和组织进行超过 200 次的沟通,而如今,这样的低效沟通正在退出历史舞台。

早在 2016 年,欧洲鹿特丹港就与荷兰银行、代尔夫特理工大学、荷兰国家应用科学研究院等联合,组成区块链物流研究联盟,探索区块链在物流领域的应用,并且与荷兰经济事务部的独立区块链项目合作,为联盟项目开发开源基础设施。

成立于 2015 年的新加坡 Yojee 公司致力于设计自动化物流网络,为物流公司提供实时跟踪、提货和交货确认、开票、工作管理和司机评级等服务。该公司目前已开发出区块链与人工智能软件,用来跟踪和存档交易、交货细节,以便随时验证,保证货物安全。

腾讯公司也有动作,其与中国物流与采购联合会达成合作,启动区块供应链联盟链及云单平台项目,相当于是要搭建行业里的联盟链。

那么,区块链技术究竟能够给物流业带来哪些改变呢?

1. 保护客户隐私

去中心化的机制可以保护客户名字不被泄露。它将客户货物与行程编码,用代码而不是详细信息确认客户身份,这样可以降低客户隐私外泄的风险。

2. 提高货物的安全保障与精准投放,减少快递爆仓和丢包的可能性

近年来,物流业成长迅速,但是依然存在效率低、丢包、爆仓、错领等问题。区块链技术的解决办法是,货物的运输流程全部记录到链上,从装载、运输到取件等全过程清晰可见,确保信息的可追溯性,避免丢包、错领等问题的发生。即使出现了问题也比较方便查。企业也可以通过区块链掌握产品的物流方向,避免窜货现象发生;也有利于企业打假,维护经销商的利益。

香水品牌商凌仕就曾宣布,已成功将区块链技术应用于跨境物流贸易。该公司基于区块链研发的系统能够对进口货物的所有相关信息进行追踪。

2017年6月，IBM和物流解决方案提供商AOS联手，计划开发一款建立在IBM云平台之上的区块链和物联网平台Watson IoT，以提高物流效率。

通过该方案，区块链和物联网对整个物流过程进行数字化处理，相关信息直接从放置在卡车上的传感器获取，然后进入区块链，从而创建一个单一的共享存储库，供所有授权参与者访问（参与者只能是达成共识的各方）。一旦卡车离开分销点，就会向客户自动发送消息，通知他们有关负载、重量的信息和预计到达的时间。如果部分交货被退回，系统则可以根据交付的实际货物自动开具发票。

3. 有助于优化货物运输路线和日程

关于优化货物运输路线和日程，有一种做法是将区块链技术用于集装箱的智能运输上，芬兰就在从事这方面的研究。集装箱的运输指令会被存储在一个分布式账本上，经过机器筛选决定集装箱的运输路线和日程安排，不需要人的参与。这些智能集装箱还可以对以往的运输经验进行分析，进而不断更新自己的路线和日程设计，使效率不断提高。

4. 改善中小物流公司的融资

物流供应链上的企业大多是中小微企业，企业的信用等级评级普遍较低，很多企业甚至没有得到信用评级，难以获得银行或金融机构的融资贷款服务。

国内很多平台类无车承运企业都会受到资金制约。客户与平台结算周期大概是一个月，也可能是一个季度，但平台与司机结算大多是现付，这就要求平台先行垫付，其金额也是很大的。平台会找金融机构合作，但金融机构也有自己的风控，其需要平台提供业务数据，同时又担心数据的真实性。

对区块链技术来讲，这就不是问题了。从承运开始，这些业务数据就已经上链，不可更改、不能伪造。物流链里的数据可追溯、可证伪，实现了物流数据的资产化。它可以帮助企业积累信用数据，可以更准确地展示企业的真实经营状况，自然能增加资金方对企业还款能力的把握，相关方对优质企业批贷也会快一些。

有一家名为星辰亿链的公司在从事基于区块链大数据的供应链金融方面的研究。整个网络由益链业务系统、底层区块链系统、真好运无车承运人SaaS系统对接形成，通过星辰亿链提供的数据接口或者软件开发工具包SDK进行对象化后，将真好运公司全流程业务数据实时上链,以便穿透跟踪,证明业务的真实性。这种做法一方面帮助金融机构提升了风控能力与运营效率,另一方面为物流企业建立了信用基石。

5. 身份验证

零售业巨头沃尔玛申请了一项区块链技术专利,以此创建智能快递系统。当客户与产品进行交互时,客户可以通过私有或公共身份验证密钥,接收来自智能搬运机器人(AGV)的包裹。

6. 对航空物流的改进

据前瞻产业研究院整理,2018年,我国航空货邮运输吞吐量达到了1674万吨,但效率、透明度和安全性都有欠缺,货物延迟、丢失、损坏等现象时有发生;第三方、第四方航空物流信息平台也存在信息透明度差等症结。跨境支付流程烦琐,支付费用高,手续费高,支付渠道不便,跨境汇率变化等,都有待进一步解决。

这些问题影响了跨境电商的快速发展,毕竟跨境电商的主要运输方式就是航空物流。据电子商务研究中心统计,跨境电商贸易价值占全球贸易的35%,中国跨境电商交易规模从2008年的0.8万亿元升至2018年的逾9万亿元,同比增长11.6%。如果能够推动区块链技术落地,带来的改变将是明显的。

①由于跨境航空物流信息不对称、到货签收情况不详等问题的存在,导致信息流缺乏透明度和可溯源性。区块链则能帮助各个主体掌握准确数据,一物一码,在区块供应链上形成流畅透明的信息流,及时发现并解决运营过程中存在的问题。另外,加盖时间戳的区块链数据信息还能帮助解决供应链体系内各参与主体之间的纠纷,追溯供应链内产品流转存在的各类问题。

②跨境货物的运输流程清晰地记录在区块链条上,使跨境航空装载、运输、交接整个流程清晰可见,确保了信息的可追溯,一定程度上能避免丢包、错领等现象发生。

③区块链技术引入跨境物流,跨境支付的两个开户行之间不需要经过中间机构就可以直接进行支付、结算和清算,能够实现全天候支付、实时到账,提现也很简便,并且没有隐形成本,避免了中转过程中产生的手续费。

④区块链去中心化的特点使交易不需要中间金融信用机构进行背书，这可以有效解决跨境航空物流在交易过程中的安全问题。

第十四节　共享经济：重塑信任机制

说到共享经济，人们会想到爱彼迎（Airbnb）、优步（Uber）、滴滴、摩拜等。其中部分公司年营收估计高达百亿美元，但在监管、合规、安全性等方面存在众多问题。而且这些平台其实也不是纯粹的共享经济。真正的共享经济是不需要任何中介方的。例如，摩拜、哈罗这类共享单车本质上还是租赁经济，因为所投放的自行车都是这些公司购买的，用户再花钱从公司手里租过来。

而像滴滴这类打车平台，虽然车辆与驾驶服务提供方是分布在全国的司机，并不是滴滴的员工，但是它还需要一个平台作为中介方，供需双方需要在平台上实现对接。

区块链介入后，共享经济平台则变成一个海量数据库。记录在链上的数据和信息都是公开的，任何节点都可以在区块链平台进行信息查询，如闲置的住房、WiFi、教育、交通等场景都可以共享。而且，区块链可以聚合所有的社交证书和先前交易记录信息，赋予每一位服务的共享者清晰的信用情况，帮助需求方做出决定。这种信息的记录与信用评级，能够增强共享经济平台的用户质量，因而使得全网更加安全，需求和供应也会相应增加。

《区块链革命：比特币背后的技术正在如何改变货币、商业和世界》一书作者亚历克斯·塔普斯科特和堂·塔普斯科特设想了 BAirbnd 和 SUber 两款产品。

在 BAirbnd 中，没有中心化的商家存在。当租客想租一个房间时，BAirbnd 软件在区块链上搜集所有的房源，并将符合要求的房源过滤后显示出来。所有的交易记录会被分布式存储，一个好评会提高房源供给者的声誉，并且给他们一个区块链身份，这是不可更改的，所有人都能看到。

同样的，在 SUber 中，网约车也不再通过平台公司分派，用户与车辆提供者通过加密方式进行点对点的联系，并且基于区块链记录的不可篡改性，参与者可以根据自己提供服务或者乘坐车辆的行为来积累声誉。例如，在车位共享方面，车位拥有者们都上链公布自己的车位信息，需求方可以跟车位产权拥有人直接交易。

销售积分的共享也成为可能，很多企业举办了各种营销活动，消费者手上持有很多不同公司的积分，有的根本就没有使用。同时，由于积分系统是封闭的，积分兑换范围有限，价值往往也不高，消费者没有兑换意愿。利用区块链技术，消费者手上的积分可以相互交易，消费者和商家因此实现双赢——消费者可以用积累的积分去换购自己喜欢的商品，而商家则拓展了新的客户资源。

另外，笔者曾在物联网板块讲到区块链可促进物联网共享设备的普及，这也是区块链可能引发共享经济的新改变。

一家名为 Smartshare 的公司正在借助区块链技术为共享经济搭建底层架构，它要对共享资源实现价值量化和交易，让去中心的价值交换成为可能，进而形成一个分布式的价值交换网络。

目前全球的物联网设备有数十亿，并且数量还在持续快速增长，但是，这些物联网设施很多都没有被充分利用，存在诸如闲置的存储空间和计算力之类的资源浪费现象；同时，物联网平台之间也缺乏通用的兼容性通信机制，不利于数据的采集和互通。

Smartshare 试图通过区块链记录所有 IoT 数据，而且数据一旦被记录，不可篡改。在解决不同系统和设备的互通问题上，Smartshare 试图通过区块链实现点对点的直接互联互通，无须引入大型数据中心即可进行数据同步和管理。

从整体架构上看，Smartshare 生态包括了 SmartAgent 芯片、Smartshare Chain 和智能合约等。其中 SmartAgent 芯片是 Smartshare 的重要组成部分。每一个安装在智能终端上的 SmartAgent 都是一个独立的节点，有了这个独立节点，就可以将终端设备注册到区块链上，并为其建立一个数字身份，通过智能合约账本记录该终端的所有信息。

有了 Smartshare 协议，所有的物联网设备直接通过加密的 SSP 传输数据，通过 SmartAgent 采集数据，再通过智能合约计算数据价值，然后通过代币 SSP 进行交易结算计费。

在这种机制下，可以实现的共享经济包括以下三类。

①电力共享。当地电网与 Smartshare 合作，为用户提供电力共享的智能合约协议，用户只需把多余电力共享出来，即可获得代币收益。

②流量共享。数以亿计的智能路由终端可以在 Smartshare 公链上登记、确权和交易。Smartshare 的协议支持智能路由设备快速接入，升级后就成为共享智能硬件，

只要用户分享闲置的带宽资源，就可以获得 SSP 代币。

③存储共享。凡是 Smartshare 生态下的终端都可以参与到存储共享中，存储时加密，并产生私钥，真实下载用户得到私钥，而存储空间的提供者凭私钥获得收益。有价值的文件也可以共享。例如，用户可进行实时交通数据共享，支持 Smartshare 共享协议的汽车把交通数据共享给服务提供商，供其他人参考使用。

整个 Smartshare 规划很宏大，也非常精彩，至于能否成功，则取决于它的生态能否建立起来，使用 Smartshare 生态的合作伙伴有多少，以及它能否给共享双方带来足够的价值激励。只有越来越多的合作伙伴使用 Smartshare 协议，才有可能把区块链共享体系完整搭建起来。

第十五节　区块链 + 能源

能源业是一个非常古老的行业，比房地产业的历史还要久远一些。即使在比特币问世后，能源与区块链技术也只是两条平行线，看不出有多少交集。但是，能源的数字化革命改变了这条平行线，最先发生改变的是互联网 + 智慧能源。

2016 年，国家发改委发布《关于推进"互联网 +"智慧能源发展的指导意见》，旨在促进能源与现代信息技术深度融合，推动能源生产管理和营销模式变革，重塑产业链、供应链、价值链。之后，多家公司开始行动，向能源互联网靠拢。例如，协鑫、汉能等光伏企业在自身持有的电站上嵌入基于物联网、大数据和云平台的运维监控集成管理系统；天合光能引进阿里云 ET 工业大脑，寻找更优生产工艺；以风机硬件起家的远景力图输出能源互联网操作系统；中广核联手腾讯开展混合云、全球协同通信等合作。

归根结底，能源互联网只是现有中心化能源系统的数字映射，它不过是将原有的能源数据电子化和互联网化了。能源管理系统互联网化，并没有带来能源行业生产关系的变革。

区块链 + 能源将走得更远，它可能搭建起新的能源商业体系。例如，未来某个时间点上，能源互联网各个节点可以成为独立的产销者，以去中心化形式互相交换能源；区块链不可篡改的特性使多元化的能源市场交易中，无须第三方即可实现点对点的交易；基于区块链开发的智能合约使合约执行自动化，购电、售电等都可能借助智能合约自动实现。

下面来看看区块链＋能源的具体应用。

1. 碳排放认证与计量

在碳市场中，最重要的就是各个控排企业的碳排放数据、配额，碳排放交易（CCER）的数量、价格，以及数据的真实性和透明性等。中心服务器无法对数据安全起到一定保障，而信息的不透明也让很多机构和个人无法真正参与进来。

借助区块链技术，情况会有改变。每吨碳及每笔交易信息都可追溯，避免了信息被篡改及信息不对称等问题的出现。同时，传统碳资产开发流程时间长，所涉相关方繁多，如控排企业、政府监管部门、碳资产交易所、第三方核查和认证机构等，资源平均开发时长超过一年，而且每个参与的节点都会有大量的文件传递，容易出现错误，影响后面结构的准确性。

利用区块链技术，通过多节点的网络，记录可以实现共享。如果能将碳资产开发方法编译为智能合约，就可以实现各个控排企业的碳排放资产额度的自动计算，碳资产开发时间将减少。

中国能源区块链实验室准备联手IBM打造全球第一个区块链"绿色资产管理平台"，计划用这个平台来推广低碳排放技术，并且促进信息共享，缩短碳资产开发的时间周期。

2. 基于区块链的能源交易

区块链最终可能创造一个去中心化的能源网络，例如，在电网中各种能源的用户也是能源的生产者，他们可以在能源市场上直接进行交易。

每一个绿色能源的生产者和消费者都可以在区块链网络上进行绿色能源的P2P直接交易，不需要第三方撮合与见证。

在布鲁克林，LO3 Energy公司与西门子公司合作成立了"布鲁克林微电网"，客户能通过区块链向邻居购买和销售能源。一些通过诸如在屋顶上安装太阳能电池板等方式而拥有能源生产能力的个人，也可以将未使用的能源卖给有需要的人或社区。

这种能源交易有可能支持消费者区分能源来源，例如，消费者可以从可再生能源、煤炭、石油和天然气等能源种类中自主选择能源类型。而目前人们是不能挑选能源的。

简单地说，区块链天然的分布式特征可以让分布式的能源用户将电力卖给附近的消费者，实现真正的本地化能源生产和消费。同时，区块链技术会驱动更多的分布式电网基础设施的建成，也许目前的电价机制会走向终结。

3. 改变现有的能源架构

有些公司在开发一种能够使用户在不同的能源供应商之间进行切换的区块链网络，这需要很多能源公司参与进来。例如，英国一家专注区块链的公司 Electron 建立了一个联盟，其中包括了 Baringa、英国电力网络公司、Northern Powergrid、壳牌、EDF 等英国知名能源公司。

4. 能源交易代币化

一些地方开始接受使用比特币支付天然气和电费，还有一些能源交易平台通过发布代币的方式筹集资金，用代币奖励生产能源的用户，并且允许用户之间通过代币交易。

Encoin 为产生和存储分布式能源提供奖励；太阳能数字货币（SolarCoin）用加密货币奖励太阳能生产者，只要提交太阳能发电的证明，就能获得太阳币（SLR coin）。每兆瓦时电能（MWh）对应 1 个 SLR coin，太阳能或清洁能源持有者还能在现货市场中买卖 SolarCoin，从而获利。

南非的 Bankymoon 允许客户通过加密货币预先支付电费，并且只有交完费用才能获取能源。所有的交易都使用智能合约来记录。

5. 电动汽车充电与共享

2016 年，瑞士银行、德国电力公司莱茵集团（RWE）与汽车技术公司采埃孚（ZF）合作，为电动汽车配备区块链电子钱包。车主在充电收费、停车收费，甚至高速公路收费时，身份验证和支付等环节能自动完成，无须第三方人工确认。

RWE 子公司 Innogy 在德国推出了连接以太坊公共区块链的充电站。用户在汽车注册登记后，可以将现金转进钱包。如果要给汽车充电，以太坊的区块链会将费用转给充电站的所有者，并记录交易。

高盛公司分析认为，在接下来的数十年中，国家电网会从现有的中心化公共事业模型向融合众多去中心化资源、实时报价系统的方向进化。这个进化的核心是智能电表、智能装备、可再生能源和能源储存的结合。在实现电网的现代化过程中，可能会产生数千万个甚至上亿个去中心化节点。不过，区块链在能源市场的应用面临很多挑战。

①监管政策。不少国家的法律禁止私营企业或个人销售电力、石油等能源。

②技术问题。现有的电网、管道等，可能需要大改造。

③物理限制。区块链可以赋能安全的交易流程，但是能源还得依靠物理设备，例如，电力需要从电网的一个节点传输到另一个节点，这些电网还是要有专业机构进行管理维护。

④成本问题。相较于分布式电力资源，大型电站的规模经济也许成本更低，不过目前还没有准确答案。

⑤安全性。区块链可以驱动能源网络进行数以百万甚至千万计的交易，如此高频的交易，未必真的安全。

第十六节　区块链＋农业

我国的农业市场虽然说养活了大量人口，产量也非常可观，但是也面临众多问题，如生产规模小且分散、产品质量参差不齐、产品安全性不够、劳动生产率低、环境污染严重等。从政府到民间，都一直在尝试采用多种方式寻求问题的解决。

从目前的情况来看，要通过增加更多的农业资源，或者单纯使用物联网等某项技术，或者靠政府职能部门的强制政策法规，已经无法彻底解决这些问题了。

有一种思路是，通过引进区块链技术搭建联盟链，推动种植基地、加工厂、主管单位等各有关方面上链，记录产地数据，建立全程可追溯的体系，并根据数据分析结果展开相应的经营优化，以工业化管理的方法来打造现代农业。

通过这种技术的支持，传统农业领域的众多问题有可能得以解决。例如，在传统的农业经营模式下，人们很难判断农产品的来源，以及水污染、土地污染、运输风险等，食品安全缺乏让人信服的动态信息；在很多时候，正宗商品还会遭遇假冒伪劣产品的冲击，一定程度上影响了商品的销售。因此，如果能将区块链技术的"数据不可篡改"与"交易可追溯"等优势落地到农业领域，对于生产商、物流商、消费者来说信息又都是透明的，那么，农产品的食品安全问题及商品的防假冒伪劣问题将会得到很好的解决。

虽然以前也有溯源认证，但是以前的溯源认证往往采用中心记账方式，容易受人为因素控制。而且如果从农产品采摘到运输等各个环节的信息上传不及时或者方式太原始，会导致造假比较普遍，也容易出错。

如果要引进区块链技术解决上述问题，必须找到更可靠的新办法。

在这个背景下，IC 国际支付链和 PwC、中国联通、辽宁省农科院共同合作开发面向绿色有机农业认证的区块链专有云项目。在这个项目中，IC 国际支付链对每个农场的绿色大棚进行区块链注册，并建立数据模型来记录该大棚的运营管理数据，数据来源为两大类，一类是生产操作数据，由农户或种植基地进行操作写入；另一类数据是从大棚内的物联网传感器收集获得。

根据这样的数据组合，配合 PwC 在此之上提供的风控服务，该项目将会成为农科院所授予的绿色农业认证的可信数据基础。并且通过物联网设备的配合，务农效率从原来一个大棚需要三个劳动力提高到三个大棚需要一个劳动力。

在实际操作中，区块链中的农产品数据可能不是通过人工来上传，而是借助物联网工具进行前端数据采集。例如，浙江兆信数码技术公司在茶园有一个区块链应用，他们会在茶园的山顶装一个 1 米多高的探针作为前端采集器，一个探针能覆盖 10 亩左右的茶园，采集温湿度、土壤等种植环境信息。前端采集器还配置了作业巡检功能，农户每天的作业到巡检点上刷一下卡，云端数据库就会收到一条信息，为农业物联网、农产品溯源的平台提供了实时信息。同时，这些信息会通过数据上传溯源系统直接进入数据库，并且不能更改。当然，这套设备的购置费也是很可观的，茶农由于缺乏驱动力，承担的可能性也不大，往往需要品牌方来负责设备的费用。对品牌企业来讲，区块链技术的落地可以更好地保证产品质量，是值得投资的。

下面再看一个公开案例：盐池滩羊。

盐池是中国滩羊之乡，滩羊饲养量一度达 305.4 万只，年出栏滩羊 180.57 万只，但滩羊养殖也面临着各种问题。

①假冒产品多，严重影响正品滩羊销售。

②养殖规模小，饲养、管理方法落后。

③基础设施落后，市场销售渠道缺乏。

④养殖户缺少信贷支持。

域乎防伪溯源平台为其提供了一种解决方案，通过区块链账本层无缝链接养殖过程，全流程管控，包括采购、养殖、加工、包装、运输、仓储、分销和配送等各阶段的信息都要上链，形成完整而严谨的供应链闭环。各阶段的对应节点都将交易数据和产品数据通过统一接口记录上链，通过分布式算法和共识机制共同保证链上信息的安全有效。

还有一个著名的案例，是众安保险的"步步鸡"项目。2017年众安宣布在国内将区块链应用于养鸡业，扶持国内区块链创业公司连陌科技推出"步步鸡"项目，为消费者提供更具有信任感的食品。

步步鸡项目的第一站为安徽寿县茶庵镇，他们的养殖体系整合了物联网、区块链、人工智能，以及防伪技术，并且为每一只鸡都佩戴了物联网身份证——鸡牌。此款鸡牌能够自动收集鸡的位置、运动数据等信息，并实时上传至区块链。为了保证鸡牌不可复制，其设备采用沃朴物联提供的国际专利防伪技术，结合混沌学防伪、光学防伪等技术，一鸡一牌，拆卸即销毁。其中的区块链防伪标签融入了国密级算法、混沌原理、激光光学、手机APP智能动态图像扫描、云端数据比对等技术，难以仿制、复印和回收，保证了商品从源头到终端的唯一性。

这套养鸡流程可以保证每只鸡在从鸡苗到成鸡、从鸡场到餐桌的过程中所有产生的数据都得到真实记录，实现防伪溯源。

不过，如果仅仅将区块链视为精准溯源的技术手段，未免有些大材小用。实际上它在农村金融、农业保险等方面都有用武之地。

众所周知，农民贷款一般比较难，一个比较关键的原因是农民缺乏有效的抵押物，还有就是缺乏信用数据。

如果区块链技术能够成熟起来并被广泛应用，就能够积累农业经营主体的数据，包括其之前的信用、财产、借贷记录、交易、评价等。当他们申请贷款时，贷款机构通过调取区块链的相应信息数据即可完成对他们资产及信用的评估。当然，这一切的前提是，区块链上确实记录了农业经营者们的大量数据。

另外，农业保险现在的覆盖范围比较狭窄，投保农产遇到问题后理赔比较麻烦，有时候还会遭遇骗保事件。如果部署区块链技术，进行去中心化的数据上传与存储，更多节点参与到保险验证过程，可以更好地解决保险信息的真实性问题。同时，利用区块链的智能合约技术，可以使农业保险赔付更加智能化，理赔速度更快。在传统的保险理赔模式下,如果发生农业灾害,投保农户受损,理赔周期会比较长。运用智能合约之后,一旦监测到农业灾害,赔付流程就会自动启动,赔付效率也会变得更高。

  当然,这些应用都不是一朝一夕能实现的。有些上市公司也在努力搭建区块链平台,展开农业区块链的应用。例如,慧聪跟佳沃股份(佳沃的业务包括水果、茶叶、葡萄酒等)联手,力图搭建现代农业区块链应用平台,主要包含品牌防伪、智慧溯源、场景应用、区块链打造、供应链创新、智慧行销等方面的应用。

第十一章 区块链的应用场景解读：如何与生活擦出火花

在很多书里，或者是专业性的分析文章里，都喜欢把行业与场景放到一起，其实两者是不一样的，区块链技术在各个行业里的落地应用是一回事，场景落地则是另一回事。

同样一个行业里可能有很多场景，例如，在金融行业里区块链涉及的场景可能有供应链金融、资产证券化等。一种场景，也可能适用于多个行业，例如，产品溯源在快消品、零售业、农业等多个行业都用得着。

所以，笔者这里把应用场景单独拿出来讲解。它主要涉及积分、支付、营销、溯源、供应链等各个经营管理环节。

第一节 用户识别

企业总是想识别那些能够创造价值的用户，特别是超级用户。这些用户不仅可以贡献销售额，还可能通过分享、转发点评等行为，创造病毒式的扩散反应，推动消费者的参与度，这有助于将品牌信息传播给更多受众群体。这些用户不仅是简单地转发帖子，而且可能会创建一条消息表明他们的感受与立场。这种转发、分享的事件会被保存下来，成为链上带有时间戳的"块"，通过研究这些记录，企业可以更全面地了解单个用户的影响力。

将区块链技术应用到企业的数字营销体系后，所有纳入监测范围内的网友数据都在链上，并可以跟踪整个交易过程。同时，节点中每个分享的起源与发送时间、发送位置等信息都被记录在链，以便企业识别一些关键时刻和重要用户。

也就是说，在区块链技术的支持下，企业可以在不侵犯用户隐私的情况下，或者是获得用户授权的前提下，更清晰地知道用户特征，以及重要用户的情况。

用户识别场景的另一个关键应用出现在金融领域，即用来支持身份识别。

在传统的商业环境下，不同金融机构之间的用户数据难以实现高效的交互，重复认证使得成本较高。传统的客户识别（Know-Your-Customer，KYC）方式非常耗时，也间接带来了用户身份可能被某些中介机构泄露的风险。

区块链技术具有数据不可篡改、可追溯、一致性等特性，可以实现数字化身份信息的安全、可靠管理，可以在保护客户隐私的前提下提升客户识别的效率，也利于监管部门实施精准、及时和更多维度的监管。例如，区块链的一种应用方式是，用户可以用手机扫描自己的身份证件，去中心化的应用（DAPP）会将证件信息加密，然后保存到用户本地，把数据指纹保存到区块链上。区块链上的数据指纹受一个私钥控制，只有持有私钥的用户自己有权修改，其他人谁也无权修改。同时，为了防范用户盗用他人身份证件扫描上传，DAPP 程序还允许银行等机构对用户的身份进行背书，确保真实性。

2014 年 10 月，首个区块链身份识别系统比特国（Bitnation）问世，它能够将客户身份信息永久存储在区块链上。2015 年，通过身份标识、密码和指纹三重验证的开源身份识别系统 CryptoID 得以应用。

很多公司都在研究区块链身份识别系统，它属于用户识别里的一种。

微软也在努力推动基于区块链的去中心化身份识别系统，也就是 DID。微软将它用到了领英（LinkedIn）上，并集成了个人教育与工作经历等信息，建立起自身的信用系统。

ShoCard 公司有一项业务是将个人信息存储在区块链内，用于验证身份。用户在 ShoCard 区块链内创建信息时，需要提供证件和电子签名等信息，然后 ShoCard 会生成对应的公钥和密钥。用户在互联网上进行身份验证时，只需要通过 ShoCard 身份验证授权，就能直接读取区块链内的信息，这极大地简化了互联网上的身份验证流程操作。例如，用户在网上购物、登录网银或 APP 时，可以直接读取 ShoCard 的信息。

2018 年 5 月 23 日，在腾讯与联通的物联网战略合作成果发布会上，双方研发的新产品 TUSI-SIM 及 TUSI-eSIM 卡问世。此产品面向物联网行业推行新的身份鉴权标准。同时，腾讯 TUSI 物联网联合实验室发布身份区块链产品，为同一用户不同场景的身份提供交叉验证服务。

韩国银行在利用区块链进行数字身份识别；西班牙银行财团 Niuron 也声称要开发区块链平台，实现客户首次开户时的身份识别和身份记录，并进一步验证客户数字身份，搭建完成后，可实现不同银行和金融机构间客户数据的共享。

2016 年 10 月，韩国的国民银行信用卡公司（KB Koomkin Card）宣布跟比特币公司 Coinplug 合作，引进后者基于 FidoChain 私链开发的 Coinplug 区块链身份识别系统，整合到自身的信用卡服务当中，解决与身份识别相关的安全和用户体验等问题。2018 年，韩国银行联合会（KFB）声称，将推出针对商业银行的区块链身份验证系统 BankSig。

综合各方面的情况，在身份识别与验证这一场景应用方面，各国的步子迈得还算比较快，已有一些先行者在这块领地上努力地探索。

第二节　信用

信用并不仅是征信机构的事，也是金融机构最关注的问题。任何行业里的公司其实都在努力为自己的用户与客户建立信用体系，给他们做信用评级，以便判断所服务的对象是否诚信、具备怎样的购买力等。

日常生活中，熟人间的信用行为俯拾即是，如熟人之间的借贷等。有了信用，才有信用行为。传统市场交易模式下，信用的判断与评估主要是依据交易主体自身的资信状况、交易历史中的市场评价及权威机构的背书认证得以实现。

其实信用就是为了建立信任，它本来是一种协议，存在于潜意识里，但潜意识多变，因此而形成的信任关系也不稳定。没有信任，交易就很难达成。尤其是在陌生人之间，信任往往需要很长的时间才可能建立起来，这时候，就需要一个所有人都信任的对象来作为中介，因而一些第三方组织与机制得以建立并用来维持信用系统的运行，如国家信用背书的货币、法院与公证机构等。

互联网时代，阿里巴巴、京东等电商平台其实也提供了信用服务，人们在电商平台买卖，平台在一定程度上发挥了担保作用。卖家和买家之间缺少必要的信任，涉及各自利益的交易就不是那么容易完成，买卖双方的互信依赖于第三方机构（信用中介）的保证和维持。像物美、欧尚、红星美凯龙、居然之家等第三方卖场，他们除了提供摊位，其实也发挥了关键的信用背书作用。因为相信这些大卖场，所以人们才进去购物，而且还很放心。为了维护交易，各方都付出了比较高的成本。

如果使用区块链技术，通过去中心化的架构有可能改变传统的信用背书。区块链是建立在网络上的分布式公共账本，由网络上所有用户共同记账与核账，每个人或者说每台计算机都有同样的账本，数据公开透明，在这个账本上的任何交易都将引起所有人的账本更新。

按照这个原理，这套公共账本是很难篡改的，可以最大限度地保证信息的真实性，更容易让人信任。有一种说法是，区块链其实是信用机器，它通过技术手段帮助人们降低信任成本，确保信息安全。

区块链基于数学原理解决了交易过程的所有权确认问题，保障系统对价值交换活动的记录、传输、存储结果都是可信的。

在评估信用时，区块链也引发了新的变革，它利用分布式账本的记账方式和智能合约的执行方式实现了信用，脱离了传统意义上的个体证明或第三方认证；同时，它凭借基于去中心化的多点记账和自动算法构成的共识机制，创造了一个可以避免人为操纵和篡改的资产交易的记载和证明体系。

也就是说，它不需要第三方机构提供信用担保。一个区块链系统由许多节点构成，而且每个节点中都有公共总账本的副本，在买家与卖家进行交易时，在区块链中需要所有节点共同验证交易的真实性。

在确认了真实性之后，每个参与的节点都有机会去竞争记账，即更新数据库信息。系统会在一段时间内根据约定的"共识机制"选出一个记账节点，让它在这段时间里记账。在记完账以后，该节点就会把这一页的账本发给其他节点。其他节点会核实这一页账本是否有误，如果没有问题就会放入自己的账本中。为了激励其他节点，系统会给予它们适当的奖励。

在系统里面，这一页账本的数据表现形式称为一个区块，该区块中就记录了整个账本数据在这段时间里的改变。这个更新结果会发给系统里的每一个节点，于是，整个系统的每个节点都有着完全一样的账本。而这个一致记载的账，也就成了对交易行为和结果进行确认的依据。

区块链信用的形成，其实是信任对象由人和机构转移到区块链的共识机制，转移到程序对信用的判断。这里面还有一个改变，就是用户本身的画像会有新的进步。

区块链信用系统必须提供多种开放接口，整合用户在各个应用上的信息与行为表现，多维度地为用户画像，为用户创建全方位的信用体系，实现跨系统、跨行业、跨应用及跨终端的分布式信用评估和调用体系。这需要通过物联网的作用使智能终端得以普及，在获得许可的情况下收集信息，进而记录到区块链网络上，帮助形成个人的信用评估报告。当然，连同用户在京东、天猫、支付宝、唯品会、苏宁易购、微博、滴滴等平台上的购物或社交行为等，加之众多金融机构也加入到链上，成为节点之一，这些信息整合起来，将是非常强大的。

下面再来看一种情况，B2B 与 B2C 交易是网络交易的主要模式，在现实生活中面临着严重的交易信用问题。虽然大数据技术的发展给 B2B 与 B2C 交易信用问题带来了契机，交易双方可以借助大数据技术获取对方交易数据信息。但是，由于数据来源受限，系统无法获取完善的交易信用证明数据，同时由于数据源及数据信息的独立性，大数据技术也为不法分子修改、破坏、盗窃交易数据提供了更高的可能，所以从根本上来说，大数据技术仍然不能彻底解决 B2B 与 B2C 交易的数据证明问题。

区块链技术分布式记账、去中心化、不可篡改、可追溯等高可靠性证明机制，给人们解决交易双方信用问题带来了新的方向和希望。

IC 国际支付链基于区块链技术搭建了 B2B+B2C 供应链各交易主体交易结构和动态多中心协同认证模型，这也是在机器信用建设方面的努力。

B2B+B2C 供应链是指从原材料到产成品所经历的整个链条，涉及供应商、生产企业、销售商、客户等多个交易主体，整个供应链条的一部分记录在企业的 ERP 之中，而 ERP 是生产企业的一个复杂的信息管理系统。

一家具有一定规模的企业，它的 B2B+B2C 供应链应当是相当长的，整个交易关系也是比较复杂的，这就增加了 B2B+B2C 供应链各交易主体之间交易行为认证的难度。区块链技术的产生恰恰可以解决这一难题。因为各个主体以节点身份加入区块链，各自的交易数据实时上链，不可篡改，可追溯，可查询，可以加速交易行为认证。

正是如此，在对区块链技术及 B2B+B2C 供应链结构进行分析的基础上，IC 国际支付链搭建了基于区块链的 B2B+B2C 供应链交易主体交易结构，确保庞大的交易主体涉及的交易行为都是有证据可查询的。

专门的征信机构也在试图引进区块链技术。现在中国人民银行征信中心仍有 1500 万户企业和 5 亿自然人的数据尚未覆盖到，这个大缺口亟须民营企业征信机构与民营个人征信机构迅速发展并进行补充支撑，同时需要新的技术做支撑。

但是，现阶段我国征信行业存在以下问题。

①数据缺乏共享机制，征信机构与用户信息不对称。征信机构与征信机构、征信机构与其他机构之间缺乏有效的共享合作，信息孤岛问题严重，无法实现征信业内高质量的数据流通及交易。

除体制与利益原因外，传统征信行业由于技术架构的问题，无法在各机构、行业间安全地共享数据，致使该问题迟迟得不到解决。

②数据隐私保护问题突出，从主管部门到民众，其实都担心个人信息泄露。中国人民银行对下发个人征信牌照非常谨慎，隐私信息保护、个人信用评价指标不统一等问题仍是中国人民银行最主要的担忧。此外，传统征信系统技术架构对用户的关注度较低，并没有从技术底层保证用户的数据主权，难以达到数据隐私保护的新要求。

区块链可以帮助用户确立自身的数据主权，生成自己的信用资产。在信用确权的基础上，以用户为数据聚合点，区块链平台可连接各个企业及公共部门，进而开展用户数据授权，这样既可以解决数据孤岛的问题，同时又确保了用户隐私的安全性及各方源数据不对外泄露。同时，区块链系统有助于征信机构作为一个网络节点，以加密的形式存储及共享用户在本机构的信用状况，从而实现信用资源的共享共通、共建共用。

基于区块链技术搭建信用平台，节点成员包括征信机构、用户及其他机构（互联网金融企业、银行、保险、政府部门等）。平台主要的共享交易模式有两种：一是征信机构与征信机构之间共享部分用户信用数据；二是征信机构从其他机构获取用户信用数据，并形成相应信用产品。

第三节 支付

据中国互联网络信息中心（CNNIC）第42次调查报告显示，截至2018年6月，我国网络支付用户规模达到5.69亿，手机支付用户规模增长到5.66亿。其中，支付宝、微信支付占据了主流。从用户体验来看，手机支付已经非常方便，看起来支付功能似乎没有太多改进的空间，其实不然，将机构之间的支付考虑进来，目前的支付还是有很多痛点，如安全、成本、效率等问题。

在金融行业，金融机构间的对账、清算、结算的成本较高，涉及许多手工流程，导致用户端和金融机构中后台业务端产生的支付费用高昂，一些小额支付业务难以开展；在跨境支付中，高昂的手续费与漫长的转账周期一直是绕不开的痛点；支付交易信息要在多家银行机构之间流转、处理，导致用户无法实时获知交易处理状态和资金动态，银行的对账、流动性管理等环节也使业务处理成本提高；代理行模式中，代理层级越多，延时越长，资金的流动性越差。基础设施费用高、SWIFT运行不透明、不同机构间流程繁复等问题导致产生了高昂的手续费。

这些正是区块链要改变的，它的明显优势是，区块链技术能够避开繁杂的系统，在付款人和收款人之间创造更直接的付款流程。不管是境内转账还是跨境转账，这种方式都有着低价、迅速的特点，而且不需要中间的手续费。

换句话说，这种做法将区块链视为支付机构与商业银行之间的接口。跨境汇款中的多方机构可通过区块链技术将汇款信息传递给链上的各个参与方，从而实现多方协同信息处理。以前机构间是串行处理，现在是并行处理，自然能够提高信息传递及处理效率。

虽然这种做法质疑声一直不断，但是蚂蚁金服目前已经有了落地的具体应用，成功将支付宝平台、公益机构与受助人的支付宝账户无缝链接。跨境支付方面，蚂蚁金服在2018年年初实现了从香港到菲律宾的3秒跨境转账。香港支付宝（AlipayHK）宣布联合菲律宾最大的电子钱包GCash推出区块链跨境实时汇款服务。前面也已经提到过，第一笔汇款由在港工作22年的菲律宾人格蕾丝完成，整个过程耗时仅3秒。整个汇款过程在联盟链上进行，AlipayHK、GCash、渣打银行（香港、新加坡）四家机构接入链上，共同组成区块链网络，利用区块链的分布式账本技术来实现跨机构协同。在汇出端钱包发起汇款的同时，所有参与方同时收到该信息，在落实合规等所需的审核后，区块链上协同各方同时完成这一笔汇款交易。

之后，中国银行通过区块链跨境支付系统，完成了河北雄安与韩国首尔两地间客户的美元国际汇款。具体做法是，中国银行将内部系统与区块链平台整合，在平台上快速完成参与方之间支付交易信息的可信共享，客户账的解付可在数秒之内完成。用户可以实时查询交易处理状态，实时追踪资金动态。同时，银行可以实时销账，实时获知账户头寸信息，提高流动性管理效率。

此外，联动优势与北京车车科技签署《技术服务开发合同》，联动优势基于区块链的联盟链技术为车车科技开发金融支付与积分钱包业务，实现积分轻钱包功能，包括支付、提现、退款、对账等。

有一些观点对区块链支付保持乐观态度，认为利用区块链技术后，会带来以下便利。

①交易双方不再依赖一个中央系统进行资金清算及存储所有交易信息，而是基于区块链的共识机制直接进行价值转移。

②节省第三方机构庞大的服务器费用和维护费用，还能精简流程，降低银行和

客户的业务成本。

③流程的扁平化可提高跨境转账的速度，实现实时转账。去中心化的结构在节省这些成本的同时，系统的每个节点均存储了一套完整的复制数据，即便多个节点受到攻击，也很难影响整体系统的安全。

不过，目前不管是公有链、私有链还是联盟链，其运行效率都比较低，短期内难以实现大规模应用。此外，如果参与节点多了，大规模应用可能就行不通，本质上只是解决了支付信息不透明的问题。

还有一个大胆的想法是，任何一种法币与虚拟货币可互相兑换，实现点对点支付。将数字货币当成跨境支付中的不同货币交易媒介，从理论上做到任意两种货币间的无缝、快速兑换，即汇款人用法币购买比特币或其他数字货币，转给收款人之后，再兑换为当地货币，整个兑换过程在链上进行，汇款人和收款人都可以实时查询。例如，美国电子钱包公司 Circle 曾推出基于比特币的全球汇款服务，主要提供比特币钱包服务，也可以让用户存放、转移和收取传统的货币。

不过此项技术有很多技术瓶颈，商业化成本高，同时面临汇率风险、安全隐患、隐私保护等难题。例如，数字货币的行情不稳定、币值波动大，转账对象收到的钱可能短时间就会贬值。再者，区块链平台并没有形成牢固的风险防范保护，相关的法律也不健全。

摩根大通（J.P. Morgan）在 2019 年年初宣布发行基于区块链的数字货币摩根币（JPM Coin）。这是一种运用了区块链技术、能够促成即时支付的数字货币。它是在 Quorum 账本上发行的，基于的区块链是一个联盟链，在发行 JPM Coin 的时候，只有摩根大通这一家机构在链上，而且只面向 J.P. Morgan 部分机构的客户发行，不在公开市场流通，相当于是内部结算代币。

JPM Coin 不具备共识机制与加密网络的特征，它主要是在内部使用，大概流程是：用户向 J.P. Morgan 的指定账户存入一定美元，这笔存款被记录在分布式账本上，而后银行返还给用户等额数量的 JPM Coin，当用户进行一些交易（如资金转移、证券购买等）后，再用手中的 Coin 来 1:1 赎回美元。

整个过程被记录在分布式账本上，这是 JPM Coin 的区块链属性所在；而 1:1 赎回美元带有稳定币的色彩，它相当于以法币为担保，依靠摩根大通的信用背书。那它的价值在哪里呢？据 CNBC 测算，如果该项目能够推广，每年可为使用 JPM Coin 服务的企业节省至少 90 亿美元的手续费。

第四节　供应链

绝大多数行业，如医院、食品加工企业、汽车厂家等实体企业的采购过程中都有自己的供应链。

如何提高供应链的运行效率、提高供应链中物料的透明度和可追溯性、恰当优化供应链成本等，一直是人们想要求解的课题。区块链能够提供一些新的做法。

区块链在这个场景有多种应用，除溯源外，其他改善供应链的方式包括提高整个供应链中物料的透明度、降低管理成本、提高运行效率等。具体来说有以下几个方面。

①通过区块链技术，可以对物理资产进行数字化处理，并创建一个分散的、不可变的交易记录，从而做到快速跟踪供应链里的信息。而目前，要想对供应链里的某个环节做调查，一般要花费很长时间。

例如，IC国际支付链的做法是通过区块链技术，以仓储段为起点，对其所服务的全球各大品牌的货运资产进行追踪管理，在保证数据安全和保密的前提下完成整个通用服务平台的部署，实现和不同客户的直接对接。其操作人员直接用手持终端即可进行相关业务操作。

②如果企业在生产制造过程中出现雇佣童工等劳工问题，或外包给缺乏资质的公司等未经批准的分包问题，就可能引发严重的后果。如果有区块链的帮助，这些信息会被及时核实并加入区块链，这样会提高相关人员的重视程度，一定程度上会避免上述事件的发生。

③如果搭建了区块链网络，再配合物联网技术，信息加入区块链网络的速度会非常快，而且准确度高，减少了传统的文书工作，工作效率也要高得多。

④去中心化的管理模式。为了解决信任难题，以及审核、管理的方便，传统的供应链强调的是中心化机制，也就是链主决策。供应链上大大小小的事务，例如，采购、计划、生产、物流、退货等，通常都由链主来进行中心化的设计、协调和管理。然而，这种传统的"中心化""集约式"的供应链管理模式存在一些局限，如响应慢、效率低、难以精细化监管整个供应链等。供应链是由供应商、制造商、分销商、零售商及用户连成一体的复杂的功能网链结构，在这个链条上，资金流、信息流、实

物流交互运行，协同难度极高，传统的依靠单一"链主"的协调机制已经遭遇瓶颈。而区块链的去中心化模式为探索新的道路提供了丰富的想象力。

⑤区块链技术提高供应链管理效率。由于数据在交易各方之间公开透明，在整个供应链条上形成完整、流畅的信息流，可以确保参与各方及时发现供应链系统运行过程中的问题，并有针对性地找到解决问题的方法，进而提升供应链管理的整体效率。

如果让信息在上下游企业之间公开（当然有些保密信息需要获得授权之后才能查看），需求变动等信息就可以实时反映给链上的各个主体，各企业可以及时了解供应链的最新动态，以采取相应的措施，增强了多方协作的可能。

对于供应链中的核心企业而言，存在商业往来的上下游企业往往数量比较庞大。核心企业对于各企业的应收账款等数据的统计和维护，往往需要耗费很大的成本。利用区块链分布式记账和智能合约的技术优势，款项的支付和收取成了不可篡改的永久性账本，而且自动执行结算，可以提高整条供应链的运行效率。

例如，美国的一家区块链公司 Skuchain，重点着手于开发区块链供应链解决方案，解决贸易融资的痛点，并推行无纸化管理。他们的方案里引进了智能合约技术，自动记录供应链上的交易信息，根据订单和物流信息自动执行合同订单。

⑥帮助避免供应链各参与主体之间的纠纷。区块链上的数据不可篡改，加上时间戳的作用，能够帮助解决供应链体系内各参与主体之间的纠纷，实现轻松举证与追责。一旦将合约固定下来，对供应链各方会形成威慑力，没人敢轻易违约。而现在的供应链管理，虽然有合同约束，也有供应链管理的制度与对应的软件，但是当出现违约可能性时，企业很难收到预警。出现纠纷后，要搜集各种证据，非常麻烦，需要一定的专业人员处理纠纷。

⑦监管难度降低。使用区块链提供的供应链溯源技术，不管是对假冒商品和不合格商品的监督，还是对供应链上产生纠纷后的举证和责任认定来说，监管部门的介入都相对容易，使得问题易于解决。监管部门往往会掌握供应链信息的检查权，其只需要登录到区块链上，查看与跟踪相应信息，就可以找到问题所在，判断出责任方。

⑧供应链的透明化。不仅仅在溯源环节，企业经营管理中更多的细节，也要做到信息透明化。供应链里的所有企业对商品流通状态拥有同等的查看权，由此消除了供应链上信息不对称的障碍。

通过合理地分配利益，各个主体的盈利均可能有所增加，由此可进一步增强数据的透明化程度，并就抵御风险等问题在供应链上下游形成共识。

⑨供应链金融。根据前瞻研究院的预测，到2020年，国内供应链金融市场规模将近15万亿元人民币。

在供给侧改革背景下，2017年3月，"一行三会"与工业和信息化部联合印发的《关于金融支持制造强国建设的指导意见》中，明确表示"大力发展产业链金融产品和服务"，鼓励金融机构积极开展各种形式的供应链金融服务。

当在供应链中引入区块链技术后，供应链上下游企业之间的交易及数据信息都汇聚在链上，区块链的分布式账本技术决定了信息的不可篡改性。只要将企业的历史交易信息进行汇总，并利用一定的数据建模，展开大数据分析，就能快速准确地获取企业的信用评级及企业的历史融资等情况。这不仅可以解决中小微供应链企业融资难的问题，也能够吸引银行、投资公司等相关方加入，实现核心企业、供货企业及投资企业的多方共赢。

第五节　溯源

在食品、饮料、零售、物流、药品、生鲜等多个细分行业里，都涉及商品溯源，这是区块链落地的重要场景之一。阿里巴巴、京东、IBM和沃尔玛等巨头都已入局区块链溯源。

有些行业里的溯源场景应用，笔者在前面已经讲过，这里再对溯源做一个更详细的讲解，并补充一些案例。

区块链溯源的大背景是，假冒伪劣产品一直以来都广泛存在，即使违规后果非常严重，并且有专门的政府部门进行监管，这种违法行为依然无法杜绝。

产品质量问题层出不穷，高频率、大范围的商品造假使得人们对商品溯源的诉求非常迫切。据《2013—2017年中国防伪材料市场前瞻与投资机会分析报告》统计，全世界受假冒伪劣产品影响的市场金额高达3000亿美元，每年假冒伪劣产品的成交额已占世界贸易总额的10%。中国深受假冒伪劣商品的影响，其影响涉及医药、食品、化妆品、服装、农产品、汽车农机配件、音像制品、软件等多个行业。

在区块链溯源技术之前，已经有RFID射频识别、二维码溯源、商品条码溯源等技术的应用。这些技术在减少假冒伪劣商品方面功不可没。区块链溯源有可能表现得更好，它利用区块链技术，通过不可篡改的分布式账本特性，对商品实现从源头的信息采集记录、原料来源追溯、生产过程、加工、仓储、检验批次、物流，到海关、出入境、防伪鉴证等全程的可追溯。其优点在于分布式存储实现了信息不可更改；去中心化避免了中心化机构的信任问题。但它依然不能解决信息源头造假、商品调包这两大问题。

区块链利用时间戳、共识机制等技术手段，实现了数据的不可篡改和追本溯源功能，给跨机构溯源体系的建立提供了有力的技术支撑。而且通过将第三方监督机构与消费者纳入区块链体系的方式，能够打破信息孤岛的现象。

目前来看，区块链溯源有三种方式。

①公有链溯源。产品质量受各个节点的监督，供应链的相关参与方将商品信息记录到公有链上，所有节点通过共识机制进行信息确认，参与方有可能获得代币奖励。

②联盟链溯源。通过供应链的各个重要节点交叉验证，保证信息真实性。

③私有链溯源。第三方监督机构掌握信息验证的权力，保证信息的真实性。

在这三个领域里都有各自的应用案例。

（1）公有链领域

有一个叫 Linfinity 的平台，采用"一物一码，码物同追"模式，将商品的信息存入区块链网络，通过数字标签方式在区块链上进行数据存储，消费者通过微信、小程序、支付宝等方式，扫描商品二维码就能查询信息。

Linfinity 已经能够展开供应链追溯、防伪、电子签约、物联网监控、设备管理及预测性维护等商业服务，实现从商品的物料采购、生产、制造、物流到销售等整个生命周期的防伪追溯。

另一个平台的溯源链也是公有链，同样是全流程追溯。基于以太坊的跨链协议搭建的基础区块链平台提供智能合约接口，开发者通过平台为客户提供区块链溯源防伪方案，客户支付相应的费用。在消费端，买家进行扫码查询还可以获得品牌企业提供的奖励。它的优点在于其自主建设的供应链平台走开放的共赢生态路线，为开发者与消费者都设置了激励机制。

唯链同样是公有链，它的目标很远大，虽然它是做全流程溯源的，但它打出的旗号是搭建可信任的分布式商业生态环境。企业、个人、政府部门等各种实体都能在唯链平台上建立和运行业务，它适用于奢侈品、食品、汽车等多行业领域，而且借助社区活动与奖励机制，能够不断激发企业与消费者的参与热情。

（2）联盟链领域

联盟链里的百度图腾是2018年发布的，其主要功能是版权保护，但也带了溯源功能。它搭建了一条内容版权链，将图片版权信息永久写入区块链，也就是将登记确权、维权线索、交易信息等存储在版权链上，结合百度的人工智能识图技术，让作品的传播可溯源、可转载、可监控，形成了一套完整的存储、搜索、盗版检测与维权取证的体系。

京东搭建了一个"区块链防伪追溯平台"，通过与政府、行业协会、科研机构、制造商等主体合作，打造"京东品质溯源防伪联盟"，将全链路信息进行整合，实现跨品牌商、渠道商、零售商、消费者的全流程正品追溯，并能精细到一物一码，或一批一码。

还有一些流传广泛的京东区块链溯源案例，例如，助力生鲜（如科尔沁牛肉）实现全流程溯源；展现海产品（如海参养殖）加工工艺；助力梦之蓝·手工班高端白酒的区块链防伪溯源；尝试物资公益捐赠流程追溯等。

京东后来又推出了一个"智臻链防伪追溯平台"，如果有企业想合作，可以在线申请加入，将企业的相关产品部署到防伪追溯主节点上，当企业和商品数量积累到足够多的时候，就可以形成主链了。

阿里巴巴在商品溯源上也使出了浑身解数，2018年年初发布基于区块链技术的"正品溯源功能"，刚开始支持天猫奢侈品平台Luxury Pavilion，随后又展开对农产品的全流程溯源。正品溯源功能，就是将商品的全方位信息全部写入到区块链中，消费者只要扫描商品的溯源码，或者点击一键溯源，就能了解到商品的详细信息。

其实在2017年，阿里巴巴就与普华永道、恒天然等合作方签署了全球跨境食品溯源的互信框架合作协议，推动跨境食品供应链可追溯。同年，天猫国际全面启动全球溯源计划，跟踪进口商品，为每个跨境进口商品打上特有"身份证"属性。再后来，菜鸟与天猫国际一起启用区块链技术建立商品的物流全链路信息。

IBM一直是区块链技术的先头部队，自然在溯源领域也有大招。2017年12月，IBM与沃尔玛、京东、清华大学电子商务交易技术国家工程实验室联手，成立安全食品区块链溯源联盟，力图通过区块链技术加强食品追踪、可追溯性和安全性的合作，提升中国食品供应链的透明度。

不过，之前IBM、沃尔玛与清华大学已经试点借助区块链技术在中国对猪肉进行追溯、在美国对芒果进行追溯。沃尔玛的测试表明，通过应用区块链技术，追溯一袋芒果从农场到门店的过程，从以往的几天甚至几周缩短到了 2 秒。

IC 国际支付链在这方面也有动作，它正在搭建一个区块链超级商城，商城就带有溯源功能。这个电商平台全面整合各类标准化、轻服务的优质品牌产品，以 F2C 模式实现从工厂到消费者的电商直购，制定可溯源的品牌电商产品标准，为大众提供有品质保障的品牌产品，同时支持多元化数字资产兑购电子货币交易，实现数字资产与现金组合支付。

IC 国际支付链的区块链超级商城是一种全面打通数字资产与商品、服务市场的全新电商模式，使交易无国界、无障碍，这种 B2B、B2C 全球区块链超级电商模式有可能在阿里巴巴、淘宝、京东之外，再孵化出一种新零售商业模式。

IC 国际支付链在底层的区块链系统架构之上，加载了一个便于合作伙伴及客户一键部署的区块链云平台（图 11-1），用户只需要选择自己所处的行业、所需要的解决方案，就可以很方便地部署属于自己的区块链节点、智能合约，生成相对应的应用程序编程接口（API）配置。

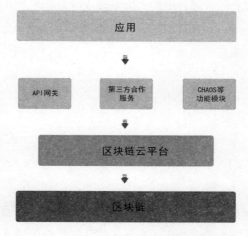

图 11-1　IC 国际支付链系统架构图

此外，这个区块链超级商城打通 API 接口，依托 B2B、B2C 场景先收款后服务的理念，真正实现点对点的实时交易结算机制。全新的数字资产提供高速价值传导的支持，进而演变出全新的万物可信互联的商业模式，不同的商业模式互相融合，构建分布式的商业生态（图 11-2）。

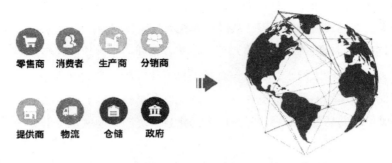

图 11-2　IC 国际支付链的分布式商业生态

通过 IC 国际支付链连接的所有生产商、代理商、终端门店、客户以及供应链上各节点，都可以借助区块链的数字签名技术达成共识。同时分布式实时更新技术可以保证上述各方的通信可以直接相互进行，智能合约技术可以保证相关指令自动执行，因此，无须借助每个环节中的中心实体，就可以提升流程效率和执行力。

不过，在溯源领域，区块链真正解决的是信息流通的不可篡改，以及信息查询的方便，无法保证百分之百真实。整个溯源解决方案的完善，还需要依靠线下的物联网技术，以消除在信息录入过程中的人为干涉或误差。

（3）私有链领域

由于企业与顾客都缺乏上链动力等诸多原因，目前这方面的应用还很少，在此不再举例说明。

第六节　版权保护

在区块链+版权保护这个舞台上，登台的公司有很多，如百度的图腾、上海七印的原本、小犀智能、方维等都推出了自己的区块链版权保护平台。

整体来看，区块链是一种去中心化的分布式账本数据库。链上的数据都有时间戳，同时具备公开可追溯、不可篡改等特性，与数字内容在使用过程中的内容确权、合法传播、提升可信度等要求相符。更重要的是，传统版权保护本身存在一些问题，需要新的思路与技术手段去解决。

下面来看传统数字内容的版权保护路径。按照《中华人民共和国著作权法》的规定，版权自作品创作完成之时自动产生，但问题是，版权何时何地产生，由谁持有，依然需要证明。以前靠版权登记证明，创作者需要向主管部门申请版权认证服务，流程比较复杂，所需要的手续较多，门槛较高，一般的作者怕麻烦，也就作罢，何况每件原创作品都需要准备一堆材料去申请版权，收费也比较高，对绝大多数个人来讲，自然不太现实。而盗用者们正是掌握了创作者的这种心理，才肆无忌惮地侵占创作者利益。此外，当遭遇侵权后，创作者维权并不容易，要准备大量材料，收集证据、委托律师等，付出的成本也是相当高的。同时，目前很多原创作品都是数字化的，在互联网上发布与传播，遵循传统的登记制度其实并非上策。如果能够实现妥善的数字化登记，自然是版权保护的新方向。

区块链又是如何推进版权保护的呢？

在理想化的区块链版权平台上，创作者与机构都可以加入区块链网络，快速实现内容上链，记录版权，也就是确权。一般都是根据作品的标题、摘要、发布的时间、作者的名字等细节信息生成一个独有的字符串，再加上可信时间戳，最后生成简化的 DNA，相当于版权证书。

由于在链上，从作品出现开始，版权的每一次授权、转让等，都会被记录与追踪。如果形成版权保护的联盟链，行业内各大版权平台互通信息，那么不仅能够帮助创作者管理作品，而且能为各类纠纷提供司法取证。

更进一步说，在区块链版权保护环节引进智能合约，规定好版权内容访问、分发与交易等细节，一旦触发合约，追踪履约情况、执行交易等，这些都由程序完成，无须中间商介入。

在维权方面，区块链也有它的优势。因为所有的作品都有时间戳，都有唯一的认证身份，只要用户提交维权申请，系统就会进行自动复查和智能比对，甚至对作品的全网转载情况进行检测，锁定侵权事实后自动实施证据抓取。抓取的侵权证据会提交到区块链上，做证据固化，形成不可篡改的电子证据。

如果是传统的版权保护体系，这样一套流程下来，要花的精力与金钱都不少。但在区块链上，这些甚至可能免费。

综合考察目前各个区块链版权平台的做法，大多数遵循这样的逻辑：原创作者将作品上传，平台为作品生成一个不可改变的、准确的原创证明，证明其归属和完整性，接着再记录到链上，公之于众。

从版权作品的保护范围来看，文本、图片、音频、视频、代码、商标和策划等，都可以纳入区块链版权保护体系。在面向用户的时候，区块链版权平台表现为客户端，可能是 APP、公众号、小程序或者官方网站，创作者们可以用来发布作品，其他的事情都由系统来解决。

在区块链版权保护技术的使用上，有些公司还会有自己的创新，例如，亿书链记录作品中的关键信息，把单一时间戳汇成时间段，写入区块链。这样对于那些被盗版并被上传至网络的数字作品来说，就有了更多的用于检索验证的条件和信息。例如，上海七印研发了全网侵权检测工具"鹰眼"和证据固化采集的"磐石"系统，后者与公证处合作，固化之后的证据能用于司法作证。

有些公司借助以太坊或一些新兴的公有链，直接嫁接版权保护应用，形成自己的解决方案。这样做的公司不少，但很多公有链的技术跟不上，除了记账，其他很多事情做不了。还有人或公司打着区块链版权保护的旗号，其实不是在做应用，而是在做虚拟货币的生意，"醉翁"之意不在版权，而是发币赚钱。

这两类企业很难走下去，他们没有解决用户的痛点，也没有形成自己的有效技术。真正能走下去的是务实型企业，他们一直在确定区块链的技术路线，根据版权保护的需求设计针对性的区块链方案，包括完善协议、合理部署与组网、定制交易类型、解耦内部标准接口等，同时与客户沟通，听取需求，梳理流程，解决问题，争取版权保护的相关方加入自己搭建的版权链，并开放应用接口，吸纳创作机构加入。

但是，目前的区块链版权还很难用于司法实践，因为一方面它并没有被法律法规予以认可，另一方面各个版权平台并不互通，如果整个互联网的数据记录分散在不同的区块链系统，没有统一认证并识别的方式，就无法实现在全网的自动标记、识别和保护，最后还得依靠中心化平台去解决。

如果能够搭建起基于版权的联盟链，引进权威的版权认证机构，如国家版权保护中心、公证处、律师事务所和各种协会组织等，就有可能将区块链版权保护向前推进一步。

在中国，政府层面也在推动此项技术，工业和信息化部在2016年发布的《中国区块链技术和应用发展白皮书》中，单独开辟了"3.4 区块链与文化娱乐"一节描述区块链技术如何用于版权保护，明确了区块链技术用于版权保护在司法取证中的作用。

相信随着各层面的不断发力，区块链版权保护会有更大的进步。

第七节　营销

只要是企业，就需要营销；即使是地方政府，为了打造城市品牌，同样也用得上营销。区块链有可能增加营销的方式,并且改变线上广告购买、交付、计量与价值评估方式,在营销效果监测中,获得更精确的数据。

据笔者观察,区块链的一些技术与成果正在被用到营销获客上来,包括反广告欺诈、个人隐私保护、精准锁定目标客户并有效投放、告别中间代理商、广告投放与营销活动可追溯、解决广告主与代理商之间的信任问题、代币吸引客流等。

例如,一家名为云端易车的汽车金融公司就在通过购车返数字货币的形式吸引客户买车。具体操作方式是:车主向他们买车,如果贷款 10 万元,交易完成后,汽车金融公司会返给买家价值 11 万元的代币,与贷款数额基本保持一致。

之后,用户可以在一家名为"美国脉冲数字货币交易所"的平台将代币交易成 ETH,再通过 OTC 交易将 ETH 兑换成法币,每月还给银行。

为了防止买家一次性将代币全部卖出套现,交易所规定,每天只能解冻千分之一的代币。理论上来讲,如果代币价格波动不大的话,每月解冻的代币应该能还车贷。

这样算下来,相当于车主只花了首付的钱,就买到了一辆车。一旦代币升值,车主还能赚钱,如果价格下跌,对车主也没什么影响,毕竟这些代币都是车商赠送的。

成都一家车商换了一种做法。他们直接采用了数字货币换车,但只接受 4 种币,包括比特币、比特币现金、以太币和 EOS 币。用这些币去换车还能享受 9.5 折优惠。

利用区块链技术,商家还可以重新设计一套更有竞争力的优惠券,用来吸引客户。盖特币(Gatcoin)利用区块链技术提供了优惠券与积分解决方案,即企业可以向广大消费者发布企业加密货币,用来取代传统的折扣券、购物券或积分;Gatcoin 提供先进代币、折扣代币、积分代币、礼物代币等,消费者可以在不同商家使用同一种代币,同时帮助商家获得消费偏好、购物记录等数据,以供企业决策。

虚假流量和广告欺诈等一直是干扰市场买卖行为的非常恶劣的问题,也影响了广告主与代理商之间的信任。据第三方监测公司国双发布的《2018 年国内互联网广告无效流量白皮书》,2018 年无效曝光有所下降,但占比仍然高于 30%,垂直类和网盟 /DSP 类的媒体无效曝光占比仍然很大。

目前解决这些问题的办法主要是通过第三方的监测判断及深入分析营销指标数据,挤掉水分。如果有区块链技术的推动,又可以有新的做法,如建立一个去中心化的机制,这要比第三方机构评估更可靠;在广告素材上添加代码,跟踪广告的播放与受众、转化率情况。

广告科技公司 MetaX 和区块链软件公司 ConsenSys 联手建立起区块链平台广告链（Adchain），就是在广告素材上加代码，跟踪验证广告的观看情况。

还有一个问题是，目前企业对很多营销活动（如广告投放、促销活动等）的分析不够量化，很多环节的数据缺失，对营销效果的好坏难以得出有效的结论。区块链的可追溯性有了用武之地，它尽可能在每一环节建立起相应的"区块"记录数据，并且各个区块一环扣一环，就可以一次性追溯到整个数据链，从而做出有效的原因分析。

基于区块链技术的浏览器 Brave，能做到量化用户上网浏览广告的注意力，而不仅仅是记录点击动作。系统针对这些区块数据展开机器学习，就可以做出比较好的归因分析，更精准地掌握用户特征，实施有效投放，提高广告效果转化率。

如果要精准投放广告，自然是深度掌握用户数据才行，但这可能涉及个人隐私保护的法律纠纷。可以考虑给予用户代币等激励，吸引他们分享自己的数据，如网易星球的做法。

同时，引进区块链技术后，交易各方可以匿名分享自己的数据，不会泄露真实身份；再加上去中心化、先进的加密技术等安全机制，用户的担心程度会变小，有可能在激励下分享自己的数据。

国外的 Brave 浏览器为用户点击浏览广告的行为提供经济激励。以前，用户一般是不会主动点击广告的，有了激励措施之后，用户就会有动力去点击。

目前，包括联合利华、美国电话电报公司（AT&T）和拜耳在内的标杆性公司已经开始介入区块链的布局，希望借助区块链提升营销效果。例如，联合利华跟 IBM 合作，通过区块链追踪数字广告购买的全过程。它将记录用户的广告获取、交付和互动行为，识别虚假流量。

第八节　积分奖励

积分奖励是极为常见的促销手段。消费者在很多平台消费、发评价、晒图等都可能拿到积分。积分常可用来换现金、换礼品等。其中的问题也很明显，如很多用户持有的积分都是闲置状态，因为积分太少，没法换礼品；兑换流程麻烦，不愿意换，加之积分自动清零、难以流通等缺点，使得积分成了客户眼中的鸡肋，很大程度削弱了积分的营销效果。

如果能将不同平台、不同公司之间的积分体系打通，例如，A 家的积分能拿到 B 家消费，在用户使用积分时，A 家跟 B 家能实时结算，那么，这样的积分对用户的吸引力将会很大。

在区块链技术支持下，这是有可能实现的，有一种设计是，积分发行商通过积分钱包注册一个机构账户，由区块链底层生成一对账户和私钥。商户拿到自己的资产发行账户以后就可以发行自己的积分，并将积分注入区块链底层。发行成功后，发行商可以看到自己账户下的积分数量。然后，用户在消费时，获得的积分进入自己的"积分钱包"，当需要使用积分时，就从钱包中提取，而且这些积分适用于加入区块链的所有商户。用户的消费记录和资产余额都会记录在区块链账本中，并进行商家间的实时清算。这种做法能实现机构间的用户共享，促进积分的消费流通。商户间相互引流，可以扩大客户量；对用户来讲，自然获得了非常好的用户体验，既能跨平台、跨商家积累和使用积分，还有可能相互赠送积分。

目前有一种积分联盟，商家可自愿加入，取得联盟成员资格，消费者在联盟成员处的消费都将按比例计算成积分，这些积分就能按上面描述的情况使用。

国内有一些公司在做区块链积分项目，如国科简公司上线了区块链商业积分管理项目，声称实现了快发积分系统、积分交易验证、积分总量查询、积分结算和积分回收等功能。

还有一家名为井通区块链的公司，与集市网合作推出了积分联盟方案。商户拥有自己的商业平台，管理自己的资金和用户；而商户的顾客能通过井通区块链平台交易积分、卡券等。

除了上述区块链积分机制外，像网易、百度等均推出了一些挖矿性质的积分奖励制度。百度的度宇宙、网易星球等就是一种积分奖励的形式。

百度的度宇宙是一个由元素、引力、星球所构建的数字宇宙，元素是度宇宙基金会在 X 链（X-Chain）上发行的通证，具有流通价值，相当于星球上的虚拟货币。度宇宙基金会在第一年会一次性发行 10 亿个元素，次年开始，每年按照一个很小的比例增发，增发部分都分给那些为度宇宙创造价值的人，俗称矿工。参与越早，收益越高。

引力是度宇宙中的第一种力量形式，拥有星球的居民都拥有一定的引力值，并且可通过引力凝聚出元素。引力越高，获得的元素越多，宇宙居民可以通过完成引力任务来提升引力。未来该项目将会支持更多的引力提升方式。

2018年，网易发布了基于区块链的生态价值共享平台"星球"，用户获得邀请码注册后，可领取数字资产"黑钻"。按照星球的官方公告内容，星球基地通过区块链加密存储技术帮助用户管理数字资产，让用户的数据真正为自己所有；也可以让需求者在星球基地中进行直接交易，并利用黑钻进行结算。用户通过在"星球"上进行浏览、交易、社交等活动增加原力值。原力是获取黑钻的一种方式，原力越高、黑钻越多。黑钻相当于网易星球的虚拟货币，参与的如购物、阅读、学习等活动越多，就可能拿到越多黑钻。

不过，无论是百度"度宇宙"的元素，还是网易星球的黑钻，最终它们的价值如何体现，到底是兑换百度或网易内部的产品优惠，还是可以用来做别的事情，目前尚无法做出判断。

同样是2018年，网易区块链资讯阅读APP"易头条"上线，也带有积分奖励的色彩。邀请新用户、连续登录、阅读数量与时长、点赞评论、分享等，都能获取奖励。用户可以使用数字资产"易刀"参与免费夺宝。易刀是一种数字资产，总量有限，与平台收益权挂钩，易头条每日会将运营收入按比例分配给持有易刀的用户，持有者每天会获得一定奖励。

易头条的用户资产有两种计算方式：一是阅力，用户通过自己的活跃行为获得，阅力可以用于内容投资，寻求更多阅力收益；二是通过参与免费夺宝赚取易刀等奖励。

九宽激励型区块链9BaaS有一套"激励型区块链应用解决方案"，其实就是积分形式的体现。具体操作如下：通过独立侧链系统实现激励型交互网络的通证经济模型，有效量化用户的行为贡献和社区资产，同时，以信息加密、多级权限控制等技术手段有效保护用户私密信息，并将用户资产所有权和价值成功返还给用户自身。

它采用的是PoVC（Proof of Value Contribution）共识机制，也就是基于贡献证明机制，侧链将社交活动和数据在主链上进行存证，确保侧链的公信力等价于主链，同时满足大规模业务的高性能交互需求，这使得主链（公链）的安全性和侧链的定制性高效结合在一起。在这项技术里，系统可以发布功能性通证或积分，并设计和交付管理通证发行的政策。同时，基于侧链隔离、信息加密、多级权限控制等多种技术手段，9BaaS激励型区块链网络平台实现了对用户私密信息的有效保护。

目前，基于9BaaS激励型区块链技术支持的客户端APP也已经出现，它适用于iOS/Android系统，适用的业务场景包括：图片社交、视频社交、知识社区、新闻社区、积分应用等。

举个例子，像素蜜蜂图片社区就是9BaaS激励型区块链技术的应用案例。它是一个图片社交平台，发布了一个以太坊的代币标准ERC20通证PXIT，将社区中用户的社交活动（如发图、点赞、评论等）抽象为侧链的智能合约来激励用户，并利用其跨链的特性将公信力锚定到以太坊上，充分利用了区块链公开、公正、透明、不可篡改的特性，保证社交价值回归到用户。

目前，像素蜜蜂图片社区已经过数轮内测与公测，参与用户达到10万，大部分都是因区块链独有的激励机制由朋友推荐而来。目前该网络实际处理能力已达到3000TPS以上，并在持续优化中。

第九节　众筹

一提到区块链众筹，很多人马上就会想到发币，搞ICO，实际上，区块链在众筹场景的应用，完全不是发币可以概括的。

先来了解众筹到底是什么。众筹是指通过有限的公众募集一定的资金来支持项目或企业的发展。如果操作不当，众筹也可能成为非法集资。

不过，目前在京东众筹、小米众筹、淘宝众筹上的很多项目已经跳出了募集资金这个局限，而成为预售的变身，也就是先把产品放到众筹平台上，以众筹的名义搞预售，按众筹要求认购，然后获得对应的收益。大多数众筹项目的回报都是按产品定价换送、寄送对应数量的产品。

早在几年前，淘宝、京东、小米等大型平台就推出了众筹板块，同时还出现了大量的众筹网站，但是，除了一些获得流量支持的项目外，其他很多众筹项目并不是很成功。主要原因是信任问题没有得到根本解决，消费者觉得众筹物品可能质量不是特别好，或回报不够给力，甚至怀疑回报能不能兑现等。

所以，有知名品牌背书的项目往往众筹非常顺利，因为它从根本上解决了信任问题，加上消费者觉得回报还不错，就可能参加，其需求空间还是比较大的。

而那些中小项目很多都发展不起来，部分项目方的贪婪甚至欺诈导致了很多项目流产。有些即使做成功了，参与众筹的收益也非常低。

解决信任问题正是区块链技术的拿手好戏。它是一种可以多方参与共同维护的分布式数据库，众筹项目的相关各方，以及关于项目的所有信息都上链，任何一方都难以篡改信息或抵赖，也不是随便发个公告就可以改变利益的分配。这种方式可以解决信息不对称问题，能增加众筹市场的透明度和稳定性。项目方也不敢随意承诺，毕竟所有的信息上链后，是不能改的，如果出了问题，会影响以后的业务。

此外，区块链可以不受区域的限制，甚至会吸引国外的众筹参与者，这就扩大了参与群体，众筹的成功率也会大得多。而现在的互联网众筹还很难走到国外。

如果使用智能合约，还可以保证项目执行自动触发。如果没有达成预定的目标，资金可以自动退回到支持者的账户。也就是在众筹发起初期，由发起人、众筹平台、参与人等多方共同签署一份众筹的智能合约来约定各自的责任与义务。这份合约可以借助区块链技术以智能合约的形式存入区块链中，由区块链确保合约在履行中不被篡改。如果众筹失败或项目违约，智能合约可以自动将资金退回到投资者的账户，不需要第三方提供担保。

当然，要想实现这个目标，难度其实是挺大的。例如，一旦智能合约触发，资金如何才能自动退回投资者的账户？这是不是意味着系统要与众筹发起者的账户绑定，一旦触发合约，就自动从众筹发起者的账户扣款？要做到这些并不是容易的事情。

国内有公司在开发专门的区块链众筹应用。一家名为指旺金科的公司开发了一款区块链技术众筹平台软件，提供众筹项目发布管理、投标管理、用户实名认证、项目信审、分红管理、三方支付和智能合约等，还能够监测众筹资金的使用情况，实现业务数据一键上链等。

一般而言，传统的众筹项目周期较长，用户需要等待几个月甚至一年时间才能获取服务和产品，要想获得其他收益，时间会更长，这种特点不利于投资者随时变现。然而，区块链技术支持点对点交易，有些甚至可以用代币众筹，这意味着投资者可以提前出售众筹权益而后离场。

第十节 数字货币钱包

2013年数字货币创业大潮中，数字货币钱包也顺势而起，后来几番起落，终因找不到盈利模式而"尸横遍野"，最后只剩下币信等几家公司通过其他业务反哺数字货币钱包。

从目前的情况看，数字货币钱包用户规模有所扩大，其盈利的可能性还是有的，新一轮创业浪潮或将又顺势而起。

顺便科普一下什么是数字货币钱包。以比特币为例，由于其底层技术本质上就是一个账本，记着"谁给谁转了多少钱"或"谁有多少钱"，而且是大量节点在记账，所以不用担心账本丢失。当然用户每次转账都是要支付矿工费的。在数字货币的场景中，用户不需要保存自己的 Token，只需要保管好密码或钥匙，也就是私钥，因为转账需要用私钥签名才能完成。私钥丢了钱就丢了，就再也无法证明账户真正属于谁，所以要好好保管私钥。

私钥其实就是一串字符，比如：

5KYZdUEo39z3FPrtuX2QbbwGnNP5zTd7yyr2SC1j299sBCnWjss

数字货币钱包并不是真的"钱包"。币不是存在钱包里，而是存在上面说到的链上，实质是一堆数字。钱包只是用来开户、查询余额和转账的应用。

钱包可以分为冷钱包和热钱包。冷钱包的特征是永不触网，本质是私钥存储工具，黑客难以盗取。冷钱包包括国外的 Ledger Nano S、Keepkey、Trezor；国内的库神、币宝（Bepal）、碧盾、悟空（Wookong）、钱包大师等硬件钱包也属于冷钱包。

热钱包顾名思义就是私钥触网，常见的形态就是手机 APP 和计算机网页，整个开户、生成私钥和转账的过程联网，还需要输入私钥。常见的热钱包有 imToken、Kcash、比特派、MetaMask、My Ether Wallet 等。托管钱包也是热钱包的一种，电子钱包帮你保管私钥，用户只需要输入账户名和密码，转账时钱包后台调取私钥做签名。托管钱包的好处是操作方便，跟交易所钱包的逻辑很像。托管钱包主要包括币信、Cobo、极信区块链等几种。

目前数字货币钱包尝试的盈利模式大致有以下几种。

1. B 端输出安全解决方案

硬件冷钱包主要目标用户是追求安全的大户，包括 Token fund、交易所、项目方、矿场等 B 端企业。但实际上硬件冷钱包提供商为 B 端提供的不可能只是硬件，肯定是整套的解决方案。如果方案过硬，还能拿到几个大客户，商家的发展就会比较好，但如果想单纯靠卖硬件在数字货币市场里盈利，就很难说了。

2. 切入金融业务

这跟支付宝上线余额宝是一个道理，钱包管理的是用户短期内不准备流通的资产。例如，Kcash 接入了量化基金企业 Tokenmania 提供的"余币宝"产品；公信宝钱包布洛克城接入了余币宝、借贷理财平台 LendChain 上线了有类似服务的钱包；还有小鲸库等第三方开放平台。

这类业务扩展的瓶颈在于，数字货币金融市场并不完善，量化基金策略容量有限，其并没有传统金融市场货币基金这类容量极大的基金。目前这类业务供不应求，每一期的理财产品上线即被秒抢。

3. 切入交易所 + 行情资讯

区块链的资产属性意味着"持币总是要买卖的"，所以切入交易所似乎说得通。对于传统法币来说，在钱包里的钱是要用的；然而对于数字货币而言，在钱包里的币往往是不经常用的，经常用的币往往都在交易所里。

目前有内置交易所意向的钱包有 imToken 和库神。2018 年 6 月，imToken 的 2.0 国际版支持去中心化的交易平台 Tokenlon 还上线了闪兑功能。

4. 导流场景

除了金融业务，钱包另一精准导流场景是空投和领糖果。平常微信群里各项目的"撒币"获客活动，用户体验并不好，既要手动填写公钥地址，还要输入个人信息。如果在钱包里操作，一键授权钱包资料，整个过程的用户体验会更好。

例如，imToken 集成了智能合约交互；YeeCall 在建设 DAPP Store，准备与游戏和电商对接支付网关；布洛克城上线游戏"万利马"和竞猜平台"预言家"；欧链的 EOS Pocket 就是一个 EOS 钱包 + 智能合约运行平台，希望满足 C 端用户便捷使用智能合约的需求，平台本身可以推荐 DAPP，用户也可以手动输入地址。

如果未来基于区块链建设价值互联网的目标能够实现，每一个人都有自己的数字资产，并且需要有一个地方管理自己所有的数字资产，钱包就有可能成为这样的一个资产聚合平台。

第十一节 人力资源

对人力资源工作者而言,进行就职人员背景调查和就业记录查询是比较耗时的事情。如果学生的成绩、学位证书、职业经历,甚至违法情况等,都能够上链,记录在区块链账本上,则可以帮助 HR 简化审查流程,提高工作效率。

这就是区块链可能改进人力资源的一个切入点。具体来讲,区块链的用处还有更多,以下做详细介绍。

1. 简历验证

现在,求职者的简历都是放到各种招聘网站上,真假很难辨别,而且学历证书也可以作假,核查起来又显得非常麻烦。

早在 2015 年,霍伯顿学校就与 Bitproof 开展合作,利用区块链去中心化的、可验证的、防篡改的存储系统,将学历证书存放在区块链数据库中,校方获得授权后就能查询,这样会节省学校检查学生学历资料的时间和人力成本。

国外的 CVproof 公司创建了一个招聘和就业跟踪的区块链系统,可以利用区块链技术防止简历造假。该区块链系统可以存储并维护求职者的文凭、参考文献、出版物、考试成绩、医疗证明、犯罪记录和培训证明等信息,雇主可以使用区块链技术验证求职者的简历。

2. 职业背调

如果利用区块链技术搭建一条或几条职业链,求职者在每个公司的上班情况都记录到链上,包括求职者的公司经历、培训记录、技能记录、工作成果记录等,这样既方便求职者向应聘公司证实自己的能力,同时也方便公司审核求职者。而且这些信息添加到区块链上之后,是不能篡改的,这就降低了简历作假的可能性,除非求职者之前上班的公司帮着员工上传虚假职业经历。

国内有一家名为职业链的公司正在从事这样的研究。

3. 提升招聘与审核效率

在当前的模式下,招聘方如果需要对职业材料进行验证,往往需要发证机构或第三方权威机构确认,这是一个非常耗时而又费用昂贵的过程。如果发证机构取消了,记录丢失,一切将无法验证。

如果利用区块链技术将这些证件记录到链上,分布式记账不能篡改,无须中心化机构就能完成查询与验证。而且即使加入区块链的某一个节点出了问题,也不影响查询或验证,那些发假证或乱发证的机构也就没有了用武之地,因为他们被排除在区块链之外,发的证书无法得到确认。如果做到这一步,招聘效率会非常高,因为招聘方获得授权后,直接在线就可以查询所有资料,不需要再做烦琐的核查工作。

麻省理工学院媒体实验室发布了一个区块链证书项目 Blockcerts,用来发行任何类型的证书,包括专业证书、成绩单、学分或者学位等。它的做法是:高校创建数字学术证书,包含个人的技能、成就或特征等,并将这些信息登记在比特币区块链上。任何人都可以成为验证者,验证内容包括证书有没有被篡改、由哪个机构发行、发行给哪个用户等。

4. 智能合约

智能合约是一种代码,里面规定了合约的详细条款,雇主与员工之间签署智能合约,到限定时间后,工资可自动发放,没有延误。只要雇主账户上有钱,就不会出现欺诈行为。

这也很适合一些欠薪比较严重的行业,如建筑业等。以前总是有建筑商或包工头拖欠建筑工人薪酬,如果建筑业引进智能合约,建筑商必须保证账户上资金充足,到时间自动触发合约,工资就会按时发放。

5. 节省中介成本,简化招聘

如果有一个强大的人才链使 HR 们可以查询求职者们的所有信息,还可实现职位的自动匹配,那么,企业找到合适人才的速度会更快,还能降低招聘成本。

如果发展到这种程度,那些招聘平台下一步应该做个性化招聘,帮助大公司制定与落地中高端人才策略。

上链的信息越丰富，对招聘工作帮助越大。假如区块链能够追踪到求职者的优势课程、成绩单等信息，就可以帮助招聘负责人衡量求职者是否拥有岗位所需要的专业经验。

6. 改进培训

在公司的人力资源事务中，员工培训是关键工作之一。一些比较大的公司甚至会专门配备培训主管或培训专员来负责制订员工的培训计划，并负责选择适当的讲师进行授课。员工当前的职业能力需要什么样的培训、如何激发员工参与培训的热情、如何更好地提升培训效果等问题是培训员们经常要面临的问题。

利用区块链技术，有望打破员工在各个公司任职时的培训壁垒，形成一个基于区块链技术的分布式账本，用来存储他们在不同公司的学习记录，从而建立起及时更新的、不可篡改的学习培训经历。公司还可以考虑引进虚拟币提高员工的培训参与度，员工可以通过发帖、提问、回答等行为自动赚取虚拟币，并可以利用虚拟币购买社区学习资料与服务这种做法激发社区成员的参与度，形成以虚拟币为核心的激励机制。

当员工把掌握的技能与学到的知识记录到区块链上，进行分布存储后，根据各个观点之间的语义联系，系统生成可视化的知识网络图，员工可以在分布式账本上查看自己形成的知识能力体系，更方便查缺补漏，探索未知的领域。

索尼公司曾经声称开发了基于区块链技术的账本，用来存储教育培训资料，通过网络共享，根据学员的培训记录评估学习方式的优势。

除了上述应用外，利用区块链网络，世界各地的人还可以通过去中心化的全球网络交易他们的时间和才能，实现"共享员工"。澳大利亚的技术公司ChronoBank 正在往此方向上努力。

第十二节　投票

投票这个场景可以在很多场合出现，如一些国家从中央到地方的选举、全民公投、行业里的品牌评选、大型集团公司内部对产品方案的投票选择等。

传统的投票存在以下几个痛点。

①纸质投票往往适用于选民数量较少的情况，在选民基数非常庞大的情况下，纸票会造成资源的浪费，更何况到一些偏远区域落实投票成本会比较高，甚至会遗漏了偏远地区。

②工作人员在统计大量的纸质投票时容易出错，投票的准确性往往会受到质疑。

③传统电子投票解决了资源浪费与区域限制问题，但是数据安全却成问题，一旦出现系统瘫痪，投票数据就可能丢失；如果系统遭遇黑客攻击，投票数据可能会被篡改，则投票结果就丧失了可信度。

④传统投票制度下，暗箱操作难以避免，因为最终的投票结果是人为控制，计票者可能会接受贿赂。尤其是在公权力领域，这些年来，各种权力斗争已经凸显出了现有选举方法的一些缺点，如贿选、腐败等，很多国家都是如此。

⑤即使是在社区或公司里为某个方案或社区福利投票时，也有可能因为外在因素干扰，或者一些投票人不够重视，导致投票结果无法反映公众的真实意向。

⑥行业内的品牌评选，或者集团公司内部的评选，如果投票结果会影响个人利益，就可能遇到刷票作假的行为。

一个公平、公正、透明的投票系统，至少要保障以下五点。

①确保大多数人都能方便地参与投票。

②确保投票数据不能被篡改。

③票数据可追溯、可验证。

④投投票结果的统计不被第三方势力左右。

⑤匿名投票，保证投票人隐私。

由于区块链技术具备不可篡改、分布式记账、可追溯等特性，它的出现有可能继续改进投票机制，这里面有几个切入点。

①区块链技术可以运用到选民注册、身份确认中，为每一个参与者赋予唯一的数字标识，区块链投票系统会自动识别投票者身份标识，确保只有符合要求的投票才被记录，以此解决匿名刷票作假的可能。

②当身份确认的投票者做出自己的投票后，数据一旦存入区块链，上传结果就无法篡改。并且区块链的"去中心化"使得所有选票信息记录公开，随时可查，在去中心化的模式下，那些主导者、可能舞弊的计票者们就难以再进行暗箱操作了。

③在区块链的保护下，选民在投票时最担心的个人隐私泄露问题得到了一定程度的解决。以前，投票者填写纸质选票，书写的字迹可能会被辨认出来，收集选票

的工作人员可能知晓投票人的选择；电子投票也会留下投票人的登录记录，这些问题导致投票者会有所顾虑。而区块链投票系统中，投票者真实身份被隐去，别人看到的可能只是一段代码，而不知道是谁投的，这样一来，投票者的顾虑就会减少，同时也能保证投票结果的准确性。

影响比较大的一起与区块链有关的投票事件发生在非洲国家塞拉利昂。他们并没有搭建起区块链投票系统，而是引进了瑞士区块链公司 Agora 的相关技术以帮助其处理和计算投票结果。到底能产生怎样的成果，目前还在观察中。

俄罗斯也在考虑搭建基于区块链的投票系统，以防止黑客、选票操纵和其他形式的选举舞弊。该国的一家民调中心 VTSIOM 与当地区块链公司 2chain 合作，引进区块链技术监测 2018 年总统选举投票后的民意测验结果。两家公司将创建区块链数据库，收集民调信息。

一些公司正在探索区块链技术在投票领域的应用，如一家名为 Final.vote 的公司将区块链投票技术应用到明星的人气排行上，以消除水军与幕后金主的掌控。他们的做法是，最初生成固定数量的票，每张票是一张通证，每位新注册的用户会获得一个地址储存他的票，而投票就是一个从 A 地址向 B 地址转账的行为。在区块链里，每次转账都会被分布式记账，从一个地址转了多少个 Token 给另一个地址的情况都会被记录在分布式账本上供查询。

Follow My Vote 也是一家区块链投票行业的初创公司，目前已经发布了区块链投票解决方案。国内的唐盛公司开发了唐盛链，用于定制开发区块链投票应用。

在区块链投票领域也有可能诞生一套新兴的投票系统，它能够自动为所有选民创建账户，并允许他们通过各种平台进行投票，如用手机投票、通过网站投票，也可以去专门的投票站通过区块链访问和记录数据。

第十三节 预测

人们的任何行为都离不开对未来的预判，"未雨绸缪"说的正是人们在面临复杂局面时应该提前做好准备。然而，个体拥有的知识、信息、眼界都是不一样的，做出的预测也难免有偏差，哪怕是专家，有时候也会出错。

即便如此，预测依然非常重要，它出现在金融、保险、国防、医疗卫生、公共管理、体育、娱乐等众多行业里，例如，房价变化的预测、GDP 增长的预测、某场体育比赛输赢的预测等。

从目前的情况看，科学的预测方法主要有两种，一种是利用统计和数学模型进行预测，另一种是利用机器学习和数据挖掘进行预测。它们都有一个前提，就是必须拥有足够多的信息、资源，才有可能得出相对靠谱的结论。有时候这种预测也并不准确，毕竟采集的样本有限。

传统化的预测平台有它的困境，如中心化组织做出预测时无法自证清白，容易导致自身作恶，让用户遭遇损失。在有些预测项目上，一个或几个主要的预测者甚至是决策者掌握着中心化的地位，大多数时候都是由他们做出决定，参与者的意见无足轻重。此外，如果预测项目比较敏感，一般会被机构监管。

试想，如果有一个渠道，或者一个预测市场，能通过有效且可靠的方式（包括专家意见、经验人士观点等）把大众的判断聚集起来，一起对某个事件进行预测，是不是准确性会提高很多？

关于挖掘群体智慧的预测案例已有数起，其中糖豆案例流传甚广，故事大概是这样的。

2007 年，哥伦比亚商学院教授迈克尔·莫布森（Michael Mauboussin）做了一个试验，让他班上 73 名学生预测瓶子中糖豆的数量。学生们估计的数量在 250~4100 个。其实瓶子中有 1116 个糖豆。学生们估计值与真实值 1116 平均偏离 700，也就是 62% 的错误率。然而，尽管学生的估计很不准确，但是他们估计的平均值是 1151，与真实数值 1116 只有 3% 的误差。这一研究以各种形式重复过多次，结果都差不多，可见群体预测的价值。

还有一个潜艇案例同样运用了群体预测。1968 年，美国一艘名为 Scorpion 的潜艇在大西洋完成执勤任务返回纽波特纽斯港口的途中消失了。虽然海军知道潜艇最后发出报告的位置，但是不知道 Scorpion 遇到了什么事情，也不知道最后所在的真实位置。最后他们将搜索范围确定在方圆 30 多千米，深几千米的区域。这是一个希望渺茫的搜索，人们能够想到的唯一可能的解决方案是，召集潜艇和洋流的顶级专家，由他们来研判潜艇在哪里。但是，根据 Sherry Sontag 和 Christopher Drew 在其著作 *Blind Man's Bluff* 中的记录，一位名叫 John Craven 的海军军官提出了不同的计划。

Craven 先是设想了一系列可以解释 Scorpion 失踪的原因，然后召集一组具有不同背景的人，包括数学家、潜艇专家、洋流专家和搜寻人员，让他们猜测哪种原因的可能性最大。为了让猜测更加有趣，Craven 采用了下注的模式，奖品是 Chivas Regal 酒。参与的成员就潜艇为什么出事故、下沉的速度、倾斜的角度等问题进行打赌。Craven 相信，如果他将小组成员预测的所有答案汇集在一起，针对潜艇消失做一个完整描述，他就能够知道潜艇在哪里。他利用了所有的猜测，并且运用贝叶斯理论加以分析，最终得出了团队关于潜艇位置的集体估计。得出的位置并不是小组里某个成员所猜测的位置，而是整体做出的集体判断。Scorpion 潜艇失踪五个月以后，一艘军舰发现了它。潜艇所发现的位置与 Craven 团队猜测的位置相差 220 码（约为 201 米）。

区块链有可能提供一种可行的解决方案，为预测带来了新改变。

①它基于共识机制建立，上链的信息不可篡改。

②用户都能平等参与，共同决策，一定程度上能够免除中心化组织操纵的嫌疑，去中心化得以实现，从而增强用户对平台的信任。

③它的影响范围更广，分布式结构使得预测具有全球流动性，可以在全球范围内搭建平台，能让海量的用户参与进来，独立发表预测意见，并记录在区块链上，预测准确与否会影响到自己能否拿到奖励或者信用加分。

④由于提供了代币或者其他形式的奖励，能够激励更多人的参与。这比纯粹的免费预测或义务预测更能激励参与者。

⑤区块链提供的匿名性也将保障用户的隐私，帮助参与者消除心理负担，畅所欲言地发表自己的预测。一个参与者众多的预测市场更有可能吸纳更多的群体智慧，带来准确度更高的预测结果。

建立在以太坊区块链上的平台预言者（Augur），成功实现了 ICO，并融资 500 多万美元。它允许用户预测事件，如果预测正确，还能获得代币奖励。利用 Augur，任何人都可以为自己感兴趣的主题创建一个预测市场，并提供初始的流动性。作为回报，创建者将获得该预测市场一半的交易费用。普通用户可以根据自己的判断对主题进行预测，或根据自己的判断买卖事件的股票。当事件发生以后，预测准确并且买了股票的那些人，就能获得收益。而预测错误的人，不会得到奖励，用来买事件股票的钱，自然也就亏了。

国内也有一个区块链预测平台天算（Delphy），基于以太坊搭建，力图集合大众的知识与经验预测未来事件。它面向 APP 用户，用户可以自由创建多个事件，每个市场的 L 值、准备金、结果范围、交割日期、争议解决机制均可以自由设置。

在 Delphy 预测市场上，参与者可以自由投票，同样可以获得代币奖励。不过

Delphy 发行了代币 DPY，总量 1 亿个，并声称团队持有的代币锁三年。用户要使用 Delphy 服务，需要用 DPY 这种代币。

在 2018 年世界杯前夕，区块链预测成了行业里的热词，"区块链 + 预测竞猜类"存量项目一度多达 20 多个，其中存在赌博性质的比较多，这自然是不被允许的。

通过区块链技术来推动预测事业的进步，还是待解的课题。

第十四节 票据

关于票据场景的应用，下面来看几则消息。

第一则消息：据《证券日报》消息，2018 年 8 月，蚂蚁金服区块链携手航天信息试水区块链医疗电子票据服务，只用两周时间，就有将近 60 万张医疗电子票据主动发送给患者，或者被患者扫出。

据报道，从 2018 年 8 月 2 日开始，杭州、台州、金华三地医院的患者通过支付宝缴纳挂号、门诊和住院费后，相关电子票据就会立刻发送到支付宝"发票管家"里。如果是采用现金、医院 APP、医保卡等方式付费的患者，只需要用手机扫描检查单上的二维码，就能扫出一张电子票据。与普通电子票据不同的是，区块链会在电子票据生成、传送、储存和使用的全程中都盖上"时间戳"，如果一张电子票据报销过了，就不能报第二次。这些都可追溯，不能篡改。

这一应用场景是个联盟链，链上的节点包括医院、当地财政局、当地社保局、航天信息和支付宝。对区块链票据最有需求的主要是那些报销频次高的行业。

第二则消息：2018 年 1 月，由中钞区块链技术研究院承接并组织研发的区块链票据平台在上海票据交易所成功上线。在数字票据交易平台上，中国工商银行、中国银行、浦发银行和杭州银行顺利完成基于区块链技术的数字票据签发、承兑、贴现和转贴现业务。

第三则消息：在国家税务总局的指导下，通过深圳市税务局与腾讯公司的联手，2018 年 8 月 10 日，全国首张区块链电子发票在深圳落地。企业可以在区块链上实现发票申领和报税，用户可以实现链上报销和收款，对于税务部门，可以做到全流程监管，实现无纸化智能税务管理。

与传统发票相比，区块链发票的好处在于，当线上支付完成一笔交易后，交易数据便视为一张"发票"。而它会通过区块链分布式存储技术连接消费者、商户、公司、税务局等每一个发票干系人。

区块链发票的每个环节都可追溯、信息不可篡改、数据不会丢失，有了它，结账后就能通过微信自助申请开票、一键报销，发票信息将实时同步至企业和税务局，报销人在线上拿到报销款，报销状态实时可查。

第四则消息：据《人民日报》消息，航天信息采用区块链技术建立了税局监管、第三方服务平台和社会组织共治的电子票据链，将电子票据数据、流转、状态等信息上链，实现了对这些信息的锁定，做到了电子票据可信、可验证、可追溯，解决了电子票据的监管与使用困难。

到 2018 年 8 月，航天信息提供的基于区块链的电子票据系统在北京、山东、湖北、安徽、宁夏等地试运行，状况良好，入链发票及非税票据达 30 余万张。

有了区块链发票，不用排队开票，不用手写抬头，不用担心发票不见，不用贴发票也不用线下交单，报销效率高，而且节省了多方成本。与普通的电子发票相比，区块链发票的优势也是明显的，毕竟电子发票还需要下载、打印、审核、上报税务局，再入账，整个流程下来，也是非常复杂的。

具体来看，通过使用区块链技术，票据将得到以下几方面的优化。

1. 解决票据真实性的问题

区块链发票系统从票据发行即对全网所有业务参与方广播，当检验数字票据信息是否被转让或者篡改时，区块链可以提供无可争议的一致性证明。像传统的纸票票据作假、一票多卖等问题，在区块链网络里可能很难发生。

2. 节省成本

对商户来说，以前要用税控机开票，速度非常慢，有时候还会开错发票，往往会浪费财务与业务人员的时间。而现在，消费者结账之后就能自行获取电子发票，自然可以节省商户的时间、硬件与人力成本。

对企业来讲，采用区块链电子发票，可以在线完成发票申领、开具、查验，还可以在打通企业财务系统后，实现员工即时报销，甚至可能拓展到纳税申报环节。人们不用经常跑税务局，或许社会上也不再需要以前那么多的财务人员。

对税务监管方来讲，也是可以节省成本的。借助区块链平台，税务监管方可以实时监控发票开具、流转、报销全流程，实现无纸化办公，这个是节省的第一处；查账方便，同样可以节省人力。

3. 打通了交易与开票环节

利用区块链技术，只要交易发生后，系统就可以马上开出区块链电子票据，在区块链上直接生成。它连接每一个发票干系人，可以追溯发票的来源、真伪和报销等信息，让发票信息全场景流通成为现实。

依托区块链技术，新的网络将发票的涉税行为与企业经营行为、企业的个人行为联系在一起，将以前分离的交易和开票环节融合在一起，形成新的纳税信用体系。

如果引进智能合约的功能，每一张发票的生成都会通过税局、区块链平台、开票企业等多方节点共同校验，确保发票符合税务局对开票企业的税控规则。

第十五节 审计

审计是对一个组织的账簿、文件和内部流程进行客观检查的过程，以确定它是否呈现了真实的财务表现和财务状况。审计的准则一般是国际通行的财务报告标准，或者公认的会计原则。

目前，很多人在探讨区块链在审计领域的应用，这可以看成是一个行业。有很多专门做审计业务的公司都在积极探索区块链在审计行业的应用。有名气的包括普华永道、德勤、立信等。

事实上，审计不仅是一个行业，更是一个场景，它出现在众多行业里，只要稍微大点的公司，都可能涉及审计，政府系统里则有专门的审计部门。

就具体应用来看，区块链对审计也是有改变的。

1. 促成自主审计

审计开展的前提首先是信息的真实性和完整性，区块链的分布式账本技术为数据真实性和完整性提供了强有力的保障。

共识机制使网络中的所有节点共享数据信息，确保系统参与方认可账本中记录的内容，这就意味着，在外部审计之前，组织内部与审计有关的人员就得验证上链信息的准确性，从而使内部审计人员可以实时监控企业的财务信息，降低对第三方检查的依赖。

2. 时间戳提升造假难度

虚假交易和账目欺诈一直是企业财务管理的重点防范内容。由于区块链数据库的修改需要系统 51% 的节点认可，时间戳也记录了各种数据的先后顺序，能连续展示交易历史，使得数据造假和欺诈难度大幅提升。

3. 提高审计效率

审计是一个繁重的过程，需要专业团队花大量的时间审查客户账簿、核查大量交易和账目。在这种情况下，区块链技术可能会扮演一个真正具有颠覆性的角色。

区块链技术的一个核心是共识机制，它使所有数据在第一时间得到共同确认，以保障数据的及时性和准确性，也使审计需求信息更易获取，节省了大量信息收集和整理时间，从而提高了审计效率。

此外，由于区块链技术对数据真实性和完整性的保障，审计人员在确认区块链运行有效的情况下，完全可以省去大量的询问、函证等程序，只需较小的工作量就可以完成数据检验，降低了审计成本。

4. 降低运营成本

分布式账本是区块链的一大撒手锏，去中心化的机制分担了中央服务器的压力，即使数据很多，也不用担心系统崩溃或宕机，也不需要花太多的钱购买昂贵的软硬件设备，从而降低了采购成本。

在目前的审计工作中，审计师通常需要发送银行询证函及企业询证函，函证被审单位银行账户资金余额及交易合同或资金的真实性，而在区块链技术的帮助下，所有数据记录到区块链上时，已经过了验证，而且不可更改，一定程度上保证了数据的真实性。

同时，由于区块链审计平台上面的数据事先已经经过了验证，真实性和完整性有一定的保障，审计人员可以省去大量的询问、函征等工作，自然也就不需要雇佣大量的审计人员参与工作，从而节省了审计成本。

目前，很多从事审计业务的公司都在涉足区块链领域，如在安永（瑞士）公司，他们的客户可以用比特币结算审计和咨询服务费。

德勤、安永、普华永道、毕马威四大会计师事务所的区块链专业人士早在2016年8月就在纽约首次会面，探讨如何在会计行业开发出区块链应用标准，并计划组建一个分布式联盟链，共同探讨区块链和共同账户的价值。

Rubix是德勤公司推出的一款企业级区块链软件应用开发平台。客户可以基于该平台的区块链基础设施创建自己的应用程序，根据自身需求制订植入协议，并在浏览器中编写智能合约。用户能够查找特定的交易，并且系统为监控留出了窗口，节点监控器可以实时监控网络中的所有节点，为提高审计效率打牢了基石。

安永建立了全球区块链小组，发布了《区块链技术作为数字化平台在保险业的应用》等多份行业报告。其在2016年8月开启了区块链解决方案"创业挑战"项目，在媒体艺术行业和能源行业应用区块链建立真实可信的数据库，使整个交易流程变得简易透明，来源、去向均可追溯，从而减少了欺诈行为。

2016年1月，普华永道宣布进军区块链行业。普华永道在英国贝尔法斯特组建了一个技术团队，调查其客户在区块链技术方面的潜在应用情况，以推动该技术在金融领域的深入发展。

第十二章　区块链商业应用的安全防护

人们对区块链商用充满了美好的畅想，可惜至少有两头拦路虎挡在我们面前。一是区块链技术并不是很成熟，目前还难以大规模推广应用；二是安全问题不容小视，近年来出现了不少安全事件，涉及范围广，资产损失数额增加，区块链所强调的安全性优势，目前还没有体现出来。

2018年8月，腾讯安全联合知道创宇发布《2018上半年区块链安全报告》，其中总结了影响区块链安全的三大根源性问题，包括安全机制、生态安全、使用者安全等，分别导致的区块链加密数字货币经济损失为12.5亿美元、14.2亿美元和0.56亿美元，加起来超过27亿美元。①

其中一些关键信息值得注意。

①影响区块链生态安全的主要因素包括交易所被盗、交易所、矿池、网站被DDoS（分布式拒绝服务）、钱包、矿池面临DNS（域名系统）劫持风险、交易所被钓鱼、内鬼盗窃、钱包被盗、各种信息泄露、账号被盗等。

②全球出现过的数字加密货币已超过1600种，其中包括大量一文不值的空气币，这本身就是非常大的安全隐患。

③区块链数字货币面临的安全威胁也不少，例如，数字货币勒索事件频发，基础设施成勒索病毒攻击重点目标；挖矿木马"异军突起"；数字劫匪"铤而走险"攻击交易所，半年获利约7亿美元。

④区块链自身机制问题，例如，以以太坊为代表的区块链智能合约设计存在的漏洞问题带来的经济损失极为严重。2016年6月，以太坊最大众筹项目The DAO被攻击，黑客获得超过350万个以太币，最终导致以太坊分叉为ETH和ETC。如果黑客控制节点中绝大多数计算机资源，就能重改共有账本，实现51%的"双花攻击"。

⑤区块链生态安全问题，包括PoW机制下的矿场和矿池、PoS机制下的权益节点、加密数字货币交易所、软硬钱包、数据跟踪浏览器、DAPP应用，以及面向未来DAPP应用的区块链网关系统等。

---

① 腾讯科技.腾讯安全上半年区块链安全报告：因安全问题损失超27亿美元[EB/OL].[2018-08-06]. https://tech.qq.com/a/20180806/019153.htm.

围绕交易所出现的安全事件最多，集中体现在交易所被盗、被钓鱼、内鬼盗窃、钱包失窃、各种信息数据泄露和篡改、交易所账号失窃等方面。

⑥使用者账号安全问题，例如，很多普通用户并不理解虚拟币钱包这些交易工具的使用，可能导致账号被盗。

上述针对区块链安全的分析，主要还是针对数字加密货币及交易所，从目前引起广泛关注的安全事件来看，大多数确实也集中在数字货币领域。从2015年开始，就有数起，分别如下。

2015年1月4日，Bitstamp交易所被黑客入侵，几个小时内被洗劫19 000个比特币（价值510万美元），之后几天时间内，比特币价格暴跌40%。

2016年8月2日，黑客发现加密货币交易平台Bitfinex的交易漏洞，短时间内盗取了用户近12万个比特币，价值近6700万美元。这一事件使当日比特币价格大跌20%。

2017年4月，韩国交易所Youbit近4000比特币被盗，同年12月再次遭受黑客攻击，损失惨重并申请破产。

2018年3月，币安交易所被黑客攻击。但是因为多重验证的关系，黑客只能通过做空手段去场外套现获益。受此事件影响，比特币价格暴跌10%。

随后的7月份，币安发布公告称，系统进行临时维护，期间暂停交易、提现等，在此之前，币安平台上曾出现以1枚系统币购买了96枚比特币的异常交易。据当日行情来看，1枚系统币的价格约为0.22美元，而1枚比特币的价格则超过6500美元。[①]

事实上，区块链面临众多网络安全问题，数字货币的遭遇不过是一个开始，伴随这一技术的广泛应用，在各种场景下，它都可能遭遇攻击。

一般认为，区块链在商用的过程中，在协议、数据、终端、公钥和私钥、供应商、代码审计等环节，均可能面临安全风险。

①黑客对区块链技术的攻击可发生在应用层、合约层、激励层、数据层等不同层面，且对不同层面的攻击手法不同，造成的后果也不同。越底层的攻击，影响可能越大。比如对数据层的攻击，可能影响整个区块链，而不仅是一个节点。曾经有攻击者篡改了某区块链生产的时间，导致挖矿难度下降，攻击者劫持了整个主链，获取了大量代币。

②对协议、数据方面的攻击。区块链是一个公开的链式账本，通过一个个区块，再结合时间戳来进行链接。这些区块通过散列函数、同态加密、数字签名等方式保

---

① 岳品瑜, 刘宇阳. 币安三遭攻击 加密货币交易所安全之殇[EB/OL].[2019-05-15]. http://finance.sina.com.cn/roll/2019-05-15/doc-ihvhiews1917126.shtml.

护数据的安全,经过一笔交易后,通过时间戳将一笔笔交易和区块融合进链中。一条链上不会只有几条交易信息。随着交易信息和区块的增多,链上的节点增多,篡改信息确实比较难,但对于高水平的黑客来讲,还是有可能劫持其中大多数节点的。尤其是对于一条刚刚启动的数据链来说,其节点总数还很少,攻击者拿到大多数节点相对容易些,他可以任意搭建自己的区块,对链条进行篡改、攻击。这就是"51%攻击"。

在公有链中,区块链的网络层没有登记用户身份,未登记身份的节点自由进出网络,会给系统安全带来很多不可控因素。

③对数字货币持有者用户的攻击。对用户的攻击,反而是黑客攻击者们最轻松的一种方式。

持有加密货币的用户们并不是所有人都有专业的防护技能,甚至有很多人缺乏安全防护意识,何况系统本身防御手段并不多,大多依赖于加密的区块链钱包和私钥。用户要想成功抵御攻击,防范意识要强,同时区块链钱包和私钥的防攻击水准必须高一些。

④区块链是去中心化的,并没有中心化的机构可以向其提出申请,安全问题造成的危害极大,损失了的财产,可能没有办法找回来,所以对安全也有更高的要求。

⑤智能合约漏洞。2018 年,区块链平台 EOS 发生的智能合约漏洞事件再次将区块链安全推上了风口浪尖。攻击者可以通过发布包含恶意代码的"智能合约",经过一系列的操作之后,控制区块链网络中的所有节点,从而为所欲为。

从 The DAO 到 BeautyChain(BEC)、SocialChain、Hexagon、EOS 等,智能合约成为区块链案件的重灾区。

例如,以太坊在设计之初,将智能合约设计成一旦部署就不能修改的模式,以此提高智能合约的可信度。但是,只要是人编写的程序就一定有缺陷,而且编程能力也是不断进步与迭代的。以太坊的设计违背了一般规律,在智能合约出现漏洞时,无法进行修补。

据 360 代码卫士团队相关人士透露,当前区块链智能合约中,可能出现的漏洞至少有 20 余种,包括整数溢出、越权访问、信息泄露、逻辑错误、拒绝服务、函数误用等[1]。

无疑,从应用层的 Web 安全、服务器主机安全,到合约层的编码问题、区块链

---

[1] 吾王. 从 The DAO 到 EOS 漏洞 智能合约成区块链安全的重灾区[EB/OL][2018-06-01]. http://cloud.yesky.com/45/671005045.shtml/

核心层的节点程序实现,以及虚拟机的安全设计,再到提供基础设施支持的云服务提供商自身安全问题,最后到用户的安全意识与防范,可以看出,区块链整体的安全离不开系统架构中每一个环节的安全。

有专业人士建议区块链的开发者们参考微软发明并实践多年的安全开发生命周期策略对区块链的技术架构进行具体化。此策略共包含7个阶段的安全工作:培训、需求、设计、实现、验证、发布及响应。

结合目前业内从事区块链安全研究的人士的看法,在区块链大规模商用之前,有必要做足如下一些安全防范工作,并建立起抵御攻击的应对机制。

1. 区块链自身方面

从系统架构上,建议平台方与专业区块链安全研究组织合作,及时发现、修复系统漏洞。区块链项目(尤其是公有链)的一个特点是开源,开放源代码可以提高项目的可信性,能让更多的人参与进来,但这种开放性也使得攻击者有机可乘。建议系统在正式运行之前,对代码进行严格完整的测试,并且委托独立测试机构针对智能合约进行测试,以便发现其中的缺陷。

在用户信息方面应该视情况登记公有链网络中节点的身份。对于联盟链和私有链,建议采用专线来接入区块链网络。

另外,可以采用 VPN 专网、防火墙、物理隔离等技术对节点进行保护。

在算法上,由于量子计算的发展,加密算法存在被破解的可能性,有可能遭遇量子计算机黑客攻击。这种量子计算机对旨在保护大多数电子数据(包括区块链)的非对称加密系统构成重大威胁,它能够很快破解区块链。针对这种问题,应该早一步研发能够抵抗量子攻击的密码算法,以及开发量子网络,自动切断任何黑客的攻击企图。可以使用的方法包括抗量子算法、盲签名、环签名、聚合签名、多重签名、门限签名等策略,值得注意的一点是,需要采用那些本身经得起考验的密码技术。

2. 共识机制漏洞防范

当前的共识机制有工作量证明、权益证明、授权权益证明、实用拜占庭容错等,前面已经讲过。

基于 PoW 共识机制的区块链,主要面临的是 51% 攻击问题,即通过掌握全网超过 51% 的算力就有能力成功篡改和伪造区块链数据。在 PoS 中，攻击者在持有超过 51% 的代币时才能够攻击成功，这相对于 PoW 中的 51% 算力来说更加困难。在 PBFT 中，恶意节点小于总节点的 1/3 时系统是安全的。

确实有黑客能够实施 51% 攻击，这就要求在设计区块链时，可以考虑引进更为复杂的共识机制，制造掌握 51% 节点或算力的多重难度。

3. 智能合约审计

由于区块链不可篡改，智能合约一旦发布则极难修改，开发者在设计之初就要高度重视合约的安全性，如果智能合约的设计存在缺陷，有可能带来较大的损失。

2018 年 4 月，攻击者利用数据溢出的漏洞攻击 BEC 的智能合约，成功地向两个地址转出了天量级别的 BEC 代币，导致市场上海量 BEC 被抛售，损失数亿美元。

建议对智能合约进行同行安全审计，提前查找漏洞，并遵循安全开发原则。

4. 网络权限

如果是公有链应用，通常不需要对网络权限进行限制，因为公有链的协议允许所有人、所有节点参与到区块链网络中。

而私有链恰恰相反，需要更合适的安全控制策略来保护网络的访问权限。为了保障私有链的私有属性，本地的网络和系统还需要应用多层的安全防护措施，包括防火墙、VPN、VLAN、入侵检测和入侵保护系统等，执行所谓的纵深防御策略。

建议直接在区块链应用中加入安全控制功能，使之成为私有链上的第一道防线。

5. 实施数据遗忘

欧盟发布过一个《通用数据保护条例》（General Data Protection Regulation，GDPR），其中有条款提到，科技企业需要实现用户数据的遗忘，也就是在一定情况下，企业需要为用户创造永久删除某些数据的条件。

如果说区块链节点中的数据不可修改和删除，在网络安全信息合规上会遭遇极大的挑战。企业将用户的个人数据加密后存储在区块链上，在需要实施遗忘时将密钥删除，以确保敏感数据永久无法访问。

6. 可以追踪

由于添加在公有链或私有链上的每一笔交易都经过数字签名并盖过时间戳，所以企业可以追溯每个交易的特定时间，并通过公共地址在区块链上识别交易的双方。这个可追踪的特性意味着交易双方不可否认，以保证黑客无法复制签名进行伪造，避免区块链应用遭遇篡改交易内容或欺诈性交易等情况。

7. 用户安全防范

可以从以下几方面着手促进用户安全防范。

（1）在私钥和区块链钱包的问题上，为了保护用户的账户与资金安全，应该对私钥文件和区块链钱包进行加密存储。还可以使用多重签名（multisig）技术，实现多重签名抵制。就好比需要多个钥匙才能打开家门一样，多重签名即表示需要多个密钥才能执行一个任务，这样，攻击者们更难突破防线。

（2）要增强用户的主动防范意识。建议加密货币的持有者们随时验证网络钱包地址，不要通过链接进入网络银行或网络钱包。发送请求之前要再次确认收款人地址，至少要检查首位和末位字符、转账金额及相关费用的准确数目等数据。

（3）要使用高水准的区块链钱包，而且用于加密钱包、进行加密货币交易等操作的设备一定要安装比较好的反病毒防护软件进行保护。

（4）在计算机端、手机端使用安全软件，避免掉进网络钓鱼陷阱。

（5）防止计算机中毒，成为被人控制的"矿工"。谨慎使用游戏外挂、破解软件、视频网站客户端破解工具，这些软件被人为植入恶意程序的概率较大。

在目前的区块链安全技术方面，笔者发现360的动作还是比较多的，这家公司在互联网领域以免费杀毒软件起家，在网络安全保障方面颇有实力，他们声称布局了较为完善的安全防护生态，涵盖钱包、智能合约、交易所、矿池、EOS节点等，涉及方案设计、合规咨询、APP评估、冷钱包评估、智能合约代码审计、渗透测试、业务逻辑测试、DDOS攻击防护、平台加固等内容，且正在力推区块链智能合约语言Solidity的源代码检测工具。

第三篇
前行路上的繁荣与挑战

第十三章 抗拒力量

第十四章 与时间赛跑

第十五章 商业趋势与远景

第十三章 抗拒力量

区块链商用的道路要比想象中艰难许多,它一方面可能引发多个行业的变革(至少目前已经在思维与方向上卷起了阵阵浪潮);另一方面,它又面临众多阻碍,人们现在就能感受到区块链在向前推进的过程中正遭遇重重挑战。这些挑战包括技术上的不成熟;落地应用过程中正在走的弯路;与行业结合的解决方案还没成形;区块链技术与应用出现了质疑者、反对者,当然还有大量无动于衷者等。这些抗拒力量也并不是坚不可摧的,化解它们之时,也正是区块链像互联网一样全球普及之日。

第一节 区块链发展路上的阻碍因素

到目前为止,整个区块链行业应用落地的情况仍然是通用的底层平台欠缺、性能不完善、兼容性不足,导致绝大部分与区块链结合的商业场景仍然处于探索期。同时,技术发展初期的缺陷暂时无法解决,导致业务在匹配区块链时多表现为弱中心化,企业及应用也是依赖于现有资源,大众化应用普遍沿袭传统产品思维,只是有区块链之名,没有区块链之实。

要想让区块链真正与产业、企业、工作、生活结合起来,它还有很多问题需要解决,有不少阻碍需要破除,包括市场普及、安全、信息保护、交易性能等方面。

1. 让大家明白区块链是什么,本身就是一个障碍

现在很多关于区块链的解读(包括各种演讲)都没有把区块链讲明白。事实上讲区块链就跟以前讲互联网一样,很难直接讲明白,只有坐在计算机面前用了,才知道是怎么回事。

例如,在区块链上"创建新的区块"。但"区块"是什么?怎么创建?大多数人听起来很难理解;如智能合约是什么样子?怎么签署?很多人还没有接触过。

对于普通民众来说,即使不用理解太多技术层面的东西,也需要拥有一定的经

验才能轻松操作区块链网络上的应用，就如同现在用各种互联网工具一样。

人们需要一些可以用上的区块链工具及一些容易理解的语言。

2. 区块链平台本身的安全漏洞

这部分内容笔者在前面章节里详细讲过，区块链本身存在不少安全隐患，因此，必须有对应的解决方案，包括算法、系统、协议等。这里笔者再系统地总结一下区块链本身可能存在的安全漏洞与可能遭遇的攻击，也正是这些问题，影响着区块链商业应用的步伐。

①计算机、手机等终端设备本身的安全漏洞，有可能导致用户的密钥被盗。

②代码审计缺乏带来的风险。有些开发者在区块链上部署未曾验证测试的代码，这可能带来安全隐患。

③从数据层、网络层、共识层，到应用层，都可能遭遇攻击。

以数据层为例，写入区块链的信息很难删除，黑客可能将病毒写入，还有可能进入大量垃圾数据；加密算法也面临诸如穷举攻击、碰撞攻击、量子攻击等多种攻击。

而网络层存在节点传播与验证机制风险，有遭遇日食攻击、节点客户端漏洞、拒绝服务等多种可能；广播机制里也面临双花攻击、交易延展性攻击等问题；验证机制更新过程易出现验证绕过，可能导致数据混乱。

在针对各种攻击问题上，目前区块链技术仍然处于摸索阶段，专业的区块链安全工具还需要一个完善的过程。它所经历的发展过程跟互联网有一定相似度，在互联网比较发达的时候，杀毒软件、防火墙等安全工具才大量出现。

3. 区块链应用缺乏产品化和评测标准

首先，由于缺乏统一标准，区块链应用目前还没有形成具体的产品，所以很难获得大范围的应用。例如，银行招标要开发一个基于超级账本搭建的区块链平台，区块链公司需要派一个团队过去为他们做原型验证，因为目前缺乏开箱即用的机制。

其次，缺乏权威评测标准，用户无法判断区块链服务的优劣。这可能要复制互联网曾经走过的道路。当年很多互联网产品、互联网服务出现时，一些第三方机构出现，率先体验评测，提出意见。

为破解这一障碍，主管机构及知名企业已联手合作，启动标准化与测评工作，比如工业和信息化部已拟建区块链和分布式记账标准委员会。2016年，腾讯、中国联通等30多家IT公司也在中国信通院和数据中心联盟的组织下成立了可信区块链工作组，共同参与起草了可信区块链评测标准规范，并组织完成了首批技术评测活动。

4. 区块链基础设施起步晚

传统意义上来说，所谓基础设施，是指为社会生产、生活提供公共服务的物质工程设施，是用于保证社会经济活动正常进行的公共服务系统。

通常所说的基础设施，包括交通、通信、生活配套、环境、文化教育、互联网络等。而区块链基础设施是为区块链技术、产业和应用发展提供公共服务的设施，是能够保证区块链经济和社会活动正常进行的基础，是区块链经济赖以生存发展的条件。

区块链包括两条线，一条线是存储、加密、共识与智能合约等，存储又包含了资产、证券等代币存储，数据库，文件系统，数据市场等内容。其中的很多部分都还在建设中，存在不确定因素。例如，加密技术能不能经得住攻击，存储能力是否跟得上节点快速增加的需求等。此外，如今的PoW，PoS，DPoS都饱受争议，存在一些无法满足大规模商用的问题，能不能研究出新的共识机制还尚待观察。

另一条线是若干成熟稳定的公有链与联盟链等，很多事情需要在链上完成，例如，数据要上链，交易在链上进行，因此，作为基础链的公有链必须足够强大。公有链有可能是全国性的，也可能是面向全球的，对容量、稳定性与运算能力等要求都非常高。还有就是各个行业、各个区域的联盟链也要同时要搭建起来。这一切现在都还处于探索阶段。

当然，有些大公司正在致力于建设区块链的基础设施，如阿里巴巴在区块链基础设施建设上投入了很大的精力，并发布了企业级区块链服务，应用了Intel SGX芯片级可信计算技术来保证密钥的签发、保存、验证的过程不被窥探；支持国密算法，具备金融云等保四级资质。

IBM在做联盟链开源的项目，国内一些公司将IBM的开源代码直接拿来改成自己的应用。腾讯也做了联盟链，如微黄金，包括银行在内的多机构参与到微黄金产品中来，用多个节点共同参与记账，由腾讯提供区块链的底层技术支持。

另外，腾讯搭建了区块链的基础架构平台——区块链即服务（BaaS 平台），供其他机构或个人进行应用开发。目前这个平台还是免费的，企业可以申请加入。

目前，很多区块链的基础设施及配套还在建设中，技术积累、人才等都需要大量投入。

5. 目前区块链主流系统不足以支撑大规模商用

站在大规模商用的角度，区块链技术还面临几个瓶颈，包括体积过大、数据确认时间较长、处理交易频率过低、吞吐量过小等。例如，区块链虽然切入了支付应用场景，转账效率提高了，但交易量的扩大并不顺利。

目前国内市场中的支付宝和微信支付等第三方支付早已做到秒级支付，且可同时支撑的业务体量非常大。但区块链技术目前很难支撑这个速度与业务体量。它的作用更多表现在信任的增加，支付效率的提高及资金的实时清算。

另外，目前主流的区块链系统，包括比特币、以太坊等，其成熟度都不能支撑大规模现实商业场景。很多建立在以太坊上的应用面临通道拥堵、速度慢、分叉、高额手续费等问题。

风靡一时的加密猫（CryptoKitties）在以太坊上线后，最高时占了大概 25% 的以太坊网络资源，造成了整个以太坊网络的拥堵，严重影响其他以太坊用户的体验。

也正是因为底层链的发展还处于早期阶段，还存在许多技术难题，各种底层链技术才层出不穷，用各自独特的技术去解决这些技术上的挑战，如 EOS、IOTA、NEO 和 ADA 等。

首先来看区块链体积过大的问题。随着区块链的发展，节点存储的区块链数据体积会越来越大，存储和计算负担将越来越重。目前主流底层链技术区块容量都太低，还停留在 MB 级别，如果想将更多数据写进区块，如音乐、图片或电影等，短期内是难以达到的。用户如果使用客户端进行数据同步的话，可能很长时间也无法完成。何况，区块链的数据一直在不断增加，该如何解决这个问题，研究者们还在想办法寻求更佳的解决方案。

关于区块链数据确认时间问题，目前的一个反映是确认时间较长，例如，比特币交易一次的确认时间大约 10 分钟，单次看起来不算太长，但如果大量交易发生在区块链上，问题就出来了。

此外，区块链系统还面临处理交易的频率过低问题。由于它们是去中心化结构，网络是由独立的节点组成的，发生在节点中的各种操作都会以交易事务的数据广播到网络中，再打包到新的区块，如果节点过多，大量发生的交易来不及打包，就可能造成拥堵，造成交易处理的效率低下。目前已有一些解决方案在尝试，如闪电网络、侧链等。悉尼大学研究者研发了一种新型的区块链系统，其在 100 台机器中能够实现每秒 44 万笔交易的吞吐量，而 Visa 处理器每秒的交易是 5.6 万笔。

目前国内大部分号称作区块链底层技术或商用的公司，在宣传里都会表示要将底层协议、POC、私链架设、应用类项目一条龙全做。事实上，很多公司要想做出成果来，还需要一定的时间。

6. 跨链尚未实现，价值孤岛遍地

在现有系统中，价值往往只能在同一个区块链内进行传递，于是，看起来相当热闹的众多区块链实践，实际上搭建了很多的价值孤岛。区块链之间互通性欠缺，极大地限制了区块链的应用空间。不论公有链还是私有链，跨链技术都是实现价值互联网的关键，它是把区块链从分散的孤岛中拯救出来的良药，是区块链向外拓展和连接的桥梁。

跨链至少有两种交换，一是价值转换，也就是通证的兑换，在两条链上进行转账交易；二是信息交互与传递，在不改变原始链结构的前提下，实现信息从一条链传递到另一条链。

目前的跨链技术主要有公证人机制、侧链、散列锁定、分布式私钥控制等。早期跨链技术以瑞波和 BTC Relay 为代表，重点关注资产转移。现有跨链技术以 Polkadot 和 Cosmos 为代表，他们更多关注跨链基础设施；还有新出现的 FUSION，实现了多币种智能合约。

众安科技推出了安链，提出了链路由，定义了多区块链之间的通信协议、路由协议，同时在其之上维护区块链间的网络拓扑地图，目标是解决区块链之间的连接与分发问题。

但这些技术局限性还很大，也并没有普遍使用，有待进一步推广应用。

第二节　谁是区块链的抗拒者

在区块链商用路上，有几股拒绝者或抗拒者的力量值得重视，一是单纯相信炒币者，他们认为虚拟货币就是区块链的本质，而且到处宣扬这种观点，破坏区块链成长的环境。他们的破坏力可能比那些不理解区块链的力量更可怕。二是传统行业与互联网寡头，其中的保守派力量可能凭借自身掌握的资源阻止区块链新兴公司的成长，就如同早年互联网普及曾经历的过程一样。即使一些快速响应的、已经研究了不少区块链成果的大公司们，为避免区块链创业公司的冲击，也可能筑起高高的护城河，阻断创新型小公司的进步。因此对新兴力量来讲，要冲破大公司的壁垒，难度极大。

之前，很多人将区块链等同于炒币，谈区块链的时候，就要扯上虚拟币。早期颇有影响力的三点钟区块链群，里面也汇集了不少币圈、链圈、娱乐圈的名人，但是，从流传出来的信息看，大家所讨论的东西除了数字货币外，在其他方面并没有太多见地。币圈里一位很有名的人士"宝二爷"郭宏才，甚至认为聊区块链不提比特币，就意味着不能赚钱。

由于他在币圈颇有名气，他的观点影响了不少人。在接受腾讯《一线》的采访时，他释放了不少个人的"见解"，可总结如下。

（1）目前来看早期的区块链都是做区块链底层技术的，但是现在都是在区块链底层上做应用的，说白了就是ICO，这就是它的应用。

（2）随便一家创业公司都可以通过发币快速募集到很多比特币、以太坊用这种方式去募集资金，不管怎么绕来绕去，本质就是ICO。国外对这些做法都不避讳，很大胆地在搞ICO，但是中国的创业团队由于国家政策的原因比较谨慎。

无疑，郭宏才对区块链的分析是非常狭隘的，这种观点很容易引起社会对区块链的误解。

还有一些人认为，将区块链推向大众的钥匙可能是游戏，因此，一些公司采用加密代币，基于区块链技术推出多种游戏服务。游戏玩家对于游戏内外的虚拟经济已经非常熟悉，许多的虚拟物品都很值钱，这使得他们成为加密货币理想的早期采用者，其中一些加密货币还特别迎合游戏玩家。除了支付外，区块链还能帮助玩家建立游戏成就档案。这种主张依然没有跳出加密币的局限，其实限制了公众对区块链技术的深入理解，一些公司推出的区块链游戏，其实跟区块链关系不大，本质还是传统的积分奖励、道具奖励的套路，即通过打怪赢奖励。

此外，各种传销组织打着区块链的旗号行诈骗之实，他们也是区块链技术应用道路上的抗拒者。虽然他们本身并没有使用区块链技术，但因为以区块链的名义做了非法的事情，破坏了区块链在人们心目中的认形象，降低了公众对区块链的认可度。现在，有些传销组织甚至使用数字货币吸纳资金，因为这样做既对参与者有迷惑性，又不容易引起监管部门的注意，但这很容易造成严重的负面社会效应，自然也会引发舆论反弹与正义人士的反对。

第三节 来自技术上的问题

客观地讲，技术难题应该是区块链当前发展面临的主要障碍。现在的区块链技术还远远不够完美，想要往更好的方向发展还需要解决很多问题。这些技术难题至少包括可扩展性（Scalability）、网络隐私（Privacy）、独立性（Independence）、区块链治理（Governance）、合规（Compliance）等。

1. 新技术开启新应用，但也会带来新的风险

应用高新技术，必须注意防范技术垄断的风险、技术性操作的风险等。

假设已经有人垄断了区块链里的智能合约编程这样一些高端技术，那么，他就有可能利用技术漏洞攻击或盗用他人的区块链系统。所以，必须构建能预防道德风险的技术性防火墙。在不同场景的区块链技术的应用中，必须对智能合约、时间戳、密钥等核心编程的安全性、稳定性、可靠性做深入分析及权威认证。

2. 新的技术有新的特征，风险管控要适应新的技术结构

基于区块链分布式的和不可篡改的特性，用户无法照搬现有的数据库结构下的

安全控制措施来应对黑客攻击等风险事件，因为现在的数据系统都是大中心的数据系统。在这样一种系统结构下，采取的一些基于大数据中心的防控措施很难直接移植到区块链应用场景中。所以要针对新的技术结构研发新的风险管控技术和应急措施。

腾讯安全反病毒实验室发布了《2018年Q2季度互联网安全报告》。报告显示，2018年第二季度，各式各样的挖矿类木马病毒多达数千个变种，而挖取的不同数字货币多达数十种。分析发现，挖矿木马病毒会以多种文件格式进行传播，其中排名第一位的是Win32类型挖矿病毒，占全部类型的82.24%。排在第二位与第三位的均是以网页程序进行挖矿的脚本类病毒。从挖矿木马病毒的量级上统计分析，78.08%的挖矿木马病毒样本是用于挖取比特币。

在风险管控方面，读者可以参看区块链商业应用的安全防护部分，该部分内容中提出了一些解决方案。

3. 如何解决网络的可扩展性（Scalability）

比特币和以太坊每天能够处理的交易笔数非常少，例如，比特币每天能够处理30万笔交易，以太坊能够处理100万笔交易。如果将区块链定位为未来基础设施，需要处理的是千万笔甚至上亿笔、几十亿笔的交易，解决网络的扩展性将是整个行业面临的挑战。如果真的有区块链3.0的话，可能需要解决TPS的问题。

4. 如何设计一个更好的治理模式

区块链网络本身已经变成了分布式网络，但是治理还是一个中心化的治理结构。例如，比特币的分叉。如果真的有区块链3.0，要更好地解决网络的治理问题，谁有权力为一个分布式的网络来做最终的决定，在分布式网络中如何进行软件的更新而又不伤害生态系统等，这些问题都需要一个更好的治理模式来解决。

第十四章　与时间赛跑

浩大的区块链盛宴正在开场，各方人士、各路豪杰、各种资金，陆续入席。海量资金砸进来，精英人才向区块链成群结队地迁徙。

在区块链这条赛道上，不仅是大量新锐创业者浮出水面，更吸引人的是，一些公司已收割丰厚的成果。

商业力量之间的竞争与赛跑早已拉开大幕。政府也未缺席这一盛事，最近几年里，从中央到地方政府，至少有数十种推动政策出炉。

第一节　从挖矿机到区块链+AI芯片

有两家跟比特币、区块链芯片有关的公司吸引了笔者的注意，在2018年的独角兽榜单上，胡润研究院纳入了几家区块链公司，一家是比特大陆，另一家是嘉楠耘智。

比特大陆估值700亿元人民币之多，这家公司可能不为圈外人所知，据说它是全球最大的比特币矿机生产商，垄断了70%的硬件，提供大概50%的算力。有人是这样描述它的：全球每十台比特币矿机，就有七台出自这家公司；全网每挖出十个比特币，有一半以上来自他的矿场。

比特大陆先后经历了两轮融资。2017年9月，红杉资本、IDG资本等给其5000万美元A轮投资。2018年6月，红杉资本又领投了3亿美元的B轮，估值升到120亿美元。投资人名单里，出现了腾讯、EDBI（新加坡经济发展局所设投资机构）、阿布扎比投资局和加拿大养老基金等知名公司或机构。

更让人震惊的是，这家公司2017年营收大概有25亿美元，净利润逾11亿美元，其中，矿机销售营收占比超90%。而且他推出了首款AI芯片Sophon BM1680，有消息称他们将发布Sophon第二代，使得我国的矿机芯片走在了世界前沿。

在比特大陆之外，还有一家跟区块链有关的公司：嘉楠耘智，其到2018年中期时估值 200 亿元。他的亮点在于，它曾经发明了国内第一台比特币挖矿机"阿瓦隆"，并从 2013 年开始批量制造挖矿机，后来又研究区块链、人工智能领域的芯片。

公开报道透露的信息是，从 2013 年到 2017 年，嘉楠耘智成功研发并量产了 110nm、55nm、28nm、16nm 芯片，应用在全球区块链基础设施层（节点计算方面），而且推出了区块链重复计算芯片。截至 2017 年 4 月末，公司累计售出阿瓦隆系列矿机约 16 万台，占据了全球比特币算力市场的 22%。

嘉楠耘智计划上市的经历相当坎坷，他面临的问题跟比特大陆差不多，如果单纯靠挖矿机必然难以支撑未来发展，如果能在区块链芯片上有出色表现，前景同样值得期待。

因比特币而起的挖矿热潮爆发，催生了芯片的快速迭代，这倒是出乎很多人的预料。

比特币区块链计算设备的芯片经历了四个阶段：CPU、GPU、FPGA 和 ASIC，其中，ASIC 芯片的执行速度更快，大规模部署生产的成本也比 FPGA 芯片低廉，它成了目前主流的区块链计算设备芯片，其计算速度达到了 GH/S 的级别。

同时，区块链计算市场的爆发，给全球芯片产业链带来了新的增长机遇。以台积电为例，2017 年 Q4，来自大陆的比特币芯片（16nm 制程为主）营收已经占到其总营收的 20%，以日月光、星科金朋、通富微电和华天科技为代表的拥有 FC 技术的封测厂，同样受益于比特币订单的增长。

数字加密货币驱动算力市场爆发式增长。而来自算力市场的刚需，不仅推动嘉楠耘智、比特大陆、亿邦国际等公司发力芯片研发，而且推动众多巨头和创业公司进入人工智能芯片领域，并形成了一个自下而上的生态体系，同时也推动了人工智能计算从终端向云端的延伸。

除上面两家发轫于矿机的公司之外，寒武纪科技在 2018 年 5 月发布了自主研发的 Cambricon MLU100 云端智能芯片和板卡产品、寒武纪 1M 终端智能处理器 IP 产品，理论峰值速度达每秒 128 万亿次定点运算。目前科大讯飞、联想集团、中科曙光已推出基于寒武纪芯片的应用方案。

第二节 资本赛跑

关于区块链全球市场的投融资情况前面笔者已经讲到了，下面再补充谈谈在全球格局中，中国市场的区块链项目所获得的资金支持情况。

猎豹全球智库下面设立了一个区块链研究中心，该机构研究发现，2017年，全球ICO融资金额高达350亿元。据Outlier Ventrues的统计，截至2018年2月，全球区块链项目合计1286个，中国占4.6%，居全球第三位，虽然跟美国、英国差距还比较大，但一切都在改变中。

另据普华永道和瑞士加密谷协会（CVA）的报告显示，2018年上半年，ICO募集到的资金规模是2017全年的近两倍。绝大多数ICO项目最终都以失败告终，只有大约三分之一的项目获得了成功。①

中国市场的区块链项目从2013年开始就保持增长，2017年这方面的项目融资总额超过12.7亿元，融资事件54起。到2018年，资本热度又上了一个台阶，第一个月就至少有6.8亿元入场，发生了19起融资事件。

工业和信息化部2018年5月发布的《2018年中国区块链产业白皮书》显示，2017年区块链投资不到100起，而2018年第一个季度，区块链投资数量就高达68起。截至2018年3月底，以区块链业务为主营业务的区块链公司已有456家。

据中商产业研究院的整理，中国区块链投融资方面，2017年投资数量达到54个，达到近年最高。

36氪旗下创投平台"鲸准"重磅推出《2018中国区块链行业白皮书》，其中的统计数据显示，从2013年到2016年，每年的融资额度相差不大；2017年风险投资大举入局，投资总额达12亿元；2018年不到一个月时间，融资额与项目数已超过2016年，达到6.8亿元，战略投资占比上升。

据投中研究院发布的《2018年区块链投融资报告》，截至2017年年末，中国市场在营的区块链企业已超过320家，且在2012—2017年度连续六年保持增长。其中，中国共有168家区块链企业获得融资。

---

① Odaily星球日报.普华永道2018上半年全球ICO报告：仅1/3项目成功，但融资额已超去年两倍[EB/OL].[2018-07-01]. https://36kr.com/p/5141142.

从融资规模来看，2013 年融资总额仅有 1.74 亿元，至 2017 年已经攀升至 13.58 亿元，年均增长率达到 50.81%。融资数量从 19 件激增到 72 件，年均增长率为 30.53%。

进入 2018 年，随着区块链技术应用场景的落地和商业模式的不断清晰，融资金额出现惊人增长，截至 2018 年 4 月，本年度区块链领域共发生融资事件 106 件，涉及金额超过 63.06 亿元。其中，最大单笔融资来自于中国平安旗下金融管理门户金融壹账通，其获得了由 SBI 投资（思佰益）和 IDG 资本的 6.5 亿美元。千万元级别的投资额是当前市场的主流，占到 38.68%。还有 10.38% 的区块链企业已经能够获得亿元以上的融资。

2018 年 5 月底，致力于打造国产自主可控区块链技术的趣链获得新湖中宝等 15 亿元战略投资，一时引爆关注。

国际会计师事务所毕马威发布的统计报告显示，2018 年全球金融科技融资为 1118 亿美元，较 2017 年的 508 亿美元激增 120%，其中监管技术和区块链成为香饽饽。区块链投资依然保持迅猛势头，吸引投资 45 亿美元，略低于上年的 48 亿美元。

有些投资公司非常热衷于区块链领域，36 氪有一个评选，有以下区块链投资公司入围，如图 14-1 所示。

① BKFUND：分布式资本旗下的数字资产投资基金，投了 Trinity、ValueCyber、IRIS、Mytoken、Alchemint；

② BlockVC：投了唯链（VeChain）、Qash、MedicalChain、AppCoins、IoTex 等；

③ 八维资本：投了 ICON、Zilliqa、Ox、Bluezelle、Kyber 等；

④ 创世资本 GENESIS：投了 Beechat、Data、Aelf、Hydro、Baic 等；

图 14-1 中国区块链投资机构风云榜

⑤分布式资本 FENBUSHI CAPITAL：由万向控股发起，项目包括 Circle、Factom、布比、矩阵元、唯链等；

⑥了得资本：投了唯链、量子链、EOS、GXS、LRC 等，回报率很高；

⑦连接资本：投了 20 多个项目，包括 AELF、AICoin、Cortex、Zilliqa、Rcn 等；

⑧千方基金：项目有 VECHAIN、IOST、IPFS、AELF 等；

⑨维京资本：投了 NEO、ONT、ARC、HYDRO、APPC 等；

⑩科银资本：主投加密货币与区块链基础设施，项目有 Qtum、OmiseGo、Aeternity、cybermiles、Powerledger 等。

胡润研究院与嘻哈财经在 2018 年 6 月发布了胡润区块链投资机构 Top30，如图 14-2 所示。其中包括 DCM 资本、IDG 资本、FBG 基金、INB 资本、创新工场、分布式资本、光速中国、红杉资本中国基金、节点资本和真格基金等，与 36 氪有所区别。

交易所 OKcoin 拿到 1.8 亿元投资，HOTchain 吸引了 1.5 亿元天使轮，Trip.io 的融资金融过亿，从事人工智能领域的 ATN.io 拿到上亿元投资，区块链技术企业布比的 A 轮也达 1 亿元。

2018 年 6 月，Goopal Group 正式宣布完成 A++ 轮融资，君联资本、SIG 等投资机构共计投资 1200 万美元。这家公司创办于 2016 年，专注于区块链底层技术研发与场景应用落地。成立一年后，A+ 轮融资到位，累计 2200 万美元。几乎同一天，来自投资界的消息称，一家做区块链的媒体——布洛克科技居然也拿到了 2000 万人民币 A+ 轮融资，投资方包括上古资本、Beechat Fund、Achain 生态基金、Goopal Group、哈希资本、极路由董事长王楚云、

2018胡润区块链投资机构排行榜TOP30

序号	投资机构	代表性投资项目
1	DCM资本	上上签、Theta
2	DFund基金	TNB、QASH、AELF
3	FBG基金	DATA、VINGS、IOST
4	IDG资本	Coinbase、锐波天下、Okcoin
5	PreAngel基金	NEO、Zipper、Metaverse
6	比特大陆科技	Circle、塔链、库神
7	创世资本	深脑链、IOS、AELF
8	创新工场	布比、Econ Chain、Okcoin
9	丹华资本	CarBlock、Zippe、Theta
10	德鼎创新	好扑、IHT、Bottos
11	泛城资产	币安、巴比特、AdRealm
12	分布式资本	布比、网录科技、众签
13	光速中国	众享比特、BTCChina、巴比特
14	国li资本	Nebulas
15	哈希资本	布洛克财经、CoinMeet、DFINITY
16	红杉资本中国基金	火币、巴比特、奇虎360
17	节点资本	火币、库神、博晨技术
18	经纬中国	奇虎360、上上签、IOST
19	了得资本	唯链、量子链、EOS
20	联想之星	数矩科技
21	峰子基金	巴比特、量子链、比原链
22	梅花天使创投	巴比特、硬钱财经、Cobo
23	启赋资本	布比、巴比特
24	前海梧桐并购	暴风科技
25	万国深创	链战
26	信中利资本	众享比特、通付盾
27	雄岸基金	嘉楠耘智、空天区块链、EOS
28	硬币资本/INB资本	公信宝、量子链、Kchash钱包
29	招商局创投	布比、快贝
30	真格基金	云象科技、LINO、公信宝

图 14-2 2018 年胡润区块链投资机构排行榜 Top30

Ledger Capital 等。

从目前的行业应用来看，金融是区块链投资的热土，其次是信息通信、底层技术与基础设施、文娱、能源、教育等。最受追捧的领域以底层技术与基础设施平台、数字资产管理、数字货币交易平台为主。

《通信信息报》的一篇文章显示，据不完全统计，仅在 2018 年 5 月，已有 6 家 A 股公司公告新增或加码区块链业务。

另外，截至 2018 年 5 月 28 日，A 股 15 家区块链概念股发布的 2018 年上半年业绩预告中，8 家表示业绩增长出色，大部分公司都声称会加大区块链的布局力度。

《证券日报》一篇报道里提到，东方财富 Choice 旗下纳入区块链概念的上市公司已达 67 家，包括广电运通、宣亚国际、新湖中宝等。其通行做法是：通过与区块链技术企业合作，单独设立有针对性的区块链技术公司，如区块链 + 供应链金融、区块链 + 智能设计 / 无人零售 / 智能物流等。

这些上市公司也孵化了不少成果，包括海星区块链、万向区块链、金沙江的深脑、比特大陆的库神、AIchain、创新工场与招商局联合投资的布比、联想的数矩、招银国际的秘猿等。

第三节　如何在区块链核心技术上领跑全球

综观全世界，中国、美国、英国、德国、日本等国家都在发力于区块链技术，结合投资规模、公司数量、专利申请量，以及目前的落地应用成果等情况来看，中国最大的竞争对手应该是美国。而德国、日本、英国、澳大利亚等国的实力也不容小视。

可通过以下几个维度的对比来做简单分析。

1. 专利数

从 2015 年起，我国区块链专利申请量呈现快递增长态势。2015 年为 23 件，2016 年飞速增长到 362 件，到了 2017 年，申请量已达 648 件。

这些申请专利的机构中，不仅包括互联网巨头和新兴的网络公司，也包括银联、中国银行等金融机构。大多数的专利申请还是从安全、支付、去中心化等主流技术角度对区块链进行研究和布局的，也有一些专利申请将区块链技术应用到诸如无线自组网、移动客户端、交流电网等特定领域。

援引 IPRdaily"2018 年全球区块链专利企业排行榜（TOP100）"榜单中的数据，中国公司占半数以上，BAT、华为均入榜。阿里巴巴以 90 项专利数排名第一，IBM 和 MasterCard 分别以 89、80 专利数排榜单第二、第三名。腾讯科技进入前十，位列第八，拥有 40 件专利。百度排在 40 位。

西安交通大学知识产权研究院 2018 年 6 月发布的《区块链深度专利分析报告》显示，目前全球已有 2300 多个区块链相关的专利申请。

这些专利申请中 55% 来自中国，专利申请量高达 1297 件，反超美国。日本和韩国的专利申请占比分别为 3.4%、2.8%，这些主要国家的申请人持有全球 90% 以上的区块链专利申请。

赛迪区块链研究院联合链塔智库 BlockData 也有一个专利方面的分析，两家机构在 2018 年 8 月发布了《2018 年度中国区块链专利报告》，其中给出的数据是，截止到 2018 年 8 月 27 日，我国当年公开的区块链专利数量已经达到了 1065 件。剔除外国公司在我国申请的专利数量，本土公司、单位、个人公开的区块链专利数量为 1001 件，位居全球第一。而 2017 年，全年公开的专利量是 860 件。

根据国家产权局的统计，截至 2018 年 8 月 27 日，2018 年度世界主要国家的区块链专利数为 1300 多件，中国区块链专利数量占比 77%，位居全球第一。

按照赛迪的一份统计，美国在 2018 年公开了 138 件专利，英国公布了 34 件，韩国 22 件，澳大利亚 14 件，欧洲 11 件。

知识产权产业媒体 IPRdaily 与 incoPat 创新指数研究中心联合发布了"2019 上半年全球区块链企业发明专利排行榜（TOP100）"。榜单对 2019 上半年公开的全球区块链技术发明专利申请数量进行统计排名，与 2018 年相比，企业整体发明专利申请量增长明显。数据提取时间范围为 2019 年 1 月 1 日至 2019 年 6 月 30 日。其中阿里巴巴以 322 件专利位列第一，中国平安以 274 件专利排名第二，Nchain 以 241 件专利排名第三。

从国家来看，入榜前 100 名企业主要来自 11 个国家和地区，中国占比 67%，其次为美国占比 16%，日本占比 5%，德国占比 4%，韩国占比 2，爱尔兰、芬兰、印度、安提瓜和巴布达、法国和瑞典各占比 1%。

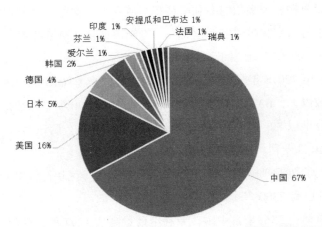

注：本排行榜出现专利件数相同的企业未做并排合并，是依据检索结果依次排列。

图 14-3 入榜企业所属国家分布（数据来源：incoPat）

另据中国信息通信研究院发布的《区块链白皮书（2019年）》统计显示，截至 2019 年 10 月，全球公开区块链专利的申请数量高达 1.8 万余件，中国占比超过半数，居全球第一。

从目前的专利量来看，中国确实后来者居上，快速占据了桥头堡，尤其是几个头部公司，表现非常突出。这一优势如果能够继续保持下去，中国的区块链产业将非常可观，有可能实现比互联网更令人瞩目的辉煌。

2. 投融资情况

除技术专利之外，接着看主要国家的区块链投融资情况。据综合各大机构的统计，美国的投资热度应该是最高的，中国紧随其后。美国没有明令禁止虚拟货币的交易与 ICO，这方面对融资总额的贡献不小。

根据据零壹数据统计，2018 年，全球区块链行业总计获得 451 笔融资，金额高达 333.5 亿元，中国、美国、新加坡融资合计占全球总数的 83.1%。[①]

值得注意的是，ICO 融资额非常高。据猎豹区块链研究中心分析，2017 年，全球 ICO 融资金额高达 350 亿元，而 2017 年其他区块链领域融资额约 50 亿左右，ICO 融资额是传统风险投资融资额的 7 倍。

---

① 李冰. 去年国内金融科技"吸金"3256.3 亿元 区块链融资衔枚疾进总额超 300 亿元 [EB/OL]. [2019-01-18]. http://finance.eastmoney.com/a/201901181029173865.html

如果将 ICO 排除，可能美英两国区块链投融资额并不是很高，中国可能超过英国，紧随美国之后，差距不会太大。

3. 项目数量

在区块链项目数量上，也是美国强势。据 Outlier Ventrues 的统计，从全球的区块链项目数量来看，截至 2018 年 2 月，全球区块链项目合计 1286 个，美国占 36.0%，居全球第一；英国占 14.3%，居全球第二；中国占 4.6%，居全球第三位。看起来差距比较大，不过，美英的虚拟货币项目占比较高，而中国的同类项目大多排除在统计范围之外。如果不考虑虚拟货币，那么中美两国的项目差距应该并不大。

要想继续在区块链核心技术上占据优势，笔者觉得有几点工作必须做到位。

①继续完善区块链产业的政策支持：中央层面继续明确方向，各地方政府提供具体的产业支持与政策引导，并对创新成果予以大力支持。

②吸引更多资金进入区块链行业：一方面孵化创业型公司，探索新方向；另一方面引导大公司继续发力区块链核心技术的研发与商业应用。

③参与到全球区块链标准制定，并且扮演主导作用，尽快在国内形成清晰的标准。

④加快国际市场的布局，尤其是加快向国外申请专利的步伐，应对正在展开的区块链专利战争。

笔者认为区块链底层技术获得实质性突破之前的这个阶段，恰恰是一个战略机遇期，应该走深耕技术的路线，先在多个方向里获得足够有优势的国际专利，再小步尝试商业应用。笔者的建议是，不要在目前还不牢固的地基上搭建城堡，这样很可能因小失大。

国内已有部分公司崭露头角，例如，迅鳐科技自主研发区块链底层平台 RayBaaS，并实现多个版本的升级，为解决链上数据"数据源保护、数据流通过程保护、数据应用监管和数据终端使用安全"四大环节的安全问题，先后研发出敏感数据多态应用系统、隐水印权属认定系统、数据盾牌安全防护系统、数据资产化及流通管理系统、大数据安全监控平台等系统及平台。

迅鳐科技先后参与四川省大数据共享和安全工程实验室建设，并参与了由中国网安集团牵头的四川省科技计划重点开发项目，主要提供数据安全防护。

与此同时，迅鳐科技探索将区块链技术用于实际生产管理。攀钢集团旗下互联网公司积微物联在与迅鳐团队沟通中，看到了区块链的价值，认识到利用区块链技术可以有效解决仓储行业货权信息不通、金融信息共享不畅、电商大宗交易安全支撑不足的痛点，双方协商以仓储链为核心打通金融链、生产链、物流链、供应链，实现数据资源能力开放。

随后，积微物联通过对迅鳐 Ray BaaS 的深入探索与实际测试，决定利用区块链去中心化、不可伪造、不可更改、可信机制、集体维护、可靠数据库的特点，对客户货物入库、出库、货权转移等资产全生命周期流转过程进行记录，以实现钢卷资产化。同时利用 Ray Baas 提供的便捷智能合约库，实现客户服务自动化、智能化。双方经过几个月的艰苦攻关，于 2017 年 12 月 12 日在积微物联 2017 "新经济 新技术新服务"高端峰会上，联合发布了利用区块链技术全新打造的积微链网，率先将区块链技术用于仓储物流管理。

2018 年 10 月 9—10 日，由中国信息通信研究院、中国通信标准化协会联合主办的"2018 可信区块链峰会"在北京召开。在"可信区块链十大应用案例"名单中，迅鳐科技与积微物联合作的"基于区块链的仓储管理应用"项目成功入选。

目前，迅鳐科技的 Ray BaaS 已经在如下多个领域支撑了实际的业务系统。

①基于 Ray BaaS 开发的交子智慧金融服务平台，为基金募投管退提供创新服务。

②基于 Ray BaaS 的个人数据管理系统，为雄安智慧政务创新提供技术支撑。

③基于 Ray BaaS 的资源共享平台，极大提升了中铁西南科学研究院有限公司科技成果转化。

④基于 Ray BaaS 的无车承运人系统，应用于物流项目。

⑤基于 Ray BaaS 的纪律档案管理系统，为公安局在廉政建设方面提供创新服务。

西南财经大学中国区块链研究中心主任、博士生导师段江一手创办的成都九宽区块链 9BaaS，基于 Hyperledger Fabric、Ethereum 等主流技术框架，已实现了数据存证、公益慈善、供应链回溯、电子政务、智能电网等领域的落地。

正如段江教授所言，区块链技术正在引领全球新一轮技术变革和产业变革，有望成为全球技术创新和模式创新的"源动力"，推动"信息互联网"向"价值互联网"转变。

而他创办九宽区块链，也正是出于这种想法。在接受笔者采访时，他说："既然我已经发现了区块链这一领域的发展机遇，如果我漠视它，那么我们就可能会被其他国家占领先机，如果是这样，我当初何必选择回国。有风险就有挑战，有挑战就有进步，我希望中国能在区块链这一领域引领世界。"

2019年2月，由上海市科学技术委员会主导的"上海市区块链工程技术研究中心"在复旦大学揭牌成立。该中心将在区块链前沿应用基础研究、示范应用、人才培养三个方面开展工作。

据介绍，这个中心将在零知识证明、基于属性密码、安全多方计算、去中心化存储等领域进行研究，建立具有自主知识产权的区块链系统，并参与国际、国内的标准制定。目前已拥有40多名固定研发人员与5名专业管理人员。

同是2019年2月，由同济大学、海航科技、宝武欧冶金融、上海银行等企业共同研发的梧桐链，在"上海市大宗商品区块链供应链金融应用示范项目"和"基于区块链技术的航运供应链存证平台项目"中成功落地。梧桐链定位于基于开放标准研发的联盟链平台，应用于供应链金融、共享出行、司法存证、追踪溯源、文化版权等领域，已上线存证平台和证书平台。只要上了链的证书，用户就可以在平台上通过输入证书编码进行查验。

要想我国在区块链技术领域抢占高地，除了需要政策、资金方面的投入，同时还需要一大批高新技术精英，需要产学研的结合，并付诸不遗余力地投入。

第四节　如何稳妥快速完善区块链技术并有序推动商用

商用的推进，离不开技术研发的突破。而技术研发要想形成全球性的影响力，抢占头部地位，又离不开商用的全力开拓。

我国在区块链专利技术上不弱于美国、英国、日本等国，在资金支持上也没有太多逊色，是不是说我国就一定能走得更远呢？

过于乐观也是不妥当的，也要认识到差距。如果想快速稳妥地建立起强大的区块链竞争优势并有序推动商用以赢得区块链之战，笔者认为有必要在几个方面进行努力。

1. 加快完善区块链的基础设施与平台

Linux 基金会的超级账本在全球范围内已颇有名气，连中国银联的积分项目都用了这个平台。在该场景应用中，既可以在线上实现用户与用户之间的积分兑换，也可以在线下使用 POS 机实现跨行的积分兑换。

而 IBM 也已经向中国开源了超级账本项目的区块链代码。通过 IBM 测试与认证的超级账本区块链代码，以及可以在多种技术平台上进行安装的方法，能够帮助开发者快速构建类似商品溯源、贸易融资、信用证、供应链及企业贷款等区块链网络。

另外，还有很多区块链应用是建立在以太坊基础上的，但这并不是从中国发源的，而且中国也缺乏一些全球性的区块链平台。

目前，国内也有做平台的，但影响力还不够大，也没有在全球范围内形成热点。例如，趣链自主研发的 Hyperchain 平台属于联盟链，本质上是一种操作系统，可以衍生各种应用，趣链主要做区块链的核心技术，包括共识算法、加密、网络、智能合约及存储等。在落地方面，趣链向金融、物流、能源、医疗等多个领域客户提供 Hyperchain 区块链平台，有两种合作模式。

① License 模式：将 Hyperchain 企业版授权给客户，与现有系统对接，并提供维护支持，由客户自己完成应用开发，银行或传统的类银行金融机构大多选择这种合作。

② 联合运营模式：通过内部孵化或与其他公司合作，趣链与客户双方共同运营基于区块链的业务系统，通过收入分成来进行深层次绑定。

京东、阿里巴巴也推出了区块链平台，提供给其他机构使用，但遗憾的是，他们都未能形成全球性的气候，这是目前需要全力改变的境况。还有成都的九宽科技区块链 9BaaS，基于 Hyperledger Fabric、Ethereum 等主流技术框架，能够针对不同行业用户的应用场景需求提供场景化区块链网络服务。

综上所述，只有区块链平台在国内牢牢站稳脚跟，统一标准，然后在全球范围内跑马圈地之时，才说得上是真正抢得了一点先机。

2. 提升处理交易的能力

可扩展性受限是目前比特币及其他老牌加密货币系统中存在的大问题。因扩展性受到限制,比特币每秒只能处理大约 7 笔交易,交易需要等待很长时间才能处理,而且手续费也高。

比特币想要成为现有支付系统的成熟替代品,目前来看,还有很长的路要走。在探讨提升区块链可扩展性方面有几种方案,例如,闪电网络允许用户在主链之外大量交易,然后再将这些交易记录成单笔交易。不过,目前这种闪电网络还局限于比特币、恒星币、莱特币、Zcash、以太坊和瑞波币等加密货币,还未全面运行,也无法知道它运行起来是否如想象的那样。

现在有些做基础链的公司声称自己的 TPS 达到了百万级,真实情况并没有权威佐证。

如果国内有公司能够在交易处理能力上有所突破,这将是一个领先世界同行的好机会。

3. 策略性监管

作为一种去中心化的分布式账本,区块链技术看似可以改变多个行业,节约成本、提高效率,但去中心化就意味着主体不明确,因此,在技术发展过程中,制度保障也需要跟上。

就我国目前的区块链政策来看,形成了两手抓的格局。一个是针对虚拟货币严管,表现为政策红线不动,力度收紧。到 2018 年 5 月,我国大概 110 个区块链交易平台被屏蔽,排查 ICO 及变种形态;支付工具关闭从事虚拟货币的账户;30 家左右的区块链自媒体账号被封停。另一个则是扶持虚拟货币之外的技术与应用,政策力度同样很大,表现为项目补贴、财政投入、孵化器、政府项目外包等。

不过,区块链技术发展很快,监管有必要及时跟上,有些原先存在问题的领域,经过进化后有可能成为新的方向,有必要密切注意全球的风向。

此外,监管机构本身也应该参与到技术中。在互联网时代,很多政府部门与监管机构加入进来比较晚,现在区块链应用落地不久,即使不太成熟,监管机构也应该积极与之对接,与市场上的创新企业合作,以便及时发现问题。

除上述要件之外，还有安全能力的增进，如至少要出现几家实力很强的区块链安全服务商，提供现成的可放心使用的安全工具；成功打通各大公有链与联盟链之间的信息互通、交易互通；在获得授权的情况下，私有链也能互联，以形成高速公路一样的区块链网络等。

第十五章　商业趋势与远景

目前，中国区块链产业正处于高速发展阶段，创业者和资本不断涌入，区块链应用落地加快，助推传统产业高质量发展，加速产业转型升级。此外，区块链技术正在衍生为新业态，成为发展的新动力；正推动着新一轮的商业模式变革，成为打造诚信社会体系的重要支撑；与此同时，各地政府积极从产业高度定位区块链技术，政策体系和监管框架逐渐发展完善。

据中商产业研究院发布的《2018—2023年区块链市场前景及投资机会研究报告》显示，2017年中国区块链技术收入达到0.29亿元，增长率达到163.6%；随着区块链行业快速发展，百度、阿里巴巴、腾讯和京东在内的科技公司正在以各种方式利用区块链技术；2018年中国区块链技术收入规模进一步扩大，达到0.81亿元，增长率达到179.5%。

未来区块链的应用将由三股力量推动。

① IT阵营从基础设施建设、应用技术研发、信息共享等角度入手，以低成本建立信用为核心领域，逐步覆盖数字资产等领域。

② 行业阵营推出基于各种行业、各种场景的技术成果。

③ 加密货币阵营从货币出发，逐渐向资产端管理、存证、征信等领域推进。

在接下来的数年里，市场会出现大量行业解决方案提供商，在竞争越来越激烈的情况下，只有那些拥有强大技术能力、产业资源，并且能将技术的价值融合到产业中去的公司才能走到最后。

另外，由于消费生活类应用对性能要求较高，短期内并不会形成大爆发。同时，与大量应用的出现对应的是企业与用户对适配性技术方案要求的水涨船高，这也倒逼底层平台提高性能，进而催生出与各行业适配的底层平台。

第一节　区块链商业应用的趋势

由于区块链技术本身具备的分布式数据存储、去中心化、不可篡改、可追溯、可信任等特性，它已被各方力量视为引领新一轮互联网革命的颠覆式创新，所以从各国政府到企业界、学界都投入了极大的重视力度，试图在未来的竞争中占有领先地位。

伴随底层技术的逐渐成熟，其商业应用也正在落地，未来有可能呈现如下10大趋势。

1. 区块链行业应用加速推进，从数字货币向全行业扩散

区块链技术作为一种通用性技术，和各行各业创新融合，从数字货币加速渗透至其他领域，将加快走进金融机构、大型企业、政府决策层的视野。其商业应用将有以下几种推动力量。

①IT阵营从公有链、智能合约、共识机制等区块链的基础设施与核心技术入手，推动区块链平台的成熟，方便更多企业与个人加入区块链网络，创建应用，使用服务。

②加密货币阵营从虚拟货币出发，逐渐向虚拟资产端管理、存证领域推进，并向征信和一般信息共享类应用扩散。

③资本力量的推动已经将区块链技术和比特币分离，大量资金陆续进入行业应用与场景落地，将推动区块链商用的进程。

④行业解决方案服务商的推动，各个行业都可能出现具体的解决方案服务商与技术支持者，就如同现在的"互联网+"一样。

2. 企业应用是区块链的主战场，联盟链或私有链可能成为主流方向

未来更多传统企业对区块链技术的应用将脱虚向实，使用区块链技术来降成本、提升协作效率，激发实体经济增长，是未来一段时间区块链应用的主战场。

与公有链不同，在企业级应用中，大家更关注区块链的管控、业务流程、监管

合规、性能、安全等因素，往往需要在可控环境中部署区块链技术。

因此，联盟链和私有链这种强管理的区块链部署模式，更适合企业在应用落地中使用，是企业级应用的主流技术方向。

3．区块链技术持续演进，多种技术方案出炉

区块链技术还远未定型，在未来一段时间还将持续演进，在共识算法、服务分片、处理方式、组织形式等技术环节上都有提升效率的空间。

站在商业应用的角度，交易吞吐量、时延等交易性能指标，是企业最关心的问题，技术的进步将对交易性能展开优化。

同时，区块链应用将从单一到多元方向发展。票据、支付、保险、供应链等不同应用在实时性、高并发性、延迟和吞吐等多个维度上将高度差异化，这将催生出多样化的行业性与场景化解决方案。

4．区块链与云计算结合，BaaS 有望成为公共信任基础设施

区块链是未来趋势，云计算同样是大势所趋，两者的结合也正在路上，可能成为趋势。

区块链与云计算的结合至少有两种模式，一种是区块链在云上，另一种是区块链在云里。后面一种，也就是 BaaS，是指云服务商直接将区块链作为服务提供给用户。

截至 2017 年，微软、谷歌、亚马逊、SAP 等国外的 IT 巨头都已经明确提供区块链即服务的功能。未来，云服务企业会倾向于将区块链技术整合到云计算的生态环境中，通过提供 BaaS 功能，有效降低企业应用区块链的部署成本，降低创新、创业的初始门槛，成为构建公共信任基础设施、激发数字经济的关键组件。

5．区块链安全问题日益凸显，安全防护需要从全局考虑

从理论上讲，区块链系统是近乎完美的，具有公开透明、难以篡改、可靠加密、防 DDoS 攻击等优点。但是，从工程上来看，它的安全性仍然受到基础设施、系统设计、操作管理、隐私保护和技术更新迭代等多方面的制约。

未来将出现专门做区块链安全的公司，就跟现在互联网领域的卡巴斯基、360、诺顿、迈克菲、金山等企业的情况差不多，未来在区块链安全领域也可能诞生同类的公司，他们专门研究防病毒、抗攻击的软件，为各种区块链平台提供安全方案。

6．区块链的跨链需求增多，互联互通的重要性凸显

在区块链面临的诸多问题中，网络孤立性阻碍了不同区块链之间的协同操作，成为区块链重要的发展瓶颈。

随着区块链应用深化，支付结算、物流追溯、医疗病历、身份验证等领域的企业或行业都将建立各自的区块链系统，可能是联盟链，也可能是私有链。

未来，众多的区块链系统间的跨链协作与互通是一个必然趋势。可以说，跨链技术是区块链实现价值互联网的关键，多个区块链的互联互通将加速信息的横向流动，促进多方数字资产自由流通。角色分工、链与链之间构成的网络，将成为跨链技术的一大趋势。还有像侧链技术的成熟、交易延迟的收敛等都是跨链技术发展的关键。

据了解，像 IC 国际支付链这类团队也正在这方面努力，他们力图构造一个既可以自我循环，也可以向外拓展的可信任分布式商业生态环境，同时建立基于区块链的追踪溯源体系云平台，建立基于区块链的信誉机制，进而实现信息对称、让合作变得更简单高效、降低交易成本，同时让劳动付出者获得公正的待遇，让价值在区块链上高速传输。

这套体系重构了现有区块链架构，将新商业金融、物联网与区块链技术融合，同时利用区块链＋密码学技术＋防伪标签，通过供应链平台给每个商品提供一个唯一的"电子身份证"，为消费品市场提供一个安全、透明的物流体系。如果要基于区块链搭建跨行业的商业生态，跨链无疑是非常关键的。

7．区块链竞争日趋激烈，专利争夺成为竞争重要领域

随着参与主体的增多，区块链的竞争将越来越激烈。竞争是全方位的，包括技术、模式、专利等多维度。

无论是高校、科研院所、国企，还是民营企业，从金融到互联网，多方力量都在区块链专利上加强布局。最近几年的情况表明，已经有很多公司取得了相当不错的成果。尤其是 2014 年以来，区块链专利申请数量出现爆发式增长，中国更是逆势而起。

目前来看，区块链专利争夺集中在中国、美国、英国、韩国、日本、澳大利亚等国家，其中中美专利差距在缩小。可以预见，未来的区块链专利争夺将日趋激烈。

8．区块链投资从火爆到稳健，ICO将降温

2018年，区块链领域的投资延续2014—2017年不断上升的趋势，之后可能稳定下来。种子期的投资可能会减少，战略投资与B轮、C轮、Pre-IPO轮投资会增加。

大量投资估计还是会集中到区块链核心技术与行业应用方面，如公有链与联盟链的搭建、智能合约、共识机制、区块链安全等，以及金融、快消品、零售、汽车、物流、机械制造、服饰鞋帽、家居建材、财会、公共服务等行业。

ICO曾经占了区块链投融资里的大半江山，现在一直在降温，2018年减少了许多，估计未来几年中，代币发行会继续降温。

9．区块链技术与监管存在冲突，但矛盾有望进一步调和

从政府与金融监管机构的角度来看，区块链技术无疑是一把双刃剑。区块链的去中心化、去中介和匿名性等特性，与传统的企业管理、政府监管体系不协调。

目前，美国政府、中国人民银行、印度储备银行、荷兰央行等都在密切关注区块链技术发展或者已经进行研究，并积极探索如何应用区块链技术展开监管。

此外，还应该看到区块链给监管带来的新机遇，并采取相应措施获取新机遇带来的红利。

站在企业的立场，应该是趋利避害，积极迎合监管需求，在技术方案和模式设计上主动内置监管要求，在符合监管的前提下，利用区块链技术降低成本，提升效率。

站监管层的角度，应该主动作为，加强监管，遏制犯罪事件，确保不发生系统性金融风险。不过，区块链的抗审查和匿名特性常被用来从事洗钱等犯罪活动。区块链的分布式架构允许监管机构适时介入，获取真实、及时与完整的监管数据。

未来全球的监管部门也将拥抱区块链这项新的监管科技，用新科技提升政府监管效能。而区块链技术提供商可以结合大数据和人工智能等技术，提前设计监管接口，推动监管科技同步于区块链技术的进展。

10. 可信是区块链的核心要求，标准规范将在未来几年里出炉

在未来以区块链为基础的价值传递网络上，将完全用算法和软件来构建信任基础。在智能合约、共识机制、私钥安全、权限管理、信息披露等方面，都将形成完善的运行机制。

诚然，光靠算法和软件是不够的，还需要标准、需要制定规则来约束，为区块链增信。未来，各方力量将从用户的角度出发，以业务为导向，从智能合约、共识机制、私钥安全、权限管理等维度，规范区块链的技术和治理，增强区块链的可信程度，给区块链的信任增加砝码。

现在全球范围内都没有建立统一的区块链技术标准，对我国来讲，这正是机会。我国也正在推进标准的统一，2016年10月，工业和信息化部提出了我国区块链标准化路线图；2017年5月，中国电子技术标准化研究院发布《区块链参考架构》，随后，中国信息通信研究院发布可信区块链标准；2018年，工业和信息化部宣称将筹建全国区块链和分布式记账标准化技术委员会。

毫无疑问，在未来几年里，区块链标准将有可能正式出炉。

第二节 区块链的商业应用将会带来的变化

在区块链商用得以广泛落地之后，整个商业世界的变化将是翻天覆地的，就如同互联网曾经带给这个世界的改变一样。

下面来大胆预测与畅想一下这种变化。

①通过在区块链上记录零售供应链上的全流程信息，或者记录企业间的各类交易信息，实现产品材料、原料和产品的起源等信息的检索和追踪，进行数据溯源，提升供应链上信息的透明度和真实性，解决假冒伪劣产品等问题。

②企业之间可以通过"区块链"技术快速建立信任。因为区块链上记录了参与者的信息，这些信息不可篡改，企业获得授权后可以查询，自然提高了沟通效率。

③用区块链技术对个人医疗记录进行保存，就有了个人医疗的历史数据，这可以理解为区块链上的电子病历。未来人们看病或对自己的健康做规划，就有数据可

供使用，而这个数据真正的掌握者是自己，人们可以授权给第三方机构，如供医院使用。在这种情况下，患者从一家医院转到另外一家医院就不用带着大量的医疗资料，有些项目不需要再重新检查，医生从区块链上直接调用就可以。

④基于区块链技术搭建了捐赠平台后，人们就能够实时地追踪资金去向，捐赠资金用到哪些地方、用了多少、谁用了、结果怎么样等，在链上都会显示，整个过程更为透明、可追溯及难以篡改。

⑤目前，求职者在求职时可能要到很多平台上去查找招聘信息，或者将自己的简历上传至招聘平台。如果区块链技术落地，那么就可以建一条求职招聘链，求职者将自己的信息放到链上就行，不用多平台上传。而招聘公司可以直接在线查询或发布招聘需求，由这条联盟链精准匹配合适的求职者。如果有虚假简历或职位出现在链上，会被迅速识别出来。

⑥围绕通证形成激励机制。在公司里，每个人的贡献能够通过智能合约进行公平的量化，收益和贡献实现匹配，更好地激发参与者的积极性。不需要专门的利益分配者，区块链基于通证自发连接的性能可以重新优化科层制的公司治理结构。加之区块链的可追溯性，权、责、利也将统一。个人在任务完成过程中形成自己的信誉，这样也会使企业方更容易发现适合某项工作的人。

⑦大量中介可能消失。例如，租客将可以同业主直接建立联系，通过智能合约签订租赁合同，而不是像现在这样需要找房产中介；支付也可能省去第三方环节，实现点对点的对接，快速完成交易。

⑧通过区块链技术，对作品进行确权，证明文字、视频、音频等作品的行版权归属，保证权属的真实、唯一性。作品在区块链上被确权后，后续交易都会进行实时记录，实现数字版权全生命周期管理，其技术性保障也可用于司法取证。

⑨用区块链技术开发票，支持连接用户、商户、公司、税务局等相关方，每个环节都可追溯，保证信息不可篡改、数据不会丢失；用户可以实现链上储存、流转、报销发票，报销状态实时可查，免去了烦琐的流程；不需要打印发票，节约纸张；也可批量查询发票真伪。

⑩大量存在的手工操作、人工验证和审批工作将被自动化处理，纸质合同可能被智能合约所取代，而交易处理环节也不再会由于人工操作失误而导致损失发生。

⑪在各种投票场合中，区块链技术能够帮助更多人参与进来，也能够进一步保障投票的公开透明。每个人的投票情况将被记录在链上，个人对自己的信息持有私

钥，或者供其他人监督。如果区块链应用程序投入使用，一些无法现场投票的人也可以在线操作。

⑫ 全球大多数国家和地区之间的跨境支付都可以在几分钟内到账，甚至可能是实时到账，而且费率比现在还要低。

⑬ 可能在某一天，人们出国将可以使用区块链上的身份信息来取代护照，当然，这需要参与的国家能够达成共识。

⑭ 当获得用户的授权后，酒店、民宿等场所可以查看客人在区块链上的身份和出行历史记录，而不是像现在这样查看身份证件。

⑮ 一个新兴的房产登记系统可能建立。每位业主的产权都在区块链上储存，信息的更改也可以随时提供，纸质的不动产证可能成为过去时。

参考文献

［1］ 邵奇峰，金澈清，张召，钱卫宁，周傲英. 区块链技术：架构及进展［J］. 计算机学报，2018，41（5）.

［2］ 工业和信息化部信息中心. 2018中国区块链产业白皮书［R］. 北京：工业和信息化部信息中心，2018.

［3］ 梅兰妮·斯万. 区块链：新经济蓝图及导读［M］. 北京：新星出版社，2016.

［4］ 阿尔文德·纳拉亚南，约什·贝努. 区块链技术驱动金融：数字货币与智能合约技术［M］. 北京：中信出版社，2016.

［5］ 长铗，韩锋. 区块链：从数字货币到信用社会［M］. 北京：中信出版社，2016.

［6］ 赛迪智库网络空间研究所. 我国区块链发展现状、问题、趋势与对策建议［N］. 中国计算机报，2018-12-17.

［7］ 张嘉伟. 基于区块链的食品追溯信息的存储技术［J］. 电子技术与软件工程，2019（2）.

［8］ 李伟，朱烨东. 中国区块链发展报告（2018）［M］. 北京：社会科学文献出版社，2018.

［9］ 张若男，赵嘉玉，巫佳琪，房明琦. 当下"区块链+数字版权"盈利模式分析［J］. 企业研究，2018（12），44-48.

［10］ 黄芳芳. 区块链+版权如何突围？［J］. 经济，2018（13），84-87.

［11］ 窦春欣. 区块链技术将如何改变广告产业［J］. 传播力研究，2018（34），119-129.

［12］ 江海峰. 区块链技术在金融行业的应用模式研究［D］. 杭州：浙江大学，2018.

［13］ 杨茜. 基于区块链的智能合约研究与实现［D］. 成都：西南财经大学，2018.

［14］ 顾燕. 基于区块链的身份认证系统的设计与实现［D］. 北京：北京邮电大学，2018.

［15］ 亿欧智库. 2018区块链行业应用研究报告［R］. 北京：亿欧智库，2018.

［16］智联招聘．2018区块链人才供需与发展研究报告［R］．北京：智联招聘，2018．

［17］腾讯安全联合实验室．2018上半年区块链安全报告［R］．深圳：腾讯安全联合实验室，2018．

［18］李光斗．区块链财富革命［M］．长沙：湖南教育出版社，2018．

［19］张浩．一本书读懂区块链［M］．北京：中国商业出版社，2018．

［20］哈耶克．货币的非国家化［M］．北京：新星出版社，2007．

［21］姚前．区块链技术十周年之回眸与前瞻［EB/OL］．［2018-12-11］．http://finance.ifeng.com/c/7icm83XK480

［22］CB Insights．区块链技术未来发展的8个趋势［EB/OL］．［2018-05-11］．https://36kr.com/p/5133388.html

［23］徐忠，邹传伟．区块链能做什么、不能做什么？［J］．金融研究，2018（11），1-16．

［24］Ven Johnso，张震，Edison Rik．纽约时报：区块链是回归互联网本来意义的唯一希望［EB/OL］．［2018-03-01］．http://www.sohu.com/a/224683713.109401

［25］任泽平，连一席，谢嘉琪，甘源．区块链研究报告：从信任机器到产业浪潮还有多远［J］．发展研究，2018（08）．

［26］王章辉．英国和法国工业革命比较［J］．史学理论研究，1994(2)：122-123．

［27］邢来顺．德国第一次工业革命述略［J］．华中师范大学学报（人文社会科学版），1999，（6）：86-88．

［28］齐世荣，吴友法，邢来顺．德国：从统一到分裂再到统一［M］．西安：三秦出版社，2005．

［29］陈雄．论第二次工业革命的特点［J］．郑州大学学报（哲学社会科学版），1987，（5）：35-36．

［30］德国的军事工业和垄断超车的历程［EB/OL］.［2013-01-22］．http://www.taiwan.cn/tsh/zxyd/daguozhidao/201301/t20130122_3572845.htm

［31］财富中文网．一场雾霾将损失多少GDP？治理成本有多高？［EB/OL］．［2015-12-01］．http://www.199it.com/archives/412006.html

［32］环球网．全球财富增至280万亿美元 逾半掌握在1%富人手中［EB/OL］．［2017-11-16］．http://finance.huanqiu.com/gjcx/2017-11/11382324.html

［33］西泽研究院．中等收入困局，该如何跨越？［EB/OL］．［2019-04-08］．http://finance.sina.com.cn/stock/relnews/us/2019-04-08/doc-ihvhiqax0836491.shtml

［34］中国新闻网.全美贫富差距创50年来新高 中部多地增幅较大［EB/OL］.［2019-09-27］.http://news.sina.com.cn/w/2019-09-27/doc-iicezueu8667068.shtml

［35］新京报网.直戳贫富差距，韩国《寄生虫》卖到两百多个国家是有道理的［EB/OL］.［2019-07-19］.http://www.bjnews.com.cn/ent/2019/07/19/605572.html

［36］曹英.荷兰东印度公司与荷兰商业霸权的确立［J］.武陵学刊，1999，(1)：59-60.

［37］证券时报网.数字货币近5个月缩水逾5000亿美元［EB/OL］.［2018-06-20］.http://iof.hexun.com/2018-06-20/193234516.html

［38］Bianews.今年上半年美国区块链领域投资额超过去年全年［EB/OL］.［2018-08-01］.https://www.bianews.com/news/flash?id=17538

［39］经济日报.全球金融科技投资飙升［EB/OL］.［2019-02-16］.http://finance.sina.com.cn/roll/2019-02-16/doc-ihrfqzka6223231.shtml

［40］赵修义.解读20世纪二三十年代的美国大萧条与罗斯福新政［J］.探索与争鸣，2009，（9）：6-8.

［41］矿业界.全球最大规模产业大战爆发 胜败决定未来30年［EB/OL］.［2016-06-18］.https://finance.qq.com/a/20160618/023325.htm

［42］俞懋峰，刘海燕.中国去产能贡献突出［N］.人民日报海外版，2017-11-24（03）.

［43］经济参考报.六部委铁腕去产能：坚决出清"僵尸企业"［EB/OL］.［2018-04-23］.http://finance.people.com.cn/GB/n1/2018/0423/c1004-29942642.html

［44］华尔街见闻网.美国政府债务破22万亿美元 家庭债务同样创新高［EB/OL］.［2019-02-13］.http://finance.ifeng.com/c/7kFyV1uM22C

［45］金融界.美国债台高筑 70万亿美元贷款令所有人夜不能寐［EB/OL］.［2019-07-18］.http://finance.sina.com.cn/roll/2019-07-18/doc-ihytcitm2763891.shtml

［46］21世纪经济报道.全球债务攀高 达全球GDP总值的318%［EB/OL］.［2019-01-16］.http://news.10jqka.com.cn/20190116/c609269112.shtml

［47］华尔街见闻.数字货币总市值已超过6000亿美元［EB/OL］.［2017-12-22］.https://tech.qq.com/a/20171222/018777.htm

［48］陈春花.组织变革新范式［EB/OL］.［2016-08-08］.http://finance.sina.com.cn/roll/2016-08-08/doc-ifxutfpc4760582.shtml

［49］全球Top30数字货币市值波动全调查：公链价值崛起［EB/OL］.［2018-08-15］.https://www.tmtpost.com/3418165.html

［50］中金网.国内完成ICO项目共65个 融资超26亿［EB/OL］.［2017-07-27］. http://gold.hexun.com/2017-07-27/190210062.html

［51］证券日报李冰.数字货币已达1199种 比特币市值蒸发近1200亿美元［EB/OL］.［2018-04-27］. http://www.zqrb.cn/money/licai/2018-04-27/A1524766935823.html

［52］IT耳朵.数字货币基金数量增长至312个 比年初增长了24%［EB/OL］.［2018-07-27］. http://tech.ifeng.com/a/20180727/45086443_0.shtml

［53］段倩倩，宁佳彦.区块链：冒险者的游戏［EB/OL］.［2018-06-27］.https://www.yicai.com/news/5435053.html

［54］秦伟，朱丽娜.被偷和丢失旅行证件数据库为何难见成效？［N］.21世纪经济报道，2014-03-11.

［55］太平洋电脑网.疯狂的区块链，这回居然打进了设计大拿圈［EB/OL］.［2018-05-16］. https://xinwen.pconline.com.cn/1122/11225948.html

［56］雷锋网.涉足区块链公益近一年，蚂蚁金服有哪些实践总结？［EB/OL］.［2017-05-17］. http://news.ifeng.com/a/20170517/51113324_0.shtml

［57］第一财经日报.前FBI成员帮跨国药企打假 年销售额超2000亿美元［EB/OL］.［2016-03-15］. http://news.hexun.com/2016-03-15/182753195.html

［58］谢艳霞.IBM专家谢艳霞：区块链如何应用于物流？［EB/OL］.［2018-05-06］. http://www.ebrun.com/20180506/275939.shtml

［59］腾讯科技.腾讯安全上半年区块链安全报告：因安全问题损失超27亿美元［EB/OL］.［2018-08-06］. https://tech.qq.com/a/20180806/019153.htm

［60］岳品瑜，刘宇阳.币安三遭攻击 加密货币交易所安全之殇［EB/OL］.［2019-05-15］. http://finance.sina.com.cn/roll/2019-05-15/doc-ihvhiews1917126.shtml

［61］Odaily星球日报.普华永道2018上半年全球ICO报告：仅1/3项目成功，但融资额已超去年两倍［EB/OL］.［2018-07-01］. https://36kr.com/p/5141142

［62］李冰.去年国内金融科技"吸金"3256.3亿元 区块链融资衔枚疾进总额超300亿元［EB/OL］.［2019-01-18］. http://finance,eastmoney.com/a/201901181029173865.html

［63］信息时报.三只松鼠上半年营收超45亿.［EB/OL］.［2019-09-04］. http://epaper.xxsb.com/html/content/2019-09/04/content_755871.html